东南大学研究生优秀教材

桥梁工程现代材料

王文炜　田　俊　郑宇宙　朱忠锋　等　编著

东南大学出版社
SOUTHEAST UNIVERSITY PRESS
·南京·

内容提要

现代桥梁在木材、石材、混凝土、钢材等普通桥梁材料使用的基础之上,通过改进或从其他领域引入高强、轻质、高性能、环保材料,使桥梁结构具有高强度、耐久性、稳定性、轻量化等特点。本书着重从基本性能和试验方法等讲解了目前应用广阔的桥梁工程现代材料。全书分为7章,分别介绍了纤维增强复合材料、高性能纤维增强水泥基复合材料、高性能混凝土、高性能钢材、形状记忆合金及其他新型材料,每章除了介绍不同材料的物理性能、力学性能,还着重阐述其在桥梁工程中的应用。

本书各章节既相互独立,又有内在关联性,内容新颖、深入浅出、信息量大,可读性强,可供土木、交通、材料专业的大学生、研究生学习,也可供有关工程技术人员参考。

图书在版编目(CIP)数据

桥梁工程现代材料 / 王文炜等编著. —南京:东南大学出版社,2024.6
ISBN 978-7-5766-1168-7

Ⅰ.①桥… Ⅱ.①王… Ⅲ.①桥梁工程-建筑材料 Ⅳ.①U444

中国国家版本馆 CIP 数据核字(2024)第 021828 号

责任编辑:曹胜玫　责任校对:韩小亮　封面设计:余武莉　责任印制:周荣虎

桥梁工程现代材料
Qiaoliang Gongcheng Xiandai Cailiao

编　　著	王文炜　田　俊　郑宇宙　朱忠锋　等
出版发行	东南大学出版社
社　　址	南京四牌楼2号　邮编:210096　电话:025-83793330
出 版 人	白云飞
网　　址	http://www.seupress.com
电子邮件	press@seupress.com
经　　销	全国各地新华书店
印　　刷	江苏凤凰数码印务有限公司
开　　本	787 mm×1092 mm　1/16
印　　张	14.5
字　　数	344千字
版　　次	2024年6月第1版
印　　次	2024年6月第1次印刷
书　　号	ISBN 978-7-5766-1168-7
定　　价	58.00元

本社图书若有印装质量问题,请直接与营销部联系。电话(传真):025-83791830。

前　言

材料是人类赖以生存和发展的物质基础,是人类社会进步的里程碑。为了生存和发展,人类一方面从大自然中选择天然物质进行加工、改造,获得适用的材料;另一方面通过研制合金、玻璃和合成高分子材料来满足生产和生活的需要。信息、材料和能源被誉为当代文明的三大支柱。

桥梁是线路的重要组成部分。在历史上,每当运输工具发生重大变化,就会对桥梁在载重、跨度等方面提出新的要求,从而推动了桥梁工程材料的发展。在19世纪20年代铁路出现以前,造桥所用的材料以石材和木材为主,铸铁和锻铁只是偶尔使用。到19世纪末叶,混凝土、钢材的大量应用使桥梁工程获得迅速发展。20世纪80年代以来,桥梁工程材料向着高强、轻质、高性能、环保等方向发展,出现了以传统混凝土、钢材为基体,添加高性能纤维或合金元素而制成的新型现代工程材料。

桥梁工程现代材料是指在现代桥梁中,基于木材、石材、混凝土、钢材等普通桥梁材料,通过改进或从其他领域引入,能应用在桥梁结构中并发挥其高性能的材料。常见的桥梁工程现代材料包括:纤维增强复合材料(fiber reinforced polymer, FRP)、高性能纤维增强水泥基复合材料(high performance fiber reinforced cementitious composites, HPFRCC)、高性能混凝土(high performance concrete, HPC)、高性能钢材(high performance steel, HPS)、形状记忆合金(shape memory alloy, SMA)等。

东南大学在桥梁工程专业培养计划中设置了"桥梁工程现代材料"专业选修课程,为满足教学需要,课程负责人王文炜教授主持编写了《桥梁工程现代材料》一书,并被列入东南大学研究生优秀教材建设项目。本书结合交通工程、土木工程、材料工程等多学科,主要以桥梁工程为标准,根据本课程教学注重实践和应用的要求,着重从基本性能和试验方法等讲解目前应用前景广阔的桥梁工程现代材料。全书共分为7章。各章节既相互独立,又有内在关联性,内容新颖,深入浅出,信息量大,可读性强，注重理论结合实践，可供土木、交通、材料专业的大学生、研究生学习，也可作为工程技术人员关于桥梁工程现代材料科学研究与工程实践的参考书。

本书第1章由东南大学王文炜、梁柏纯编写，第2章由东南大学王文炜、南京工业大学郑宇宙编写，第3章由东南大学王文炜、东莞理工学院田俊、南京工业大学郑宇宙、深圳大学朱忠铎编写，第4章由东南大学王文炜、深圳大学朱忠锋编写，第5章由东南大学王文炜、郭凯编写，第6章由东南大学王文炜、吴曾晗、河海大学谈笑编写，第7章由东南大学王文炜、程毅编写，分别介绍了纤维增强复合材料、高性能纤维增强水泥基复合材料、高性能混凝土、高性能钢材、形状记忆合金和其他新型材料。每章中对不同材料的物理性能、力学性能及其在桥梁工程中的应用进行了撰写。

由于本书涉及多学科，内容广泛，加之不同类型的新型材料不断涌现，难免存在疏漏及不当之处，敬请广大读者批评指正。详细的意见可邮寄至江苏省南京市东南大学交通学院706。

笔 者

2024.1

目 录

前言

第1章 绪论 ……………………………………………………………… 1
　1.1 桥梁工程现代材料的发展 …………………………………………… 1
　　　1.1.1 中国桥梁发展史 ……………………………………………… 1
　　　1.1.2 桥梁材料发展史 ……………………………………………… 5
　1.2 现代材料研究现状 …………………………………………………… 8
　　　1.2.1 钢筋混凝土 …………………………………………………… 8
　　　1.2.2 纤维增强复合材料 …………………………………………… 9
　　　1.2.3 高性能混凝土 ………………………………………………… 11
　　　1.2.4 工程水泥基复合材料 ………………………………………… 13
　　　1.2.5 形状记忆合金 ………………………………………………… 13
　　　1.2.6 高性能钢材 …………………………………………………… 15
　1.3 本章小结 ……………………………………………………………… 17

第2章 纤维增强复合材料 ……………………………………………… 20
　2.1 简介 …………………………………………………………………… 20
　2.2 纤维增强复合材料的种类 …………………………………………… 20
　　　2.2.1 FRP 纤维 ……………………………………………………… 21
　　　2.2.2 FRP 布 ………………………………………………………… 22
　　　2.2.3 FRP 棒材 ……………………………………………………… 24
　　　2.2.4 FRP 格栅 ……………………………………………………… 27
　　　2.2.5 FRP 板材 ……………………………………………………… 28
　　　2.2.6 FRP 型材 ……………………………………………………… 29
　2.3 组成材料与基本性能 ………………………………………………… 30
　　　2.3.1 增强体高性能纤维 …………………………………………… 30
　　　2.3.2 基体聚合物 …………………………………………………… 35
　　　2.3.3 纤维表面处理技术 …………………………………………… 37
　2.4 FRP 力学性能 ………………………………………………………… 40
　　　2.4.1 物理性能 ……………………………………………………… 41
　　　2.4.2 力学性能 ……………………………………………………… 41
　　　2.4.3 抗裂性能 ……………………………………………………… 43

2.4.4　疲劳性能 ··· 44
　　　2.4.5　耐久性能 ··· 44
　2.5　工程应用 ··· 45
　　　2.5.1　建筑工程 ··· 46
　　　2.5.2　公路工程 ··· 49
　　　2.5.3　桥梁工程 ··· 49
　2.6　本章小结 ··· 54

第3章 高性能纤维增强水泥基复合材料 ··· 56
　3.1　高性能纤维增强水泥基复合材料简介 ··· 56
　3.2　物理性能 ··· 58
　　　3.2.1　密度 ··· 58
　　　3.2.2　热膨胀系数 ··· 58
　3.3　力学性能 ··· 59
　　　3.3.1　应力-应变关系 ··· 59
　　　3.3.2　破坏模式 ··· 60
　　　3.3.3　抗压强度 ··· 60
　　　3.3.4　弹性模量 ··· 61
　　　3.3.5　延伸率 ··· 61
　　　3.3.6　抗弯强度 ··· 62
　　　3.3.7　抗剪性能 ··· 63
　　　3.3.8　与钢筋的变形协调性 ··· 63
　　　3.3.9　耐久性 ··· 63
　3.4　力学性能测试方法 ··· 64
　　　3.4.1　拉伸性能 ··· 64
　　　3.4.2　弯曲性能 ··· 65
　　　3.4.3　抗压性能 ··· 67
　3.5　FRP格栅增强高性能水泥基复合材料 ··· 67
　　　3.5.1　物理性能 ··· 68
　　　3.5.2　力学性能 ··· 69
　　　3.5.3　本构关系模型 ··· 74
　3.6　工程应用 ··· 79
　　　3.6.1　建筑与水工结构 ··· 79
　　　3.6.2　桥梁与隧道工程 ··· 80
　3.7　本章小结 ··· 82

第4章 高性能混凝土 ··· 84
　4.1　高性能混凝土简介 ··· 84
　　　4.1.1　定义和产生背景 ··· 84

4.1.2 基本特性	85
4.1.3 常见高性能混凝土类型	86
4.2 超高性能混凝土力学性能	88
4.2.1 超高性能混凝土力学性能测试方法	88
4.2.2 宏观力学性能	93
4.2.3 细观力学分析	101
4.3 工程应用	107
4.3.1 建筑	107
4.3.2 桥梁和隧道	108
4.3.3 UHPC 在桥梁工程应用中存在的问题	111
4.4 本章小结	111

第5章 高性能钢材 ······ 114

5.1 高性能钢材简介	114
5.2 物理与焊接性能	116
5.3 力学性能	119
5.3.1 应力-应变关系	119
5.3.2 破坏模式	121
5.3.3 弹性模量	122
5.3.4 屈强比	122
5.3.5 伸长率	122
5.3.6 抗压性能	123
5.3.7 抗弯性能	124
5.3.8 疲劳性能	125
5.3.9 耐候性能	125
5.4 公路高强钢结构桥梁设计方法	126
5.4.1 设计标准	126
5.4.2 轴心受力构件	128
5.4.3 受弯构件	131
5.4.4 拉弯和压弯构件	133
5.4.5 连接和节点	136
5.4.6 抗疲劳设计	137
5.4.7 钢板梁	141
5.4.8 钢箱梁	144
5.4.9 钢桁梁	145
5.5 工程应用	147
5.5.1 建筑结构	147
5.5.2 桥梁结构	148
5.6 本章小结	149

第6章 形状记忆合金 · 152
6.1 形状记忆合金简介 · 152
6.1.1 形状记忆合金的产生和发展 · 152
6.1.2 形状记忆合金的基本分类 · 153
6.1.3 形状记忆合金的物理化学性能 · 153
6.2 形状记忆合金的一般性质 · 156
6.2.1 马氏体相变 · 156
6.2.2 形状记忆效应 · 158
6.2.3 超弹性效应 · 159
6.3 形状记忆合金的技术性能 · 160
6.3.1 基本性能 · 160
6.3.2 驱动回复性能理论 · 164
6.4 形状记忆合金的本构模型研究进展 · 167
6.4.1 Tanaka-Liang-Brinson 系列模型 · 168
6.4.2 Boyd-Lagoudas 模型 · 173
6.4.3 Auricchio 模型 · 177
6.5 工程应用 · 179
6.5.1 用于结构被动控制 · 179
6.5.2 用于结构主动控制 · 181
6.6 本章小结 · 188

第7章 其他新型材料 · 193
7.1 功能梯度材料 · 193
7.1.1 功能梯度材料的分类及其特点 · 193
7.1.2 梯度折射率材料 · 194
7.1.3 热防护功能梯度材料 · 198
7.1.4 功能梯度材料的应用 · 200
7.2 纳米材料 · 204
7.2.1 纳米结构单元 · 204
7.2.2 纳米材料的制备 · 207
7.2.3 纳米材料的性能 · 209
7.2.4 纳米材料的应用 · 210
7.2.5 纳米材料在桥梁工程中的应用 · 211
7.3 绿色材料 · 213
7.3.1 绿色建筑材料 · 213
7.3.2 绿色包装材料 · 216
7.3.3 绿色降解材料 · 218
7.3.4 绿色材料在桥梁工程中的应用 · 219
7.4 本章小结 · 221

第1章

绪　　论

1.1　桥梁工程现代材料的发展

《说文解字》中是这样解释"桥"的："梁之字,用木跨水,则今之桥也。"桥梁工程学的发展主要取决于交通运输的需要。

1.1.1　中国桥梁发展史

1) 古代桥梁

第一阶段是古代桥梁的萌芽阶段,包括西周、春秋及此前的历史时代。自原始社会开始,我国就有了独木桥(图1.1)和数根圆木排拼而成的木梁桥。周朝时期已建有梁桥和浮桥。在春秋时期齐国的都城山东临淄的考古挖掘中,首次发现了梁桥和桥台的遗迹,两处桥梁的跨径均在8 m左右。

图1.1　独木桥

第二阶段是古代桥梁的初步发展阶段,以秦汉为主,包括战国和三国时期。战国时期,单跨和多跨的木、石梁桥已普遍在黄河流域及其他地区建造。例如坐落在咸阳故城附近的渭水三桥:中渭桥、东渭桥和西渭桥,都是多跨木梁木柱桥(图1.2、图1.3)。

秦汉是我国建筑史上一个璀璨夺目的发展阶段,这时不仅发明了人造建筑材料的砖,而且还创造了以砖石结构体系为主题的拱券结构,从而为后来拱桥的出现创造了先决条件[1]。从一些文献和考古资料来看,约在东汉时期,梁桥、浮桥、索桥和拱桥这四大基本桥型已全部形成(图1.4～图1.7)。

图 1.2 西渭桥

图 1.3 渭桥遗址

图 1.4 广济桥(浮桥)

图 1.5 安平桥(梁桥)

图 1.6 泰顺廊桥(木拱桥)

图 1.7 安澜桥(索桥)

第三阶段是古代桥梁发展的辉煌阶段，以唐宋为主，包括两晋、南北朝、隋、五代时期。隋唐国力较之秦汉更为强盛，唐宋两代又实现了较长时间的安定统一，工商业、交通运输业以及科学技术水平等十分发达，促进了桥梁的大发展。

隋代石匠李春首创敞肩式石拱桥——赵州桥(图1.8)，该桥在隋大业年间为李春所创建，是一座空腹式的圆弧形石拱桥，全长64.4 m，拱顶宽9 m，拱脚宽9.6 m，跨径37.02 m，拱矢高

7.23 m,在拱圈两肩各设有两个跨度不等的腹拱,这样既能减轻桥身自重、节省材料,又便于排洪、增加美观。赵州桥的设计构思和精巧工艺,在我国古桥中首屈一指。

唐朝时期出现了不少名闻天下的石梁桥。据《唐六典》记载,天下著名的石梁桥有四座:河南洛阳的天津桥(图1.9)、永济桥(图1.10)、中桥和西安的灞桥。北宋画家张择端在《清明上河图》(图1.11)中所画的汴水虹桥,跨径近25 m,拱矢高5 m,桥宽约8 m。它的结构是一种以木构件纵横相架所形成的稳定的木拱结构。其整体造型轻盈,犹如长虹飞越河上。这种长跨径木桥建筑是桥梁建筑中的杰作。

图1.8 赵州桥

图1.9 天津桥三维复原图

图1.10 永济桥

图1.11 清明上河图

第四阶段是古代桥梁发展的饱和阶段,包括元、明、清三朝。这时的主要成就是对一些古桥进行了修缮和改造,几乎没有大的创造和技术突破,但留下了许多修建桥梁的施工说明文献,为后人提供了大量文字资料。此外,也建造完成了一些像明代江西南城的万年桥、贵州的盘江桥等艰巨工程。其中,明代隆庆年间建的放生桥(图 1.12),全长 70.8 m,宽 5.8 m,五孔联拱,构造精巧,形状美观,是朱家角十景之一。

图 1.12　放生桥

2) 近代桥梁

中国近代桥梁主要是由外国人建造的。以黄河上的三座桥梁为例:泺口黄河铁路大桥、郑州黄河铁路大桥(图 1.13)和兰州黄河铁桥。郑州黄河铁路大桥是中国第一座横跨黄河南北的钢结构铁路大桥,1905 年竣工,1906 年通车,由比利时人设计修建。1952 年,该桥的钢梁全部换成了钢桁架。兰州黄河铁桥,建成时间为 1909 年,桥型为钢桁梁桥,桥长约 234 m,由德国人修建,是黄河上游第一座铁桥。泺口黄河铁路大桥,为津浦铁路跨越黄河的一座桥,建成时间为 1912 年,桥型为钢桁梁桥,桥长 1 255.2 m,桥宽 9.4 m,由德国人修建,如今还在使用中。

图 1.13　郑州黄河铁路大桥

上海、天津、广州等大城市中的一些桥梁也大多是由洋商承建的。只有少数是国人自行建造的,如茅以升先生主持兴建的杭州钱塘江大桥(图 1.14),该桥建成于 1937 年,桥型为钢桁梁桥,全长1 453 m。当时水平最高的中国桥梁工程队伍当属由赵祖康先生领导的上海市工务局,他们在新中国成立前已设计建造了几座跨苏州河的钢筋混凝土悬臂梁桥,至今仍在发挥作用。

图1.14 钱塘江大桥

3）现代桥梁

新中国成立以来,我国桥梁建设进入了一个奋起直追世界先进水平的快速发展时期。1957年,第一座长江大桥——武汉长江大桥的胜利建成,结束了我国万里长江无桥的状况,从此"一桥飞架南北,天堑变通途",但是武汉长江大桥为苏联援华所建。此后南京长江大桥是长江上第一座由中国自行设计和建造的双层式公铁两用桥梁,在中国桥梁史上具有重要意义。

近年来,长江大桥在中国的建桥史上,每年都翻开新的篇章。过去普遍认为经济比较落后、相对封闭的中小城市都架起了跨越长江的桥。江阴长江大桥、润扬长江公路大桥、鹦鹉洲长江大桥、杨泗港长江大桥等一批技术含量高的重大工程项目相继建成通车。此外,黄河、浦江、珠江、湘江和闽江等近年来都在规划和兴建桥梁。除了跨江大桥,我国跨海大桥的建设已经成为未来桥梁建设的重点。

东海大桥的通车,拉开了我国桥梁建设从陆路伸向大海的序幕。全线贯通的杭州湾跨海大桥,可以使宁波到上海的陆地距离缩短超120 km,有利于促进江、浙、沪经济的发展。港珠澳大桥是一座连接香港、珠海和澳门的桥隧工程,位于广东省珠江口伶仃洋海域内,为珠江三角洲地区环线高速公路南环段。因其超大的建筑规模、空前的施工难度以及顶尖的建造技术而闻名世界,是世界上总体跨度最长的跨海大桥。

1.1.2 桥梁材料发展史

1）古代桥梁材料

古代桥梁以通行人、畜为主,交通量和载重较小,桥面纵坡可以较陡,甚至可以铺设台阶。因此,我国早期的桥梁材料主要是木质材料。最早的文献记载为北宋张择端版的《清明上河图》。图中的汴水虹桥的单拱跨越近17 m的汴河水面,宛若长虹。载重量逐步加大后,桥面纵坡随之平缓,之后开始采用石料。赵州桥又叫安济桥,坐落在河北省赵县县城南部的洨河上,横跨在37 m多宽的河面上,距今已有1 400余年,是世界上现存最古老、最雄伟的石拱桥。

为了适应逐渐增长的交通量,桥梁工程材料和技术迅猛发展。从桥梁的原始雏形——石堤,到古时常用的独木桥、石拱桥,再到现在超千米跨度的悬索桥,桥梁工程发生了翻天覆地的改变。

2) 近代桥梁材料

桥梁技术与桥梁使用的材料相互促进并发展。从早期的木桥、石桥和铁链索桥,发展到现代的钢筋混凝土桥、预应力混凝土桥、钢架混凝土桥和钢管混凝土桥,桥梁的发展历史都是工程材料的应用和发展过程。随着时代的发展,科学技术的不断进步,如今最普遍的就是钢、铁、混凝土材料[2]。

单纯一种材料有其固有的特性,混凝土是脆性材料,强度越高,构件越容易发生脆性破坏;钢材的强度高,但是变形大,强度难以充分发挥作用。钢筋混凝土(图 1.15)是钢材与混凝土的结合应用形式,预应力混凝土(图 1.16)更能充分发挥两种材料的优越特性。钢管混凝土(图 1.17)也充分发挥了钢材和混凝土的优越特性,使混凝土的脆性性能改变,兼具钢材的塑性变形性能,且能够发挥双向受力作用,提高承载能力。所以不同材料适宜于结合使用,使其发挥各自的优点,钢材与混凝土的组合使用包括:钢筋混凝土、预应力混凝土、钢骨混凝土、钢管混凝土、复合钢管混凝土、预应力复合钢管混凝土、钢纤维混凝土(图 1.18)、聚丙烯纤维混凝土等。由两种或两种以上的材料组合为整体称为复合,通常俗称为组合或结合材料,从单一材料到复合材料的应用,满足了交通量和跨度的需求,更好地发挥了不同材料在实际工程应用中的优势[3]。

图 1.15 钢筋混凝土

图 1.16 预应力混凝土

图 1.17 钢管混凝土

图 1.18 钢纤维混凝土

然而在桥面板受力时,桥梁自重占比较大,车辆荷载所占材料应用强度的比例较小。普通钢筋混凝土桥梁的自重由钢筋混凝土决定,可通过提高材料强度和结构的造型变化减轻自重负担。现在普通混凝土的平均抗压强度为 40~60 MPa,国际上钢结构已采用 600 MPa 的高强度钢材,我国高强度钢材的研究也已获成功。由于混凝土的强度越高,脆性也越大,因此需设置密集的抗剪钢筋网,但钢筋和水泥用量都很大;同时,钢筋腐蚀、混凝土碳化等诸多其他问题也仍待解决。为了提升强度,改善传统的常用材料的薄弱性能,新型材料应运而生。

3) 现代桥梁材料

桥梁科学的发展得益于计算理论不断向深度发展,也得益于桥梁材料的研制与开发,新型材料是未来桥梁工程新发展的重要条件。新材料的发展促进了桥梁工程技术革新,同时也推动了中国桥梁事业的发展进步。

新型材料的发展过程主要分为如下几个阶段。第一阶段(1940~1960 年):玻璃钢;第二阶段(1960~1980 年):复合材料,主要的研究成果是碳纤维和硼纤维;第三阶段(1980~1990 年):纤维增强塑料材料;第四阶段(1990~2000 年):主要是以记忆合金为代表的智能建筑材料;第五阶段(2000 年以来):主要是高性能混凝土和各类复合材料,这些新型材料对桥梁建设起到了革命性的作用[4]。

新型材料[超高性能混凝土(UHPC)、工程水泥基复合材料(ECC)、纤维增强复合材料(FRP)等]的力学性能与传统材料有显著差异,其优越的力学性能可满足桥梁工程大跨化、轻型化、薄壁化的需求。高性能混凝土的发展以高强、轻质为主导,同时,利用高强、轻质、耐腐蚀的纤维增强复合材料替代钢材应用在实际工程中[5]。传统结构设计理论是基于普通混凝土的,对于新材料桥梁工程结构不再适用。近些年,各国学者提出充分考虑新型材料力学性能特征的结构设计新理论,实现了材料高性能和结构高性能的合理匹配,为新型材料在桥梁工程中的应用提供了依据。

大跨预应力 UHPC 简支梁桥、轻型装配式钢-UHPC 组合桥梁、基于 UHPC 的大跨度斜拉桥、基于 CFRP 材料自感知特性的结构体系、超大跨径 CFRP 缆索悬索桥、钢-UHPC 矮肋板组合梁等,都需要利用现代材料。例如,南京长江五桥(图 1.19)采用强度等级为 120 MPa 的超高性能混凝土桥面板,约为普通混凝土桥面板厚度的 2/3,显著地降低了主梁自重;世界最大跨径拱桥平南三桥(图 1.20)采用钢管混凝土材料,充分发挥了拱桥的结构优势,为新型高性能材料的推广应用提供了示范。

图 1.19　南京长江第五大桥

图 1.20　平南三桥

材料是工程建设的基本元素,其自身特性往往直接影响到结构自身的质量安全与综合性能。新型土木工程材料的研发很好地弥补了传统土木工程材料的缺陷,实现了功能多样化,不仅满足民众的日常使用要求,而且能够提升结构整体质量,更加环保、绿色、健康。UHPC、ECC 等材料是未来材料发展的主要方向之一,其势必会促进我国未来土木工程行业的发展,对节能减排、可持续发展的战略做出贡献。

现代桥梁的发展趋势为:

① 桥梁结构向轻型、超大跨度发展,如超大跨度的悬索桥和斜拉桥;

② 提高桥梁的耐久性,包括防腐蚀、抗疲劳性能及延长使用寿命。

因此,在时代发展影响下,传统土石材料在土木工程中的应用比重逐渐降低,而以高性能混凝土、纤维复合材料、水泥基复合材料等为代表的新型材料,成为当下桥梁工程材料实际应用中的主力军。同时,基于土木工程自身建设机制,材料与各项施工建设工艺之间彼此制约而又相互促进,因此,新材料的应用促进了相关设计或施工工艺发展,同时也推动整体土木工程施工建设发展。新型材料应用工作在土木工程建设中的地位日渐提升,利用新型材料突破以往土木工程建设中的种种局限,成为土木工程建设解决自身瓶颈的重要途径。同时,在可持续发展理念与绿色建筑设计理念影响下,实现项目建筑的可持续发展,降低其对周边环境的不利影响,成为新型材料应用的重点方向。

1.2　现代材料研究现状

1.2.1　钢筋混凝土

钢筋混凝土(reinforced concrete,RC)的发明出现在近代,通常认为法国园丁约瑟夫·莫尼尔(Joseph Monier)于 1849 年发明钢筋混凝土并于 1867 年取得包括钢筋混凝土花盆以及紧随其后应用于公路护栏的钢筋混凝土梁柱的专利。1872 年,世界第一座钢筋混凝土结构的建筑在美国纽约落成,人类建筑史上一个崭新的纪元从此开始,钢筋混凝土结构在1900年之后在工程界得到了大规模的使用。1928年,一种新型钢筋混凝土结构形式预应力钢筋混凝土出现,并于第二次世界大战后被广泛地应用于工程实践。钢筋混凝土的发明以及19世纪中叶钢材在建筑业中的应用使高层建筑与大跨度桥梁的建造成为可能。

目前在中国,钢筋混凝土是应用最多的一种结构形式,占总数的绝大多数,同时中国也是世界上使用钢筋混凝土结构最多的国家。其主要原材料水泥产量已于2010年达到18.82亿t,占世界总产量的70%左右。

1824年英国人约瑟夫·阿斯谱丁(Joseph Aspdin)取得了波特兰水泥的专利权,1850年开始生产。这是形成混凝土的主要材料,使得混凝土在土木工程中得到广泛应用。后来,在20世纪初,有人发表了水灰比等理论,初步奠定了混凝土强度的理论基础。

1859年贝塞麦(H. Bessemer)转炉炼钢法的发明,使得钢材得以大量生产,并越来越多地应用于土木工程。

1867年法国人莫尼尔(Monier)用铁丝加固混凝土制成花盆,并把这种方法应用到工程中,建造了一座蓄水池,这是应用钢筋混凝土的开端。1875年他主持建造了第一座长16 m的钢筋混凝土桥。

1779年英国用铸铁建成跨度为30.5 m的拱桥;1826年英国用锻铁建成跨度为177 m的悬索桥;1883年美国建成世界上第一座大跨径钢悬索桥——布鲁克林桥(Brooklyn Bridge);1890年英国又建成两孔主跨约521 m的悬臂式刚架桥,至此现代桥梁三种基本形式(梁桥、拱桥、悬索桥)相继出现。

1.2.2 纤维增强复合材料

纤维增强复合材料(fiber reinforced polymer,FRP)是一种轻质、高强、耐腐蚀、抗疲劳的高性能复合材料,有潜力在许多场合替换钢材、混凝土等传统建材。根据纤维的不同,土木工程常用的FRP可分为芳纶纤维增强复合材料(AFRP)、玄武岩纤维增强复合材料(BFRP)、碳纤维增强复合材料(CFRP)和玻璃纤维增强复合材料(GFRP)四种。玻璃纤维是最早使用的一种增强材料,强度高、弹性模量较小、造价相对较低,因其出色的性价比而广泛应用于桥面板、道面垫板及防撞工程等;芳纶纤维强度高、抗冲击和耐疲劳性能优异、耐腐蚀,常用于防弹抗冲击等构件;玄武岩纤维耐高温、耐酸碱腐蚀,可长期户外工作,常用于筋材等构件;碳纤维强度高、弹性模量大、热膨胀小、耐高温,常用于结构加固、筋材等[6]。

与钢材和混凝土等传统建材相比,FRP也有其不足,比如耐火性能较差。而在桥梁结构中,耐火性能对设计不起决定作用,相比于建筑结构更适宜FRP应用。将FRP管、筋、型材、拉索等构件应用于桥梁结构中,从而优化桥梁的力学性能、提升耐久性,已成为桥梁工程领域的研究热点之一。

近年来,纤维增强树脂基复合材料在土木基础设施领域中的应用范围不断扩展:如快速架设轻质桥梁、桥面板、电力和通信杆塔以及新型建筑等。但纤维增强树脂基复合材料弹性模量小,研发超高强、高弹性模量、高韧性以及低成本的复合材料是实现复合材料轻质、高强以及多功能要求的重要保障。纤维增强树脂基复合材料和传统钢、混凝土材料的组合结构也是一种发展趋势。

1) 实际工程应用

（1）FRP 片材

FRP 片材在混凝土结构加固中应用广泛，其中碳纤维复合片材的抗拉强度较高，常见于桥梁结构加固领域。相比以往的常规加固方法，FRP 片材加固施工较为便捷，加固效果显著，能有效增强构件的承载能力，且不增加额外的自重与截面面积，同时能适应不同的加固环境。在实际应用中，FRP 片材在加固时可用于受弯、受剪及抗震等不同工况[7]。

（2）FRP 筋材

由于 FRP 材料的抗腐蚀性能优于普通钢筋，因此在某些环境恶劣的条件下，可考虑采用 FRP 复合筋替代传统的钢筋，从而保证 RC 结构的耐久性，如在钢筋混凝土梁或桥面板中，将 FRP 筋作为主要受力筋进行配置（图 1.21），可延长服役年限。但 FRP 筋弹性模量较小，且其与混凝土之间的黏结性不同于传统钢筋，因此 FRP 筋混凝土结构的承载性能与普通 RC 结构存在差异。相关研究表明，FRP 筋混凝土的裂缝发生规律、应力传递模式以及极限承载力等均与传统 RC 结构不同。具体而言，FRP 筋混凝土梁可能发生两种脆性破坏模式，分别为混凝土受压破坏以及 FRP 筋拉断破坏，其中混凝土受压破坏的延性优于后者。在极限承载力计算方面，FRP 筋混凝土梁与传统 RC 梁差别不大，但其主要影响因素为裂缝宽度与挠度，因此应当将更多的 FRP 筋布设于受拉部位。

对于悬索桥、斜拉桥、系杆拱桥等缆索承重桥而言，其中的主要竖向受力构件大多设置于结构外部，且所处环境恶劣，并持久承受高应力，对传统钢筋提出较大的挑战。而 FRP 筋具备显著的耐久性与抗疲劳性，且比强度是传统高强钢丝的 5 倍，因此替代传统钢筋作为主缆、斜拉索或吊杆等部件，将有效规避上述缺陷，并提升桥体跨越及承载能力。例如，悬索桥传统钢主缆跨越极限约为 5 km，而应用碳纤维复合材料主缆能使跨径增至 10 km；斜拉桥的极限跨径目前水平向投影约为 1.2 km，而应用碳纤维复合材料斜拉索能使跨径增至 3.8 km；同样，受锈蚀与疲劳等影响，系杆拱桥中的吊杆服役年限一般设计为 20 年，而碳纤维复合材料吊杆凭借优异的耐腐蚀性能，可极大延长系杆拱桥的使用寿命。

我国于 1982 年在北京市密云县修建了世界上第一座 FRP 公路桥，跨径约 21 m。

（3）FRP 型材

FRP 格栅应用于室外较为恶劣的环境工况中，此时桥面板时常发生结冰现象，影响通行安全。由树脂浸润并固化后形成整体，可避免锈蚀发生，延长不利环境下桥面板的使用寿命。

FRP 桥面板的应用形式主要为蜂窝板，其特点有：具有优异的抗腐蚀和耐久性，在海洋、盐碱侵蚀等恶劣的环境中能保证使用功能，维修养护成本低；自重较轻，能减少对桥梁墩柱的荷载作用，利于保证安全；属于弹性材质，抗疲劳性能强，在桥面通行车辆超载的情况下也不会发生脆性破坏，且能在变形后恢复初始状

图 1.21　FRP 筋桥面板

况，不会造成后续使用的困扰。

将混凝土灌注于FRP管中，即可形成FRP管混凝土组合结构，该种结构耐久性优异，且其中的FRP管可直接作为模板使用，在不便于支模的结构施工中应用广泛。FRP管混凝土组合结构比传统钢管混凝土的隔声隔热性能更佳，既拥有FRP材料的特殊性能，同时又兼备混凝土材料的抗压能力与低成本优势。FRP管混凝土组合结构在经过科学设计与合理组合后，拥有十分优异的力学特性，目前很多发达国家均对其受力性能、纤维类别、构造形式以及缠绕方向等进行了深入研究，如为增强FRP管的局部稳定能力，可在管内设置一定间距的FRP肋等。

2）研究进展

国外学者于20世纪中叶开始研究FRP在土木工程中的实际应用。美国在20世纪60年代初期便利用GFRP加固混凝土结构。此后20年间，欧亚各发达国家将目光集中于FRP加固土木工程结构的领域，并为此投入了大量的科研人员与试验仪器。在各国的长期努力下，对于FRP的研究取得了喜人的成果，同时也进一步证明了FRP在实际工程中应用的可行性。20世纪末，日本地震后利用FRP进行灾后的混凝土结构加固，因其具有轻质高强、耐久性好和施工便捷等优势，为FRP在土木工程领域的应用提供了实例支撑。

为了进一步推广FRP在土木工程领域的实际应用，各国开始着手制定相关标准与规范。1991年，美国混凝土协会（American Concrete Institute，ACI）为了研究FRP加固混凝土与砌体结构，特别成立了专业委员会ACI 440，并拟定了相关规范的草案；两年后，在ACI 440的努力下，第一届国际FRP专题会议于加拿大顺利举办，并规定该会议之后每两年举办一次。1997年12月，欧洲各国启动了《高性能纤维复合材料加固混凝土结构设计指南》项目。20世纪末，由于FRP在震后救灾抢险的优异表现，日本土木学会成立FRP加固委员会，并拟定了相关维修与加固规范的草案。

20世纪90年代中期，我国开始从欧美发达国家引进CFRP加固混凝土结构的相关技术，并同时组织有关专家学者开展FRP在土木工程其他结构中的加固研究。目前我国已经对FRP在土木工程领域的应用进行了大量的研究与实践工作。在理论研究方面，我国学者结合当前实际国情对FRP的设计标准、加固机理和规范等多个方面开展研究；在工程实践方面，我国已完成上千项FRP加固工程，且其应用表现与服役年限均令人满意。随着FRP在我国土木工程中的广泛应用，有关部门开始组织有关专家学者编写适合我国实际情况的相关标准与规范，以使FRP今后能够更好地在我国土木工程中得到推广应用。我国工程建设标准化协会所制定的《碳纤维片材加固修复混凝土结构技术规程》在实际工程中已经开始应用并起到了良好的指导作用，后又分别于2015年和2020年相继颁布了由清华大学冯鹏教授主编的《结构用纤维增强复合材料拉挤型材》（GB/T 31539—2015）和《复合材料拉挤型材结构技术规程》（T/CECS 692—2020）。目前FRP加固土木工程中的各类结构已在我国逐渐推广，并步入高速发展阶段。

1.2.3 高性能混凝土

高性能混凝土（high performance concrete，HPC）是20世纪80年代末90年代初，基于混凝土结构耐久性设计提出的概念，它以耐久性为首要设计指标，显著延长了结构工程的使用寿命。同时，与传统混凝土相比，高性能混凝土具有良好的自密实性、高体积稳定性、高强度、高耐久性、耐高温性等许多特性,至今已在许多重大工程项目中被采用。尤其是对于大型桥梁工程、高层建筑工程、海港建筑工程等,高性能混凝土材料能满足不同工程环境需求,从全寿命周期来看经济性好,因此今后混凝土技术会逐步向高性能混凝土发展。

常见的高性能混凝土主要包括高强混凝土、钢纤维混凝土、超高性能混凝土、自密实混凝土、轻质混凝土等。强度等级为 C60 及其以上的混凝土称为高强混凝土,C100 强度等级以上的混凝土称为超高强混凝土。其最大的特点在于抗压强度大,能有效减轻结构自重,提高经济效益。钢纤维混凝土是在普通混凝土中掺入短钢纤维,通过纤维抑制混凝土裂缝的形成及扩展,其最大的特点是具有很好的延性。超高性能混凝土(ultra-high performance concrete,UHPC),也称作活性粉末混凝土(reactive powder concrete,RPC),不使用粗骨料,水泥用量较大,具有超强耐久性和超高力学性能。其抗压强度大、韧性好,同时断裂模量、抗弯强度、抗收缩、徐变性能显著超过普通混凝土,在极端环境条件下,抗冻融性能好。作为建筑材料,广泛应用于建筑外墙装饰、预制构件等,实现了轻质薄壁的外形设计;作为桥梁工程材料,多用于主梁及桥面板加固,相比于传统钢筋混凝土梁有效减轻了自重,运输、吊装、施工难度明显降低,具有很大应用潜力。自密实混凝土在自身重力作用下能流动、密实,具有良好的均质性,在混凝土浇筑过程中无须振捣,施工工艺简单[8]。轻质混凝土是通过机械发泡工艺充分发泡,在混凝土内部形成封闭的泡沫孔的气泡状绝热材料,具有轻质化和隔热化的特点[9]。此外,在水利工程中,堆石混凝土是指在大粒径骨料表面直接浇筑自密实混凝土,施工工艺简单,质量控制方便。再生混凝土将废弃混凝土块经过破碎、清洗、分级后重新混合,配成新的混凝土,重新利用了工程废料,节省材料,利于环境保护。

根据中国混凝土与水泥制品协会超高性能混凝土(CCPA-UHPC)分会,国际上和中国UHPC 技术与应用发展大事年表如图 1.22 所示[10]。

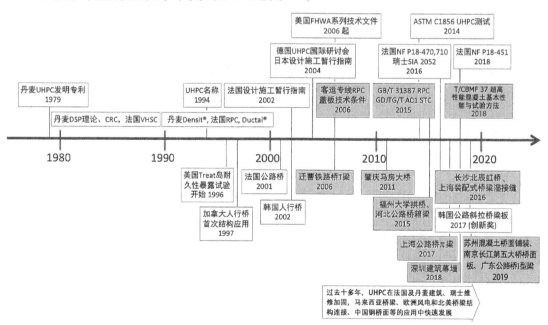

图 1.22 UHPC 发展大事年表

根据《超高性能混凝土试验方法标准》(T/CECS 864—2021)[11]，超高性能混凝土需要进行抗压强度、轴心抗压强度、静力受压弹性模量、抗弯强度与弯曲韧性、抗拉性能、劈裂抗拉强度、黏结强度、泊松比、线膨胀系数、耐磨性、钢纤维与超高性能混凝土基体黏结强度等的试验。

超高性能混凝土因其具有优良的力学性能和耐久性能，在建筑工程、桥梁工程、隧道工程中都得到了广泛的应用。但由于其制备工艺要求高、生产成本高、收缩变形大尚未得到普及和广泛应用。同时，我国对于超高性能混凝土的设计理论规范不完善[12]。

1.2.4　工程水泥基复合材料

工程水泥基复合材料(engineered cementitious composite, ECC)一般指的是将聚乙烯醇(polyvinyl alcohol, PVA)纤维按照一定的比例掺入水泥砂浆基体或改性水泥砂浆基体中的复合材料。其具有显著的应变硬化特征，在水泥基开裂后，材料应力不会显著降低，同时应变持续增加，直至水泥基复合材料中纤维拔出或者发生断裂破坏。

高性能纤维增强水泥基复合材料具有很高的延性，纤维的阻裂作用导致复合材料具有较高的抗拉强度和变形能力。在破坏时，试件表面出现一些裂缝，但整体仍能保持完整性，不会出现普通混凝土的压碎破坏。由于ECC中不含粗骨料且有纤维作用，与普通混凝土相比，ECC的弹性模量偏低，但受压变形能力和延伸率远远高于普通混凝土。此外，在相同抗压强度下，ECC试件比常规混凝土试件具有更高的剪切变形能力和抗剪承载力。在耐久性方面，ECC中微细纤维良好的分散性极大改善了水泥基体的抗裂性能，纤维之间互相黏结承托形成骨架，支撑集料，从而改善材料的抗弯性能、抗渗性能、抗冻性能[13]。

作为一种新型土木工程材料，高性能纤维增强水泥基复合材料已广泛应用于水工、港口、道路、桥梁及工业与民用建筑领域。在建筑工程中，高性能纤维增强水泥基复合材料延性好，吸能性能优异，能有效缓冲地震能。在水利工程领域，高性能纤维增强水泥基复合材料可作为加固材料，对结构构件进行修补。同时，在桥梁领域，高性能纤维增强水泥基复合材料具有广阔应用前景，除了加固桥面系外，其可作为桥面铺装材料或伸缩缝材料，与其他建筑材料形成组合结构，还能延长桥梁的使用寿命。

1.2.5　形状记忆合金

形状记忆合金(shape memory alloys, SMA)是一种具有形状记忆功能，并具有较高阻尼及超弹性的功能材料，该种合金材料可以对温度进行感知，并将热能转变成机械能，对外进行力、位移等能量存储以及释放。经过多年的研究与发展，形状记忆合金在工程中取得了广泛的应用[14]。形状记忆合金材料已经发展出了普通形状记忆合金材料、高温形状记忆合金材料、磁性形状记忆合金材料以及复合形状记忆合金材料等4大种类100多种合金材料。

形状记忆合金有两大特性：记忆效应(SME)、伪弹性(PE)(也称超弹性)。材料层面上，记忆效应及超弹性的本质是SMA无扩散的固态马氏体相变，即SMA微观奥氏体(austenite)和马氏体(martensite)受应力或温度激励而相互转化的过程。低温下，马氏体具有两种变体：非孪晶马氏体(又称定向马氏体，oriented martensite)和孪晶马氏体。孪晶马氏体由奥氏体在零应力状态下直接降温形成,由于孪晶的自适应特性,该相又称为自适应马氏体(self-accommodating martensite)。

奥氏体降温生成马氏体的过程称为正相变,过程中马氏体相变起始温度定义为 M_s,结束温度定义为 M_f。同理,可在逆相变中定义 A_s 和 A_f,如图 1.23(a)所示。单程形状记忆效应(one way shape memory effect,OWSME)的本质是温度诱发的马氏体相变。图 1.23(b)中孪晶马氏体承载后重定向(退孪晶)为非孪晶马氏体,卸载后表现为塑性变形,此时升高温度,非孪晶马氏体转变为奥氏体,宏观上表现为 SMA 恢复原形状。双程形状记忆效应(two way shape memory effect,TWSME)的本质是高内/外应力下非孪晶马氏体与奥氏体的直接转变。超弹性的本质是应力诱发的马氏体相变,即温度高于 A_f 时,奥氏体承载变为非孪晶马氏体,卸载后恢复原形。由于这一特性宏观上表现为 SMA 发生较大变形仍能恢复至原形状(可恢复应变为 6% 至 8%),但本质上是相变引发的形状回复,因此又被称为伪弹性(pseudoelasticity)。杨建楠等学者研究发现,孪晶马氏体、非孪晶马氏体和奥氏体的应力-温度相图及相互转化关系如图 1.23 所示[15]。

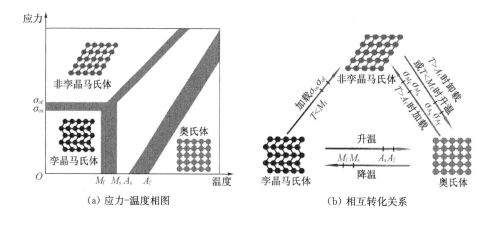

(a) 应力-温度相图　　　　　(b) 相互转化关系

图 1.23　孪晶马氏体、非孪晶马氏体和奥氏体的应力-温度相图及相互转化关系

1) 记忆效应

形状记忆合金材料能够在一定的温度范围之内获得 4%~8% 的可逆变回复,若在形状记忆合金材料加热过程中阻止其可逆变回复,则形状记忆合金材料会产生较大的反抗阻力。形状记忆合金可分为三种温度形状记忆效应,分别为单程、双程、全程。该性能应用于结构控制可用作温度调节的主动控制装置。由于形状记忆合金材料具备温度感知以及对外驱动做功等能力,同时可以产生较大的可逆形状响应应力及变形,因此在发动机领域、机器人领域以及生物医学领域应用较为广泛。

2) 超弹性

形状记忆合金的机械性能优良,相较于普通金属材料在弹性应变的性质方面近乎高出两个等级,具有良好的冲击韧性。通过对其超弹性记忆效应-高应变循环下滞回曲线的相关研究,形状记忆合金完全可以作为阻尼耗能元件独立使用,并且其中的 CT 阻尼器的性能比一般的阻尼器更加优良,相较于常规的黏弹性阻尼器其性能也更加优良[16-17]。

1.2.6 高性能钢材

这类钢材具备非常高的强度和韧性,被广泛地应用于航空和航天领域。所谓的高性能钢材(high performance steel,HPS),是指在经济性、资源性和环境性的约束下,应用先进的制造技术而制造出来的具有高洁净度、高均匀度和超细晶粒等特征的钢材,这类钢材在强度和韧度方面都要比传统的钢材要强一些,而且具有更长的使用寿命。为了适应 21 世纪社会发展的需要,需要进行钢铁材料生产和加工技术的研究,使钢材在具备更强的强度和韧性的同时,延长材料的寿命,降低钢铁材料的同比消耗。

1) 我国高性能钢材

我国结构用钢主要分为碳素结构钢和高强度低合金钢。在《低合金高强度结构钢》(GB/T 1591—2018)中,规定了 8 个强度级别的高强度低合金钢:Q355、Q390、Q420、Q460、Q500、Q550、Q620 和 Q690,通常把屈服强度在 460 MPa 以上的钢材称为高强钢。

然而,当采用厚钢板时(板厚 $t>50$ mm),高强度低合金钢的屈服强度会显著下降。根据《建筑抗震设计规范》(GB 50011—2010),地震区的建筑结构用钢的屈强比不应大于 0.85,且应有明显的屈服平台,同时伸长率不低于 20%,普通高强钢的力学性能指标很难满足 GB 50011—2010 的要求。

中国建筑结构用钢板,即 GJ 钢,是具有高强度、良好的延性与焊接性能以及厚度效应低的综合性能优越的钢材,其力学性能如表 1.1 所示。在《建筑结构用钢板》(GB/T 19879—2005)中,将强度等级分为 Q235GJ(B、C、D、E 级)、Q345GJ(B、C、D、E 级)、Q390GJ(C、D、E 级)、Q420GJ(C、D、E 级)、Q460GJ(C、D、E 级)五个等级。以成功应用到我国工程中的 Q460GJ 为例,当钢板厚度从 16 mm 增加到 100 mm 时,钢材的屈服强度从 460 MPa 降到 440 MPa。同时,GJ 钢通过严格控制碳当量(CEV)和冷裂敏感指数(P_{cm})来保证良好的可焊性及冲击韧性,且具有很高的伸长率保证了良好的延性;GJ 钢的屈强比都不大于 0.85,有良好的强度储备,满足 GB/T 1591—2018、GB 50011—2010 的要求。我国的普通结构钢并未对材料的屈强比有所规定,因此造成了实际工程中结构的变形和破坏模式可能难以预测,从而给结构的安全性带来了较大的隐患。另外,对厚度超过 15 mm 的钢板,还可以通过控制断面收缩率来保证其厚度方向的抗撕裂性能。

表 1.1 中国高性能建筑结构用钢的力学性能

牌号	质量等级	不同钢板厚度下的屈服强度/MPa				抗拉强度/MPa	伸长率/%	纵向冲击功		不同钢板厚度下的180°弯曲试验 d 为弯心直径 a 为试件厚度		屈强比
		钢板厚度 t/mm						温度/°C	冲击功/J	钢板厚度 t/mm		
		6≤t≤16	16<t≤35	35<t≤50	50<t≤100					t≤16	t>16	
Q345GJ	B	≥345	345~465	335~455	325~445	490~610	≥22	20	≥34	$d=2a$	$d=3a$	≤0.83
	C							0				
	D							−20				
	E							−40				

(续表)

牌号	质量等级	不同钢板厚度下的屈服强度/MPa				抗拉强度/MPa	伸长率/%	纵向冲击功		不同钢板厚度下的180°弯曲试验 d 为弯心直径 a 为试件厚度		屈强比
		钢板厚度 t/mm								钢板厚度 t/mm		
		$6 \leqslant t \leqslant 16$	$16 < t \leqslant 35$	$35 < t \leqslant 50$	$50 < t \leqslant 100$			温度/℃	冲击功/J	$t \leqslant 16$	$t > 16$	
Q390GJ	C D E	≥390	390~510	380~500	370~490	490~650	≥20	0 −20 −40	≥34	$d=2a$	$d=3a$	≤0.85
Q420GJ	C D E	≥420	420~550	410~540	400~530	520~680	≥19	0 −20 −40	≥34	$d=2a$	$d=3a$	≤0.85
G460GJ	C D E	≥460	460~600	450~590	440~580	550~720	≥17	0 −20 −40	≥34	$d=2a$	$d=3a$	≤0.85

2) 美国高性能钢材

美国高性能钢材(HPS)最初于20世纪90年代提出,与普通强度结构钢材相比具有更优的综合力学性能,主要应用于公路桥梁结构。目前美国的公路桥梁用高性能钢材主要有HPS50W(屈服强度为345 MPa)、HPS70W(屈服强度为485 MPa)和HPS100W(屈服强度为690 MPa)三个等级,其中W代表钢材具有耐候性。在HPS的实际工程应用及大量试验研究的基础上,美国发布了基于HPS设计的公路桥梁指导标准。由于对性能指标要求不同,建筑结构设计中着眼于构件的转角与结构的水平位移,而桥梁结构更加注重于材料的抗疲劳和断裂性能。桥梁用高性能钢材在美国应用较多,其未对屈服强度范围和屈强比进行控制,只给定了最低屈服强度,更突出了冲击韧性和可焊性指标。特别是低温断裂韧性,为避免发生低温脆断,其焊接预热和层间温度相关要求也远低于普通钢材。美国桥梁用高性能钢材具有较好的延性,所有HPS系列钢的伸长率都在18%~30%之间,这样保证其具有良好的变形性能以及抗震性能。HPS的碳当量较其他高强度钢材相对较低,使其具有良好的可焊性,而碳当量降低引起的强度损失可通过增加其他的金属元素加以弥补,其中的一些金属元素,例如Ni,可以提高钢材断裂韧性。HPS具有良好的耐候性,可以达到传统耐候钢在恶劣环境下的耐腐蚀效果。

3) 日本高性能钢材

日本的高性能钢材种类繁多。通常情况下,普通钢板的屈服强度随着板厚的增加而降低。对于大多数结构钢,板厚超过40 mm屈服强度便会下降,从而使构件截面增大,结构质量和材料用量增加。因此,一系列厚度为40~100 mm的等屈服强度钢板被研发出来,其性能如表1.2所示。其优点在于等屈服强度使结构设计更加简单,提高厚板的屈服强度,从而可以减小板厚,降低自重,同时使工程经济性更好。桥梁结构十分注重钢材的韧性和可焊性指标,同时由于特殊的工作环境,桥梁结构对于钢材的耐久性同样有着很高的要求。冷加工会大幅度降低钢材小曲率半径区域的延性和韧性,如果曲率半径太小导致韧性降低太多,那么很有可能在加工过程中材料发生断裂。另外,冷弯加工后材料也需要有一定的延性性能储备。对于普通结构钢,需要严格控制冷加工曲率半径 R 与板厚 t 之间的关系($R \geqslant 15t$)。为提高钢材在低温环境下的工作性能,防止出现脆性破坏,日本发展出了高韧性的钢材,可以将冷加工曲率半径最小值降低到 $5t$ 或 $7t$。

表 1.2 日本高性能建筑结构用钢的力学性能

钢种	板厚/mm	屈服强度/MPa				屈服强度/MPa			
		SM400C-H、SMA400CW-H	SM490C-H	SM520C-H、SMA490CW-H	SM570-H、SM570W-H	SM400、SMA400W	SM490	SM520、SMA490W	SM570、SM570W
等屈服强度钢	40~100	140	185	210	255				
普通结构钢	16~40					140	185	210	255
	>40~75					125	175	195	245
	>75~100					125	175	190	240

目前,钨极惰性气体保护焊、熔化极惰性气体保护焊以及电渣焊广泛应用于桥梁结构。为了防止电渣焊过早出现脆性断裂,鉴于此,日本研发了一种适用于高焊接热输入量的高性能钢材。此类钢材不仅可以提高施工效率,同时其热影响区的细观晶粒尺寸比普通焊缝的晶粒尺寸更小,因而具有更好的断裂韧性。该材料的使用将大大减少地震过程中焊接钢结构梁柱节点处的焊缝断裂,但由于造价昂贵该材料鲜有工程应用。

为减少桥梁的建造和维护成本,日本研发了 BHS 系列桥梁用高性能钢材,分为两个等级:BHS500 和 BHS700,屈服强度分别不低于 500 MPa、700 MPa。BHS 钢具有高屈服强度、良好的施工性、高韧性以及良好的耐候性能,已应用在东京湾临海大桥,并取得了良好的效果。

4) 欧洲高性能钢材

高性能钢材的发展和研究在欧洲也有较长的历史。20 世纪 60 年代便开始使用淬火及回火技术生产钢材,现在可生产屈服强度达 1 100 MPa 的钢材。20 世纪 70 年代开发了热轧技术,之后被广泛应用。S460、S690 系列钢材为欧洲主要的高强钢,与常用结构钢 S355J2 相比,化学成分有显著不同。欧洲高性能钢材对抗拉强度、屈服强度的要求几乎与日本、美国相同,即具有优良的延性和抗冲击韧性,可焊性好。不同的是,日本、美国的高性能钢材的屈服强度不随板厚变化而变化,欧洲的高性能钢材随厚度增大而强度降低,但是幅度并不大。目前,欧洲标准已将 S460、S690 高强度结构钢材包含其中。欧洲对于高性能钢材的研究十分重视,进行了大量相关试验,致力建立高性能钢材设计准则。耐候钢在欧洲有相应的标准 BS EN 10155,该标准对常用耐候钢的种类、每种耐候钢的元素含量、力学性能以及生产要求做了详细的阐述。耐候钢在欧洲的桥梁结构中有着广泛的应用。[18]

1.3 本章小结

本章主要介绍了桥梁工程现代材料的发展历程和几种典型材料的研究现状及其在桥梁

工程中的实际应用,归纳总结如下:

(1)新材料的出现是适应交通量增长的必然要求,同时也促进了桥梁施工技术和工艺的进步,推动了桥梁工程的发展和进步。

(2)桥梁工程的发展趋势是轻自重、大跨度、高耐久,新型材料的研发很好地弥补了传统土木工程材料的缺陷,是未来材料发展的主要方向之一。在绿色低碳理念影响下,实现可持续发展,降低其对周边环境的不利影响,成为新型材料应用的重点方向。

(3)钢筋混凝土、纤维增强复合材料、高性能混凝土、工程水泥基复合材料、形状记忆合金、高性能钢材等几类典型桥梁工程现代材料在实际工程中均已得到大规模应用,且许多学者仍继续在相关领域开展研究。

参考文献

[1] 陈剑毅.我国桥梁发展史及现存的问题[J].山西建筑,2008,34(17):315-316.

[2] 卢远芳.桥梁工程的发展基础:材料和技术的发展[J].工业设计,2011(8):198-200,204.

[3] 魏兴俭,王明鹏,赵秋雨.浅谈桥梁工程的材料改性发展[J].中国建材科技,2005,14(3):37-38.

[4] 马占宝,马振华.新型建筑材料在桥梁建设中的应用[J].建材与装饰,2018,(8):263.

[5] 周宏伟.桥梁新型材料的发展[J].铁道建筑,1998,38(1):17-20.

[6] 韩娟,刘伟庆,方海.纤维增强树脂基复合材料在土木基础设施领域中的应用[J].南京工业大学学报(自然科学版),2020,42(5):543-554.

[7] 蒋以华.桥梁工程中FRP复合材料的发展与应用[J].合成材料老化与应用,2022,51(3):155-157.

[8] 凌竞远.土木工程材料新进展及其应用[J].现代职业教育,2021(28):164-165.

[9] 王林林.新型土木工程材料研究进展[J].绿色环保建材,2017,130(12):5.

[10] 中国混凝土与水泥制品协会UHPC分会.2019年度中国超高性能混凝土(UHPC)技术与应用发展报告[J].混凝土世界,2020(2):30-43.

[11] 中国工程建设标准化协会.超高性能混凝土试验方法标准:T/CECS 864—2021[S].北京:中国建筑工业出版社,2021.

[12] 张士萍,秦子凡,张明鑫,等.新型土木工程材料的研究进展[J].南京工程学院学报(自然科学版),2021,19(3):1-7.

[13] 李亮,吴文杰,吴俊,刘文丽.水泥基复合材料的研究现状及其在动态冲击领域的应用[J].建筑结构,2018,48(S1):545-554.

[14] 陈一哲,杨雨卓,彭文鹏,等.形状记忆合金的应用及其特性研究进展[J].功能材料,2022,53(5):5026-5038.

[15] 杨建楠,黄彬,谷小军,等.形状记忆合金力学行为与应用综述[J].固体力学学报,2021,42(4):345-375.

[16] 牛心如,王娜,黄宁昕,等.形状记忆合金综述[J].江苏建材,2021(1):22-23.

[17] 吕福在,胡宇天,伍建军,等.双程形状记忆效应的唯象动力学模型[J].浙江大学学报(工学版),2020,54(4):642-649.
[18] 贾良玖,董洋.高性能钢在结构工程中的研究和应用进展[J].工业建筑,2016,46(7):1-9.

第 2 章 纤维增强复合材料

2.1 简介

复合材料是指由两种或两种以上不同性质的材料,通过物理或化学的方法,在宏观上组成具有新性能的材料。各种材料在性能上互相取长补短,产生协同效应,使复合材料的综合性能优于原组成材料而满足各种不同的要求。根据基体材料的不同,可以分为金属基和非金属基复合材料两大类。常用的金属基体有铝、镁、铜、钛及其合金,非金属基体主要有合成树脂、橡胶、陶瓷、石墨、碳等。增强材料主要有玻璃纤维、碳纤维、硼纤维、芳纶纤维、碳化硅纤维、超高分子量聚乙烯纤维、聚酰亚胺纤维、聚苯硫醚纤维、聚四氟乙烯纤维、氧化铝纤维、石棉纤维、晶须、金属丝等。在基础设施建设领域,主要采用非金属基复合材料,本章主要以纤维增强树脂基复合材料为例进行说明。

纤维增强复合材料(fiber reinforced polymer,FRP)是以高性能纤维为增强材料,树脂为基体,按照一定的比例经过固化处理或者按照一定的方向纺织而成的复合材料。其中至少一个是纤维材料,一个是基质材料。纤维材料可以是碳纤维、玻璃纤维、芳纶纤维等。在FRP中,纤维材料是主要的载荷承载部分,而基质材料则起到保护和支撑的作用。纤维和基质之间的相互作用决定了FRP的性能和特点。FRP具有质量轻、高强高模、比钢筋混凝土结构更耐用、耐腐蚀、高质量密度比(是钢筋的10~15倍)、耐疲劳(是钢筋的3倍)、电磁中性、导热系数低、可设计性强和易加工成型等突出优点。

工程中常用的纤维增强复合材料根据纤维类型分类主要有碳纤维增强复合材料(carbon fiber reinforcement polymer,CFRP)、玻璃纤维增强复合材料(glass fiber reinforcement polymer,GFRP)、芳纶纤维增强复合材料(aramid fiber reinforcement polymer,AFRP)和超高分子量聚乙烯纤维增强复合材料(ultra-high molecular weight polyethylene fiber reinforcement polymer,UMWPFRP)等,其中碳纤维、芳纶纤维、超高分子量聚乙烯纤维是当今世界三大高性能纤维,而碳纤维尤其值得关注。

2.2 纤维增强复合材料的种类

土木工程中用于加固或新建结构中的FRP,通常先由极细的纤维丝按一定方向排列或编织为板、布等形式,再与基体材料胶结后形成FRP制品,可以分为FRP纤维、FRP布、

FRP棒材、FRP格栅、FRP板材和FRP型材等。

2.2.1 FRP纤维

2.2.1.1 短切FRP纤维

短切FRP纤维是指将连续纤维材料切割成一定长度的短小纤维段,通常长度在1～50 mm之间。短切FRP纤维的特点在于其长度较短,直径较细,一般在10 μm以下。这种纤维具有高比强度、高比刚度以及良好的耐腐蚀性和疲劳寿命等特点,因此近年来已经成为复合材料领域中的热门研究方向。图2.1为GFRP短纤维和CFRP短切纤维。

(a) GFRP短切纤维　　　　　　　(b) CFRP短切纤维

图2.1　FRP短切纤维

短切FRP纤维的加工方法多样,可以通过切割、磨削等方式获得,同时还可以通过浸渍、注塑等方式与其他基体材料相结合。与连续纤维相比,短切FRP纤维有着更好的成本效益和安装便捷性,具有良好的力学性能,可以增加所制成型材或其他构件的强度和刚度,同时还能改善材料的耐磨性、耐疲劳性和抗冲击性等方面的性能。此外,短切FRP纤维还具有优异的耐腐蚀性和阻燃性能,极大地拓展了其在建筑、电气、航空等领域的应用范围。

将FRP短切纤维加入混凝土或砂浆中可有效控制混凝土(砂浆)固塑性收缩、干缩、温度变化等因素引起的微裂缝,抑止裂缝的形成及发展,大大改善混凝土的抗裂、抗渗、抗冲击及抗震性能。

将长度为2～5 cm的短纤维通过化学黏结和机械作用可以制成一种薄片材料——FRP毡垫(图2.2),毡垫通常宽5 cm～2 m,面密度大约是0.5 kg/m²。

短切FRP纤维作为一种有着广泛应用前景的新型复合材料,其在轻量化、高强度、防腐等方面的优越性能,将为许多领域的材料技术发展带来巨大优势。

2.2.1.2 连续FRP纤维

连续FRP纤维是指长丝纤维结合树脂基体构成的复合材料,是一种高强度、高刚度的纤维增强复合材料,是将玻璃、碳纤维等材料拉伸成长条状连续纤维,用热固性树脂作为基体制成的(图2.3)。相比于短切FRP纤维,连续FRP纤维的特点在于其长度一般在几厘米至几千米之间。这种纤维还具有极高的比强度和比刚度,以及耐高温、耐腐蚀性好等特点。由于纤维长度较长,因此具有更好的弯曲性和形变能力,更适合进行曲率比较复杂的设计。

图 2.2 GFRP 毡垫

图 2.3 连续 FRP 纤维

连续 FRP 纤维的加工方法相对简单,可以通过手工层叠、自动纺织、膜法复合等方式得到制品。连续 FRP 纤维的生产过程中,树脂与纤维相互渗透并固化,形成了坚实可靠的纤维增强基材。由于其连续性的纤维结构,因此连续 FRP 纤维具有优良的强度、刚度和韧性等,适用于高强度、高耐久性要求的结构材料。纤维的类型和参数对连续纤维增强复合材料的力学性能影响很大,主要的连续纤维有玻璃纤维、碳纤维、芳纶纤维等,它们的性质和应用略有不同。

(1) 玻璃纤维:具有优良的绝缘性、耐腐蚀性和耐高温性,一般用于制造通信设备、汽车部件、建筑材料等。

(2) 碳纤维:密度小、强度高、刚度好、耐腐蚀,常用于制造航空航天器、赛车、运动器材等。

(3) 芳纶纤维:强度和弹性模量都很高,耐热性能好,在高温条件下可以保持良好的力学性能,常用于工业、船舶制造业、电气绝缘材料等。

这些连续 FRP 纤维通过复合材料缠绕成型工艺制作成为复合材料产品,在不同行业有广泛的应用,高强度、轻质化、防腐耐久等优点拓展了其在各领域的应用范围。

2.2.2 FRP 布

FRP 布(图 2.4)是将玻璃纤维、碳纤维等纤维材料以编织、叠合等方式制成的布状 FRP 产品,是一种性能优良的增强材料。它通常具有平面或立体的形态网格状结构,且具有高强度、耐腐蚀、抗老化、质量轻、施工方便等优点。FRP 布可以按不同的增强纤维、树脂类型和织法分为多种类型。其中,最常见的是玻璃纤维增强复合材料(GFRP)布和碳纤维增强复合材料(CFRP)布。GFRP 布一般采用无捻直纹织造或平纹织造,而 CFRP 布则采用平纹织造或斜纹织造,它们均可用于建筑结构加固、桥梁结构加固、地下管道加固、飞机翼型加固等。

FRP 布根据编织方式可以分为三种:平纹布、斜纹布及光面布(图 2.5)。平纹布就是将粗纤维按照经向、纬向编织而成。平纹布相对于其他两种布刚度较大、结构稳定,缺点是树脂不易浸渍,经纬向的粗纤维弯曲较大。斜纹布和光面布相对较柔软,但是在操作

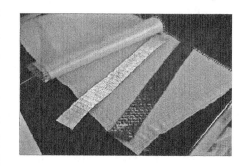
图 2.4 FRP 布

过程中易被损坏。光面布经纬向的粗纤维弯曲较小,所以其平面内的刚度较大。

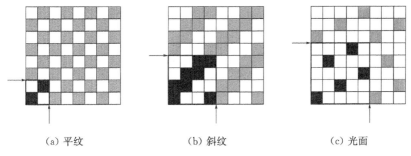

(a) 平纹　　　　　　　(b) 斜纹　　　　　　　(c) 光面

图 2.5　FRP 布的编织方式

FRP 布根据纤维的方向性可以分为单向纤维布、双向纤维布及多向纤维布(图 2.6)。单向纤维布的主要受力方向是粗纤维,横向通过轻质非结构性纤维连接在一起。双向纤维布的两个方向都是受力纤维,且两个方向纤维的含量是相同的。多向纤维布在多个方向都有受力纤维。

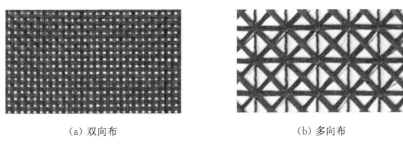

(a) 双向布　　　　　　　　　　　　(b) 多向布

图 2.6　双向及多向纤维布

FRP 布还可以分为机织布(woven fabrics)和非机织布(non-woven fabrics),如图 2.7 所示。表 2.1 给出了美国赫氏碳纤维布的主要技术指标[1]。

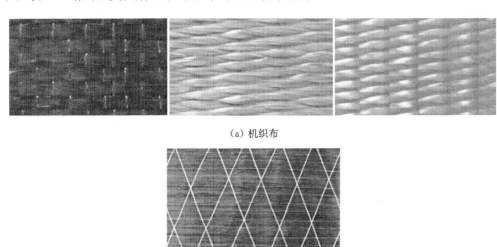

(a) 机织布

(b) 非机织布

图 2.7　FRP 机织布和非机织布

表 2.1　赫氏纤维布的技术指标

单位质量/(g/m²)	型号	编织方式	质量比(经向/纬向)	经纬密度比(经向/纬向)	纱线材质(经向/纬向)	幅宽/cm	厚度/mm
193	43192	平纹	51/49	4.9/4.8	3K HR/3K HR	100	0.20
193	43194	2×2 斜纹	51/49	4.9/4.8	3K HR/3K HR	100	0.20
200	43200	2×2 斜纹	50/50	5.0/5.0	3K HR/3K HR	125	0.20
200	48192	平纹	50/50	1.2/1.2	12K HR/12K HR	127	0.20
200	48194	2×2 斜纹	50/50	1.2/1.2	12K HR/12K HR	127	0.20

2.2.3　FRP 棒材

FRP 棒材是将 FRP 材料按一定比例经过缠绕、层压等特殊工艺制成的棒形材料,常用于建筑结构、机械部件、电气设备等领域。根据不同的材料和制造工艺,FRP 棒材可以分为 FRP 筋、FRP 索[2]和钢-连续纤维复合筋等。

2.2.3.1　FRP 筋

FRP 筋材是一种高强度、轻质、耐腐蚀、易加工的新型复合材料,由纤维增强材料和树脂基体材料组成,可用于混凝土结构的加固和加强,具有优异的力学性能和耐久性。FRP 筋材按照纤维类型可分为碳纤维、玻璃纤维和碳玻璃混杂纤维等;按照形状可分为直径为 4~22 mm 的圆筒形、扁平形、角形、梯形等;按照表面状态可分为粗面、光面和纹理面等。FRP 筋按其外形可分为带肋筋、表面磨砂筋及缠绕磨砂筋三种类型,如图 2.8 所示。

FRP 筋按弹性模量分类的表示方法是"E x. x"。如 E 5.7 表示 FRP 筋的弹性模量至少为 5 700 ksi(39.3 GPa)。表 2.2 为各种 FRP 筋的最小弹性模量,规定所有 FRP 筋的断裂伸长率不应小于 0.5%。

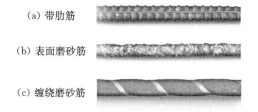

图 2.8　FRP 筋的表面形状

(a) 带肋筋
(b) 表面磨砂筋
(c) 缠绕磨砂筋

表 2.2　FRP 筋的最小弹性模量

FRP 筋种类	最小弹性模量
GFRP 筋	E 5.7(39.3 GPa)
AFRP 筋	E 10.0(68.9 GPa)
CFRP 筋	E 16.0(110.36 GPa)

根据美国材料与试验协会(ASTM)的标准,FRP 筋的名义直径分为 12 种,如表 2.3 所示。FRP 筋名义直径的定义是其具有与光圆筋相同的截面面积时的最大直径。特别是当 FRP 筋是中空时,名义直径确定的原则是中空型的 FRP 筋截面具有与光圆筋相同的截面面积。

表 2.3 ASTM 标准筋

FRP 筋名称		名义直径/mm	面积/mm²
英制单位	公制单位		
No.2	No.6	6.4	31.6
No.3	No.10	9.5	71
No.4	No.13	12.7	129
No.5	No.16	15.9	199
No.6	No.19	19.1	284
No.7	No.22	22.2	387
No.8	No.25	25.4	510
No.9	No.29	28.7	645
No.10	No.32	32.3	819
No.11	No.36	35.8	1 006
No.14	No.43	43.0	1 452
No.18	No.57	57.3	2 587

FRP 筋的命名可根据制造商、纤维种类、直径、抗拉强度及弹性模量确定。如 XXX-G♯4-F 100-E 6.0 表示制造商是"XXX",纤维种类是玻璃纤维,4 号筋,最小抗拉强度是 100 ksi(689.5 MPa),最小弹性模量是 6 000 ksi(41.37 GPa)。如果是中空型的 FRP 筋,那么除了上述编号外,还应指出最大的外径,如 XXX-G♯4-F 100-E 6.0-0.63,最后的一位数表示最大外径是 0.63 in(16 mm)。

2.2.3.2 FRP 索

FRP 索是指利用纤维增强材料的高强度和高模量特性,将其编织或缠绕成细丝状,再使用环氧树脂等材料进行浸润固化,形成具有高强度、高刚度和轻质化的索杆,通常用于桥梁、建筑物和其他结构的加固和支撑(图 2.9)。FRP 索的主要原理是在受拉载荷作用下,纤维增强材料中的纤维将承担大部分载荷,而树脂则起到传递载荷和保护纤维的作用。在受压

图 2.9 CFRP 平行板索在大跨空间结构中的应用

载荷作用下,由于纤维增强材料的强度和模量低于钢材,因此通常需要在FRP索的表面增加一层保护层,以提高其抗压性能。

FRP索按照结构形式可以分为以下几种类型。

(1) 单股索结构:由一根或多根FRP单股组成,适用于小跨度、轻载荷的结构。

(2) 多股索结构:由多根FRP单股通过绞合或编织形成,适用于大跨度、大载荷的结构。

(3) 空心结构:由多根FRP单股通过编织、绞合或叠合形成,呈空心管状,适用于大跨度、大载荷的结构。

(4) 短股索结构:由多根短FRP单股通过绞合或编织形成,适用于变形大的结构。

(5) 短股-长股混合结构:由多根短FRP单股和长FRP单股通过绞合或编织形成,适用于变形大和承载高的结构。

(6) 预应力结构:在FRP单股或多股索结构中加入预应力,提高结构的承载能力和稳定性。

FRP索按功能主要分为三类:拉索、压索和扭转索。

(1) 拉索,是FRP索中最常见的一种,主要承受拉力,用于桥梁等工程中的吊桥、吊塔、悬索桥等工程中。因为FRP材料的轻质高强和耐腐蚀性能,所以越来越多的桥梁工程开始采用FRP索作为拉索。

(2) 压索,主要承受桥梁中的压力,因为FRP材料的抗压性能相对较弱,所以应用范围相对较小,主要用于拱桥、拱顶等工程中。

(3) 扭转索,主要承受扭矩,因为风力发电机塔架需要承受风力的扭矩,而FRP材料的抗扭性能较好,所以扭转索应用于风力发电机塔架中具有优势。

相比于传统的金属钢索,FRP索的密度更小,质量更轻,但是强度却更高。因此,采用FRP材料制造的索具具有更高的强度和更轻的质量,可以减轻结构的自重,提高结构的承载能力和抗震能力。例如,在一些大型桥梁和高层建筑中,采用FRP索代替传统的钢索,可以减轻结构自重,使得结构更加稳定可靠。

FRP索不会因为长期暴露在潮湿、酸碱等恶劣环境中而生锈、腐蚀,不会被水、酸、碱等化学物质侵蚀,从而保证了索的使用寿命和安全性。此外,FRP索的表面光滑,不会产生毛刺、锈斑等缺陷,降低了表面对腐蚀的敏感性,延长了使用寿命。

FRP索具有良好的阻燃性能,能够在高温、高压、高氧环境下长期使用而不发生燃烧。这是由于FRP索采用了阻燃剂和阻燃填料,因此其具有较高的阻燃等级。根据不同的应用环境和要求,FRP索可以选择不同的阻燃等级,如UL 94 V-0级、UL 94 V-1级、UL 94 V-2级等。此外,FRP索的阻燃性能也使其在火灾事故中能够有效地防止火灾的蔓延和扩散,保障了人员和财产的安全。

FRP索相较于传统的金属索具有更好的耐疲劳性能,这是因为FRP材料的弹性模量与钢材相近,但其密度约为钢材的四分之一,所以FRP索具有更好的柔韧性和抗弯曲性。此外,FRP材料的疲劳极限比钢材高出很多,因此在长期使用过程中,FRP索不易断裂和变形,具有更长的使用寿命和更高的可靠性。

2.2.3.3 钢-连续纤维复合筋

钢-连续纤维复合筋(steel-continuous fiber composite rebar, SFCR)是一种新型的钢筋,由内芯钢筋与纤维增强复合材料(FPR)外包覆层复合而成(图 2.10)。SFCR 的密度约为 7 900 kg/m³,熔点为 1 538 ℃,热膨胀系数为 12×10⁻⁶/℃,抗拉强度为 800~1 200 MPa,抗扭强度为 100~150 MPa,弹性模量为 200~240 GPa[3]。

图 2.10 钢-连续玄武岩复合筋

与传统的钢筋相比,SFCR 具有更好的延性和耐久性能,可增强钢筋的抗锈蚀性,延长使用寿命,还可以有效地提高混凝土结构的抗裂性和抗震性能,是一种具有广泛应用前景的新型材料,主要特点如下。

(1)轻量化:由于 FRP 纤维具有轻质化的优势,因此使用连续 FRP 纤维钢筋可以大大降低结构自重,减少对地基的负荷。

(2)耐腐蚀:FRP 纤维本身不会受到腐蚀的影响,因此连续 FRP 纤维钢筋不会出现钢筋锈蚀等问题,从而延长了建筑的使用寿命。

(3)高强度:连续 FRP 纤维钢筋具有较高的拉伸和弯曲强度,而且其与混凝土的黏结性能好,能够更有效地支撑混凝土结构。

(4)抗震性能好:连续 FRP 纤维钢筋具有较高的弹性模量和弹性极限,能够有效地增强混凝土结构的抗震能力。

在工程应用方面,连续 FRP 纤维钢筋广泛应用于桥梁、隧道、高速公路、机场、地铁等领域。它们可以有效地提高建筑结构的安全性能、减轻自重,同时也保证了建筑的耐久性和美观性。同时,也可以避免传统钢筋锈蚀对环境和人体健康造成的危害。

2.2.4 FRP 格栅

FRP 格栅是一种由纤维增强复合材料制成的栅格状结构材料,即 FRP 筋按照一定的方向组合而成,有三维空间结构和二维平面结构两种(图 2.11),具有轻质、高强、耐腐蚀、绝缘、阻燃等特点。FRP 格栅的制作工艺通常采用模压成型或手工涂覆法,可用于混凝土构件中作为抗弯、抗剪的增强材料,也可用于混凝土构件的外部作为加固材料。

图 2.11 FRP 格栅

FRP格栅具有轻质、高强、耐腐蚀等优点,相比传统的钢制品,FRP格栅的质量为钢制品的1/4左右,但是其强度却可以达到同等质量的钢制品的2倍以上。这种轻质、高强的特点使得FRP格栅在使用过程中具有很好的耐久性和较长的寿命,同时也方便了安装和维护。

FRP格栅具有优异的耐腐蚀性能,这是由于其主要成分是树脂和玻璃纤维,不含金属成分,因此不会发生金属腐蚀现象。在恶劣的环境中,如化工厂、污水处理厂等,金属材料容易受到化学物质的侵蚀,导致设备的寿命缩短,而FRP格栅则能够很好地抵抗酸、碱、盐等化学物质的腐蚀,具有较长的使用寿命。此外,FRP格栅表面光滑,不易积累污垢,易于清洗,也能有效防止腐蚀的发生。

FRP格栅具有优异的耐高温性能,是传统金属材料无法比拟的。一般情况下,FRP格栅可耐受高达150 ℃的高温环境,而在特殊情况下,其耐温性能可达到200 ℃以上。这种耐高温性能使得FRP格栅在高温工作环境下具有广泛的应用前景,如石油化工、冶金、钢铁等行业。此外,相比传统金属材料,FRP格栅的热膨胀系数较小,不易变形,从而保证了其在高温环境下的稳定性和安全性。

FRP格栅具有良好的阻燃性能,这是因为其基材树脂具有较好的阻燃性能。FRP格栅的基材树脂通常采用不饱和聚酯树脂、环氧树脂等,这些树脂具有较好的阻燃性能,能够在一定程度上阻止火焰的蔓延,减少火灾事故的发生。此外,FRP格栅的生产过程中通常会添加阻燃剂,进一步提升其阻燃性能。因此,FRP格栅在一些对阻燃性能要求较高的场合得到了广泛应用。

2.2.5 FRP板材

FRP板材是将按一定方向排列的玻璃纤维、碳纤维等纤维材料与树脂、填料等材料复合,经特定工序制成平板状的FRP产品,也被称为复合材料板材。它的制造过程是将纤维材料(如碳纤维、玻璃纤维等)与树脂(如环氧树脂、聚酯树脂等)混合,在模具中进行加热固化,形成具有高强度、轻质、耐腐蚀、耐磨损等优良性能的板材。FRP板材的厚度一般在1~10 mm之间,可以根据需要进行定制。FRP板材具有以下特点:

(1) 高强度。FRP板材的强度比传统材料高,可以承受更大的荷载。
(2) 轻质。FRP板材相对于金属材料来说更轻,可以减轻结构负荷。
(3) 耐腐蚀。FRP板材具有良好的耐腐蚀性能,可以在酸、碱、盐等腐蚀性环境下使用。
(4) 绝缘性能好。FRP板材是一种绝缘材料,可以在电气设备中使用。
(5) 隔热性能好。FRP板材具有良好的隔热性能,可以在建筑物中使用。
(6) 易加工。FRP板材可以通过切割、钻孔、黏接等方式进行加工,可以满足不同的设计需求。

FRP板材包括FRP板(plates)和FRP板条(strip)。宽度相对较宽的称为FRP板[图2.12(a)],宽度相对较窄的称为FRP板条[图2.12(b)]。

FRP板材可以应用在梁的抗弯加固及抗剪加固中,在抗剪加固中还可以使用L形FRP条带(图2.13)。

（a）FRP 板　　　（b）FRP 板条

图 2.12　FRP 板材

图 2.13　L 形 FRP 条带

2.2.6　FRP 型材

FRP 型材是将纤维及树脂按照一定的比例采用拉挤或缠绕工艺而制成的。FRP 型材按照截面形式可以分为工字形、L 形、槽形、圆形及矩形等（图 2.14、图 2.15）。

拉挤成型工艺是将浸渍过树脂胶液的连续纤维束在牵引力的拉拔下，通过成型模具的挤压，在模具和固化炉中受热固化成型材的方法。缠绕成型工艺是将连续纤维粗纱或布带浸渍环氧胶液后，在设定的纤维张力下，按照预定的缠绕规律连续地缠绕在芯模或内衬上，然后在室温或加热条件下固化而制成的中空回转体制品，如 FRP 空心管（FRP tube）、FRP 壳（FRP shell）等（图 2.15）[4]。

图 2.14　FRP 型材

 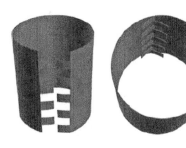

（a）FRP 缠绕管　　　　　　　（b）FRP 壳

图 2.15　FRP 管及 FRP 壳

缠绕成型工艺分为干法缠绕、湿法缠绕及半干法缠绕。干法缠绕是指将纤维浸胶后烘干制成预浸带，缠绕时加热软化后绕制在芯模或内衬上经固化而成。湿法缠绕是指将纤维浸胶后直接缠绕到芯模或内衬上经固化而成。半干法缠绕是指在室温下进行的缠绕工艺，它比湿法增加了烘干工序，比干法减少了烘干时间，降低了纤维预浸带的烘干程度，省略了预浸带的络纱、收卷和加热软化工序。

FRP管通常由玻璃纤维和环氧树脂或聚酯树脂制成,其原理是将纤维材料与树脂基体结合,形成具有优异力学性能的管道材料。纤维材料可以是玻璃纤维、碳纤维、芳纶纤维等,而树脂基体可以是环氧树脂、酚醛树脂、聚酯树脂等。FRP管的制造过程中,首先将纤维和树脂混合,然后通过模压或缠绕等工艺制成管道。在制造过程中,可以添加一些填料和添加剂,以改善其性能,如提高强度、耐腐蚀性和耐热性等。

FRP管常用的制造方法主要有拉挤法、离心成型法、缠绕法和卷制法等。拉挤法是制造FRP管的常见方法之一。在这种方法中,树脂和玻璃纤维经过预先混合并加热后,被挤出成为具有所需形状的管。离心成型法也是制造FRP管的一种常见方法。在这种方法中,树脂和玻璃纤维混合物被注入旋转的模具中,通过离心力使其均匀分布在模具内壁上,并在高温下固化。缠绕法是制造FRP管的另一种常见方法。在这种方法中,玻璃纤维经过预处理后,通过自动化设备缠绕在内模具上,并在缠绕过程中涂覆树脂,然后在高温下固化。

2.3 组成材料与基本性能

人类制造聚合物基复合材料的历史,可以追溯到2 000多年前,我国西汉时期已出现用麻布增强的漆树脂制作"脱胎漆器"的技术,这是世界上最早的初期聚合物基复合材料。20世纪70年代,对复合材料的研究打破了仅采用玻璃纤维增强树脂的局限,开发了一批如碳纤维、碳化硅纤维、氧化铝纤维、芳纶纤维、高密度聚乙烯纤维等高性能增强材料,并使用高性能树脂、金属与陶瓷作为基体,制成高性能复合材料,其优异性能的重要贡献者是增强体高性能纤维。

2.3.1 增强体高性能纤维

高性能纤维是指具有特殊的物理化学结构、性能和用途,或具有高强度、高模量、耐高温、耐腐蚀、阻燃等优良特性的化学纤维,一般定义的"高性能"为力学指标,要求断裂强度大于17.6 cN/dtex[5],碳纤维、芳纶纤维和超高分子量聚乙烯纤维三者并称世界三大高性能纤维材料。

高性能纤维作为聚合物基复合材料的增强体种类繁多,按材料属性可分为有机纤维、无机纤维和金属纤维。有机高性能纤维,一类是纤维分子中的柔性分子链高度取向、结晶,从而使其具备优异的力学性能,另一类是纤维分子中含有大量芳环或芳杂环的刚性链分子,从而赋予纤维优异的力学性能、耐热性、耐腐蚀性,主要包括芳香族聚酰胺纤维、超高分子量聚乙烯纤维、聚苯硫醚纤维、聚酰亚胺纤维等。无机高性能纤维主要包括碳纤维、陶瓷纤维、玄武岩纤维、硼纤维等。金属纤维占比较小,具有材料轻量化、智能化、高性能化和多功能化等特点。高性能纤维按性能可分为高强高模纤维、耐高温纤维、阻燃纤维、耐强腐蚀纤维、特种功能纤维等[6]。

高性能纤维材料也可以划分为两大类:人造纤维与合成纤维。

(1) 人造纤维:将竹、木材等经化学加工和纺织而制成的纤维。

(2) 合成纤维:以石油产品、煤、石灰石、水、空气等为原料,通过一系列化学反应制造而成的纤维。

纤维本身是纤维丝束,是由非常细的纤维丝组成的,经过处理可以形成不同结构的纤维,图2.16为不同结构的纤维。

单根纤维丝是组成纤维的基本单元,直径大约为10 μm。无捻粗纤维是多根纤维丝组成的连续纤维束。有捻纤维纱是经过纺织缠绕而成的纤维束。有捻纤维粗纱是多束有捻纤维纱或无捻粗纤维排列或缠绕而形成的。

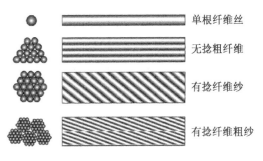

图2.16 纤维的结构

2.3.1.1 碳纤维

碳纤维是最重要的无机高性能纤维,是由聚丙烯腈(PAN)、黏胶或沥青等有机纤维原丝经预氧化、低温碳化、高温碳化、石墨化等一系列物理化学变化得到的含碳量大于95%的纤维材料。碳纤维作为复合材料的增强体,所构成的碳纤维增强复合材料具有优异的力学性能,具有高比强度、高比模量(拉伸强度≥3 500 MPa,拉伸模量≥220 GPa,伸长率为1.5%～2.0%),优良的耐高温、抗蠕变、导热、导电、耐腐蚀等特性,但存在脆性较大、横向受力易折断、抗冲击性能较差的问题。碳纤维的密度为1 500～2 160 kg/m³,约为普通钢材(7 800 kg/m³)的1/4、铝合金(2 720～2 820 kg/m³)的1/2、钛合金(4 500 kg/m³)的1/3,而比强度为普通钢材的10倍以上[1,6]。日本东丽的高强型T1000系列碳纤维的弹性模量为295 GPa,强度达7.05 GPa,而高强高模M55J型碳纤维的弹性模量达540 GPa,强度为4.02 GPa。

碳纤维按力学性能分类,主要有超高模量(UHM)碳纤维、高模量(HM)碳纤维、超高强度(UHS)碳纤维和高强度(HS)碳纤维。按照生产原料分类,主要有聚丙烯腈(PAN)基、黏胶基、纤维素纤维基以及沥青(Pitch)基四种。目前使用得最多的是PAN基碳纤维,若要制备高模量碳纤维还需要经过高温石墨化工艺处理[2,4],PAN基碳纤维的生产制备流程如图2.17所示。

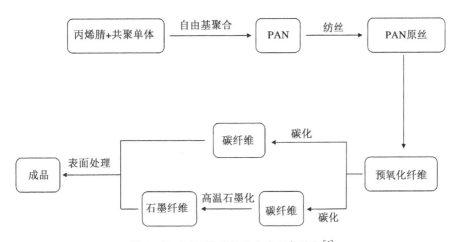

图2.17 PAN基碳纤维生产制备流程[4]

碳纤维丝束由大量连续的、没有缠绕的纤维丝组成。碳纤维按丝束规格可分为小丝束碳纤维和大丝束碳纤维。小丝束以1 K、3 K和6 K为主逐渐发展为12 K和24 K;大丝束在

48 K以上包括60 K、120 K、360 K和480 K等[1]。丝束代号一般用K来表示,用该字母乘1 000即为单丝根数,如12 K即表示该丝束有12 000根单丝。碳纤维的规格一般为1～12 K,近年来出现了48～320 K的大丝束碳纤维,弹性模量为227～241 GPa。碳纤维的结构完全不同于石墨的六面体结构,通常说的石墨纤维代表纤维含碳量在99%以上,而碳纤维含碳量为80%～95%。

2.3.1.2 芳纶纤维

芳纶(PPTA),全名为芳香族聚酰胺纤维,是一种人造合成有机纤维,由芬芳聚酰胺按单向排列而成,其大分子主链是由酰胺键和芳香环交替连接组成的长链结构。芳纶纤维具有较好的韧性,比碳纤维轻,且力学、理化性能均适中,但抗压强度较低,大约为其抗拉强度的1/8。此外,芳纶纤维对紫外线和湿气比较敏感[5]。

芳纶产品形式多样,已经实现工业化生产的芳纶产品有对位芳纶(PPTA)和间位芳纶(PMTA)[6]。对位芳纶,即芳香族对位聚酰胺纤维,是以对苯二胺与对苯二甲酰氯为原料经缩聚纺丝制得的合成纤维。苯环与酰胺基团的共轭效应决定了对位芳纶高强度、高模量的优异性能(强度≥2.88 GPa,模量≥100 GPa),其密度仅是钢丝的1/5,但拉伸强度却是钢丝的5～6倍。同时对位芳纶具有优异的耐磨性、耐切割性和防弹性能。间位芳纶,即芳香族间位聚酰胺纤维,是以间苯二胺与间苯二甲酰氯为原料经缩聚纺丝制得的合成纤维。与对位芳纶相比,间位芳纶模量低、伸长率高,织物手感和舒适性更好。

2.3.1.3 超高分子量聚乙烯纤维

超高分子量聚乙烯(ultra high molecular weight polyethylene fiber, UHMWPE)纤维,又称高强高模聚乙烯纤维,由平均分子量在100万(常见使用分子量在500万左右的UHMWPE原料)以上的超高分子量聚乙烯树脂通过溶液纺丝方法制备而成,分子主链为亚甲基相连的"C—C"结构,不含侧基,支链较少,对称性和规整性好,其强度≥3.78 GPa,模量≥150 GPa[5]。

UHMWPE纤维具备一系列突出性能,是密度最小的高性能纤维,也是除聚丙烯纤维之外密度最小的常见纤维,其密度在970～980 kg/m³之间,仅为芳纶纤维的2/3,碳纤维的1/2,玻璃纤维的2/5,钢丝的1/8,可以漂浮在水上[5]。UHMWPE纤维柔性的分子链使其具备良好的弯曲性能,结节、环结强度是芳纶纤维的1.5～2倍,碳纤维的20倍以上,是目前世界上比强度和比模量最高的纤维材料[6]。UHMWPE纤维的动静摩擦系数均低于其他几种高性能纤维,抗冲击能力强,且在低温下仍能保持良好的力学性能[5]。UHMWPE纤维与对位芳纶纤维、碳纤维和玻璃纤维的单丝性能对比如表2.4所示。

表2.4 超高分子量聚乙烯纤维与对位芳纶纤维、碳纤维和玻璃纤维的单丝性能对比[5]

性能指标	纤维类别			
	超高分子量聚乙烯纤维	对位芳纶纤维	碳纤维	玻璃纤维
密度/(g·cm⁻³)	0.97	1.44	1.80	2.55
拉伸强度/GPa	3.1	2.7	3.5	2.0

(续表)

性能指标	纤维类别			
	超高分子量聚乙烯纤维	对位芳纶纤维	碳纤维	玻璃纤维
拉伸模量/GPa	100	58	230	73
伸长率/%	3.5	3.7	1.5	2.0
特殊拉伸强度/[GPa·(g·cm^{-3})$^{-1}$]	3.20	1.88	1.94	1.38
特殊拉伸模量/[GPa·(g·cm^{-3})$^{-1}$]	103.09	10.28	127.78	28.35
静摩擦系数	0.187	0.385	0.470	—
动摩擦系数	0.199	0.319	0.305	—
冲击作用下能量吸收/J	36.0	13.8	20.0	10.0
盐酸耐受保留率/%	100	40	—	—
硫化物耐受率/%	100	70	—	—
分解温度/℃	125	427	2 800	550

此外，UHMWPE 纤维具备优异的耐腐蚀性，几乎不与任何酸、碱或有机试剂反应，在海水、煤油、甲苯、高氯乙酸、盐酸、硫酸等液体中浸润 6 个月，仍能够保持 100% 的强度，只有极少数的溶剂能使其发生轻度溶胀。UHMWPE 纤维的耐光、耐辐照性能同样良好，经过 1 500 h 光照之后，纤维仍能够保持 60% 左右的强度，同样条件下处理的其他常见纤维的强度保持率均在 50% 以下，芳纶纤维更是不到 20%。UHMWPE 纤维的氢含量较高，对中子、质子、重离子等高能辐射有优异的屏蔽作用，可以用于防辐射领域[5]。UHMWPE 纤维最重要的性质为高冲击强度和高能量吸收，其比冲击总吸收能量分别是碳纤维、芳纶纤维和 E-玻璃纤维的 1.8 倍、2.6 倍和 3 倍。

经过超倍拉伸之后，纤维内部的大分子链充分伸展排列，形成高度结晶和高度取向的超分子结构，这种特殊的结构赋予了 UHMWPE 纤维众多特殊性能，如超高的强度、模量和优异的化学稳定性等。UHMWPE 纤维的生产工艺采用凝胶纺丝拉伸法，这种高结晶纤维的线密度在 $3.3\times10^5 \sim 1.76\times10^7$ g/L，不仅极高强和轻质，而且耐磨性和抗切割性好，良好的抗冲击性能和耐腐蚀性能使其具有良好的发展前景，但它与树脂复合而成的纬编针织物增强复合材料会因 UHMWPE 纤维界面结合性能差发生材料分层，从而导致整体力学性能下降[8]。

UHMWPE 纤维具备密度小、强度高、比强度高、比模量高、耐弯曲、耐摩擦和化学稳定性优异等优点，但存在熔点低、抗蠕变性能较差及表面黏结性能较差的不足，在非高温、非长时间拉伸的条件下优势更加明显。UHMWPE 纤维也存在一些不足，主要体现为：(1) 由于 UHMWPE 纤维表面的高结晶度和非极性，其与树脂的黏结较差，界面结合力不足，受力易发生界面间的断裂、脱黏，导致复合材料的力学性能降低；(2) 聚乙烯材料的熔点较低，仅约为 130 ℃，且拉伸条件下 UHMWPE 纤维的热老化速度较快，因此其最高使用温度一般在 80~100 ℃ 之间，这限制了其在高温环境中的应用；(3) UHMWPE 纤维的结构主链不含侧基，分子链之间作用力较弱，且分子链高度取向，在长时间受力情况下分子链间易发生滑移，出现受力下的伸长现象,抗蠕变性能较差[5]。

2.3.1.4 玻璃纤维

玻璃纤维是一种性能优异的无机非金属材料,以天然矿石为原料,经高温熔制、拉丝、络纱、织布等工艺制作而成,其单丝的直径一般为3~10 μm,相当于一根头发丝的1/20~1/5,具有绝缘性好、耐热性强、耐老化等特点,但易被酸、碱侵蚀,抗扭、耐磨、抗折性能较差[9]。根据玻璃纤维中含碱量的高低可以分为无碱玻璃(E-玻璃)纤维、中碱玻璃(C-玻璃)纤维、高碱玻璃(A-玻璃)纤维、高强度玻璃(S-玻璃)纤维及高弹性模量玻璃(M-玻璃)纤维等。E-玻璃纤维和S-玻璃纤维是土木工程中常用的玻璃纤维。E-玻璃纤维是一种铝硼硅酸盐玻璃纤维,纤维纺成直径为0.05~0.3 mm的单股玻璃丝,合股后可做成许多形式的增强材料。E-玻璃纤维的抗拉强度高、吸水性较好、电绝缘性能优异。S-玻璃纤维是一种特制的抗拉强度极高的硅酸铝-镁玻璃纤维,弹性模量比E-玻璃纤维高。

玻璃纤维的主要优点是价格便宜,突出的缺点是弹性模量相对较低、不耐碱,长期受力情况下易断裂。近来已实现通过增加氧化铝的含量来生产一种耐碱型的玻璃纤维——AR玻璃纤维。图2.18为几种纤维的应力-应变关系比较图。表2.5为3种纤维的主要力学性能指标。

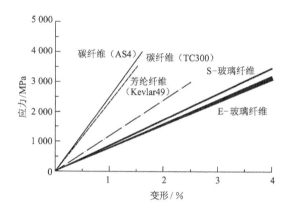

图2.18 纤维的应力-应变曲线

表2.5 纤维的主要力学性能

性能指标	碳纤维				芳纶纤维		玻璃纤维		
	PNC基		沥青基		Kevlar 49	Technora	E-玻璃纤维	S-玻璃纤维	AR-玻璃纤维
	高强	高弹性模量	普通	高弹性模量					
抗拉强度/MPa	3 430	2 450~3 920	764~980	2 940~3 430	2 744	3 430	3 400~3 700	4 300~4 900	3 000~3 500
弹性模量/GPa	196~235	343~637	37~39	127	72.5	72.5~73.5	72~77	75~88	21~74
密度/(g/cm³)	1.7~1.8	1.8~2.0	1.6~1.7	1.9~2.1	1.45	1.39	3.3~4.8	2.68~2.7	2.0~4.3
直径/μm	5~8		9~18		12		8~12		

2.3.1.5 玄武岩纤维

玄武岩纤维(BF)是一种无机纤维,是以火山爆发形成的一种玻璃态的玄武岩矿石为原料,经粉碎在1 400 ℃高温熔融后,通过喷丝孔后在连续高速冷空气下机械抽拉并上浆而得[7]。BF是继碳纤维、芳纶纤维和超高分子量聚乙烯纤维之后的又一高技术纤维,在许多条件下可替代碳纤维、芳纶纤维,在某些场合甚至比上述两种纤维性能还要好[10]。

BF 的线密度为 $2.0\times10^4 \sim 4.8\times10^6$ g/L,可加工成非织造布、机织物、经编针织物和多轴向纺织品等,其抗拉强度为 3 800～4 800 MPa,弹性模量为 89.24～107.87 GPa,比大丝束碳纤维、芳纶、聚苯并咪唑(PBI)纤维、钢纤维、硼纤维、氧化铝纤维都要高,与玻璃纤维相当[11],其使用温度为-260～800 ℃,长度膨胀系数小,抗加捻和弯曲性高。热传导系数为 0.031～0.038 W/(m·K),低于芳纶纤维、硅酸铝纤维、无碱玻纤、岩棉、硅纤维、碳纤维和不锈钢等。其耐久性、耐候性、耐紫外线照射、耐水性、抗氧化等性能均可与天然玄武岩矿石相媲美。此外,它具有生态优势,可 100%再生,而且生产 1 t BF 所产生的 CO_2 量,比 1 t 玻璃纤维少 1 t,比 1 t 碳纤维少 20 t[12]。

针对玄武岩纤维及其复合材料密度大的不足,伊朗锡斯坦大学化学系和材料工程系研究了氧化石墨烯(GO)纳米微粒的硅烷功能,及加入 BF/环氧复合材料后的力学性能变化。试验结果表明,添加 0.4%的 SGO 时,复合材料的拉伸强度、弯曲强度和压缩强度最大各提高 18%、59% 和 61%;而添加 0.5%的 SGO 时,最大拉伸模量、弯曲模量和压缩模量各提高 46%、54%和 66%[12]。

2.3.1.6 纤维素纳米纤维

纤维素纳米纤维(cellulose nanofiber,CNF)是一种天然生物材料,由植物纤维素切割、加工而成。CNF 是直径在 1～100 nm,长度一般在数百纳米到数微米之间的纤维状物质。CNF 具有优异的机械性能、生物相容性、易加工性和生物降解性,是一种重要的纳米生物材料。

CNF 是近十年才迅速发展的可再生和环保型高强高模纤维,被誉为"后碳纤维时代的高性能纤维"[7],由于 CNF 与氢的结合十分牢固,在制造过程要将浆粕状纤维进行解纤,需要耗费大量能量。CNF 可以通过酸解、温解、机械剥离等多种方法制备,其中机械剥离法是常用的制备方法。机械剥离法将纤维素原料在浆料状态下,经过反复高剪切、高压缩作用分离成 CNF。CNF 的结构和性质与原料、制备方法和处理条件相关。其形态和尺寸可以通过改变处理条件来调控,如温度、pH、超声处理等。解纤方法还有:化学解纤法,采用催化剂和酸等减少氢键的形成,然后通过搅拌器等实现纳米化;水冲击解纤法,将用于分散纤维素的液体(水)在高速下通过冲击水的运动能和冲击进行解纤。

CNF 具有一系列卓越的力学性能,在纳米尺度下,CNF 完全展现出其高强度的特点,其抗拉强度在 1 GPa 左右,几乎是普通纤维素纤维的 2 倍。CNF 的模量取决于其分子结晶度和改性处理方法,可以比较容易地调节。在天然的 CNF 中,模量在 80～140 GPa 的范围内。与普通的纤维或合成纤维相比,CNF 具有更好的韧性,当 CNF 受到拉伸时,其分子链的变形和断裂过程分别在纤维晶片的破碎和自由纤维拉断过程中发生。除此之外,CNF 拥有比其他纳米粒子、膜或普通纤维高得多的阻尼,能够吸收震动能量,从而具备良好的减震特性,CNF 还可以作为高分子直接涂层的添加剂。

2.3.2 基体聚合物

纤维复合材料载荷的承担者——基体聚合物,作为聚合物基纤维复合材料的基体,是纤维增强复合材料中最薄弱、最先受到破坏的组分,对复合材料整体性能的发挥起着关键作用。

树脂俗称塑料,是以合成树脂为主要成分的有机高分子材料,其中除主要成分树脂外,再加入用以改善性能的各种添加剂,在适当的温度和压力下放置于挤压机、注射机等设备和模具中塑制成各种形状规格的制品。根据树脂的结构形式,又可将树脂分为热固性树脂和热塑性树脂。

(1) 热固性树脂:有环氧树脂(EP)、乙烯基酯树脂(VER)、聚酯树脂和酚醛树脂等。EP具备良好的力学性能、介电性能、耐腐蚀性,与各种材料的黏结性好,交联固化条件温和多变,可设计性强,是当前应用最广的热固性树脂之一[5]。纤维增强复合材料中常用的树脂有环氧树脂(EP)、酚醛树脂、乙烯酯(VE)、聚苯硫醚(PPS)、聚醚醚酮(PEEK)、聚醚酮酮(PEKK)以及聚酯(UP),其密度为 1 100～1 400 kg/m^3。在纤维增强复合材料中树脂的主要作用是将高性能纤维丝(束)黏结在一起填充纤维间的缝隙,传递纤维间的作用力,防止在压力荷载作用下纤维弯曲,同时起到保护纤维的作用。

环氧树脂是由环氧氯丙烷与双酚A缩聚而成的热固性树脂,多用作复合材料的基体树脂,尤其在航空用复合材料中占主导地位[4]。邻甲酚醛环氧树脂是用邻甲酚醛树脂替代双酚A得到的环氧树脂,比双酚A型环氧树脂具有更高的环氧值,固化时能够提供2.5倍的交联点,使复合材料具有更高的热稳定性、机械强度、电气绝缘性以及耐化学药品性[4]。酚醛树脂作为广泛用于复合材料的基体树脂,是由酚类化合物(如苯酚)和醛类化合物(如甲醛)缩聚而成的热固性树脂,其中最典型、最重要的一种酚醛树脂是以苯酚和甲醛缩聚而成的聚合物。酚醛树脂脆性大、延伸率低,且其结构上的酚羟基和亚甲基易氧化。为满足航空、航天及其他高端领域对酚醛树脂性能的要求,需进行增韧改性和耐热改性。在目前已有的改性酚醛树脂中,硼酚醛树脂将B元素引入酚醛树脂分子结构中,使酚醛树脂呈现出高氧指数、低毒、低烟等特点,是火箭、航天、导弹、核电站和汽车刹车片等领域亟需的重要材料之一[4]。

(2) 热塑性树脂:是指具有线型或支链型结构的一类有机高分子化合物,受热软化(或熔化),冷却变硬,这个过程可反复进行。热塑性树脂的韧性、延伸性和耐磨性更好,密度较低,可回收。然而热塑性树脂的耐热性相对较差,应用温度范围较窄,且加工困难,制备复合材料的工艺要求相对高[5]。常见的纤维增强复合材料热塑性树脂基体主要有热塑性聚氨酯树脂(TPU)、聚乙烯树脂(PE)、碳氢树脂(PCH)几种。TPU具备柔性的分子链,弯曲性能好,抗剥离强度高,抗冲击性能和能量吸收较好,还具有较好的化学稳定性、耐低温性能,隔热、隔音、抗震、防毒性能良好。常见的PE可以分为四种:高密度聚乙烯(HDPE,又称低压聚乙烯)、低密度聚乙烯(LDPE,又称高压聚乙烯)、线性低密度聚乙烯(LLDPE)和超高分子量聚乙烯(UHMWPE)。碳氢树脂(PCH)又称石油树脂,是由石油裂解的副产物加工而成的一类树脂材料,其分子量普遍较低,具备较好的加工性能,比环氧树脂更适于纤维增强复合材料的加工生产。

延伸率是衡量树脂力学性能的一个重要性能指标,在纤维增强复合材料中树脂的延伸率通常要大于高性能纤维丝(束)的延伸率,这样才能保证纤维断裂前树脂不发生破坏。表2.6给出了常用树脂的力学性能指标。

表 2.6 树脂的主要力学特性

树脂名称	抗拉强度/MPa	压缩强度/MPa	延伸率/%	弯曲强度/MPa	弯曲模量/GPa	格拉斯转变温度 T_g/℃
环氧树脂	98～210	210～260	4	59～162	2.1	50～121
不饱和聚酯树脂	42～91	210～260	5	112～139	2.1～4.2	80～180
乙烯基酯树脂	59～85	—	2.1～4	59～84	3.8～4.1	137～155
酚醛树脂	45～70	154～252	0.4～0.8	140～210	5.6～12	120～151

2.3.3 纤维表面处理技术

纤维作为一种低密度、高强度和高模量的材料,具有良好的耐磨性、耐热性、尺寸稳定性和耐酸碱性,已成为一种极具发展潜力和应用前景广阔的增强材料,其表面处理技术对树脂基纤维增强复合材料的力学性能十分重要。例如,碳纤维表面惰性,FRP 中碳纤维和基体材料间应力载荷无法有效传递,直接影响其性能的发挥,限制其在工程中的规模化应用。通常通过表面改性技术提高碳纤维的表面活性,强化碳纤维与基体材料之间的界面性能,改善纤维与基体的黏结效果,进而提高纤维材料在工程应用中的价值。常用的纤维表面处理技术主要有:涂层法、等离子体处理法、氧化法、表面接枝法、能量束处理法和稀土元素处理法等。

2.3.3.1 涂层法

涂层法是指在碳纤维表面涂覆一层聚合物、金属粒子或无机非金属及其复合物,不损害纤维分子链,目的是改变碳纤维的表面润湿性,增加聚合物基体和碳纤维的相容性。表面涂层处理不仅参与形成纤维/基体间的界面相,减小复合材料制造过程中纤维/基体间的热残余应力,而且可以减小应力集中,使纤维表面性能平均化。

常见的纤维表面涂覆材料为多巴胺单体,可以在碱性条件下自聚合形成聚多巴胺涂层,具备较好的黏附力和环境适应性,作为功能层与其他单体、无机颗粒等连接,常用的涂层方法主要有:

(1) 化学涂层法

化学涂层法是指在纤维表面化学活性基团上进行反应,化学反应后形成的物质附着在纤维表面,从而起到改善纤维性质的作用。例如,采用聚合物合成的方法,将有机物高分子聚合物涂层到纤维表面,增强其机械强度和耐磨性;或者采用电化学方法,在纤维表面电解质条件下,沉积金属或半导体材料。

(2) 物理涂层法

物理涂层法是指通过物理方法在纤维表面增加一层膜材料,如喷雾涂覆、静电吸附、印刷法等。由于物理涂层不涉及化学反应,因此适用范围较广,可以采用多种纤维材料,如乙烯基、聚苯乙烯、酚醛树脂等。主要用于改善纤维的摩擦性、阻燃性、耐高温性等。

(3) 溶液涂层法

溶液涂层法是指将溶液中的膜材料涂覆到纤维表面上。可以采用浸渍、滚涂、喷涂等涂覆方法。所选膜材料应与涂覆的纤维材料相容,以达到最佳涂层效果。这种方法具有较好的透明性和均匀性,被广泛用于改善纤维的透明度、耐腐蚀性、易清洗性和耐磨性等。

总之,涂层法是一种改善纤维性质的重要手段,主要是通过涂层材料的选择、涂层方式的设计和涂层后的处理等方法改善纤维的性能和应用效果。涂层越薄、越均匀和越高效,就越能满足各项工程的精细需求。

2.3.3.2 等离子体处理

等离子体喷涂过程是一个高速碰撞沉积,将熔融或者半熔融状态的材料喷涂到经过预处理的基体上形成涂层的过程,属于物理反应,能够增强纤维活性,增加纤维表面粗糙度。等离子体改性处理可以减小纤维表面接触角,改善纬编针织物增强复合材料的界面结合性能,但纱线本身强力会受到影响[8]。等离子体处理具有操作简单、工艺环保、对原丝的性能和力学强度破坏性小等优点,已成为应用较广的一种研究方法。

影响等离子体改性处理效果的关键因素主要有处理时间、处理温度、等离子体种类、放电功率、压强等。处理温度包括低温和高温处理,加工工艺决定等离子体改性处理的时间,等离子体种类一般为 Ar、N_2、CO、O_2、H_2、NH_3 等非聚合性气体[8]。合适的处理条件可以使纤维与树脂之间的黏结力得到改善,并提高纤维本身的亲水性、印染性能、拉伸强度和静摩擦系数。

等离子体处理方法的突出优势在于改性仅发生在浅层,对于 UHMWPE 纤维的力学性能影响较小或几乎没有,能够接入较多的极性基团,对纤维表面黏结性能的改善较明显。不足是影响因素较多导致可重复性不强,接入的活性基团衰减率较高,若要达到高活性基团接入率、低力学性能损失的效果,一般需要在小于 40 Pa 的低压下进行,对于真空度的要求较高,难以实现大规模工业化连续生产[5]。

2.3.3.3 氧化法

氧化法即使用强氧化剂处理纤维进行氧化处理,可以分为气相、液相和电化学氧化法。气相氧化法是指在一定温度条件下,以热空气、氧气(O_2)、二氧化碳(CO_2)、臭氧(O_3)等气体为介质对纤维表面进行氧化处理,处理后纤维比表面积和表面粗糙度增加,表面含氧官能团的种类和数量也有所增加,从而改善纤维增强复合材料的综合力学性能[13],该方法主要用于碳纤维表面的处理,如图 2.19 所示。

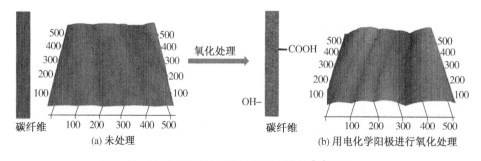

图 2.19 碳纤维的表面原子力显微镜图像[13](单位:nm)

气相氧化法氧化程度难以控制,容易对纤维的力学性能造成损伤,因此并不常见。液相氧化法是指将浓硝酸、浓硫酸、过氧化氢等氧化剂与纤维长时间接触,在纤维表面形成羧基、羟基等基团,提高其表面粗糙度的同时使部分分子链断裂生成含氧的活性基团,从而增强其与树脂的结合力,改善复合材料的界面黏结性能[5]。液相氧化法的条件简单、经济,可较显著地改善纤维的表面黏结性能。缺点是处理后的纤维很难保持原有的强度,力学性能随着处理时间的延长而产生损失,且使用的溶液对环境污染严重,若要进行大规模的工业生产,需要对工艺和设备进行改进。

电化学氧化法常用于处理碳纤维表面,其原理是充分利用碳纤维的导电性能,将碳纤维作为电解质中的阳极,石墨、铜板或镍板等作为电解质中的阴极,在直流电场作用下将不同浓度的酸碱盐溶液作为电解液,对碳纤维表面进行处理,以增强碳纤维表面的粗糙度,改善并提高纤维复合材料的层间应力[14]。表面电化学氧化处理的作用为逐层氧化刻蚀与官能团变化的复合作用过程。

2.3.3.4 表面接枝法

表面接枝法是指将纤维置于活性基团的单体氛围中,在引发剂作用下,单体与纤维上的活性基团或边缘碳原子进行化合反应,常用紫外接枝法和化学试剂接枝法对纤维表面进行处理。紫外接枝法即通过紫外辐射在纤维表面接枝一层含活性基团的单体,常见的接枝单体有丙烯酸、丙烯酰胺和甲基丙烯酸缩水甘油醚等[2]。紫外接枝法的工艺易于控制,可以通过对辐射时间、距离、紫外光频率的控制使改性仅发生在纤维的表层,而不破坏纤维的内部结构,当辐射时间较短时,不仅不会破坏纤维的力学性能,反而有利于其拉伸强度的提升;工艺流程较简单,可以实现连续化、工业化生产。不足是改性时间较长,容易发生副反应。

化学试剂接枝法是指将纤维浸润在含引发剂和改性剂的溶液中一段时间,在纤维表面接枝一些含活性基团的单体[5]。化学试剂接枝法可以通过处理时间、温度、浓度等因素实现对处理效果的控制,有效降低对纤维性能的损伤。溶液法的处理可以在纤维成形之前实现,也可以用于拉伸成形后的纤维,选择更多,且流程相对简单,更适于工业化、连续化生产,但相比氧化、紫外辐射等方法,对纤维表面黏结性能的改性效果相对不明显。

2.3.3.5 能量束处理法

能量束处理法是一种利用高能粒子或束流照射纤维表面的方法,即通过破坏纤维表面结构并控制其形态,改善纤维的性能和应用效果的方法。纤维在能量束的照射下会使表面粗化,改善与基体的黏附力。常见的能量束包括离子束、电子束和激光束三种。

(1) 离子束处理方法

离子束处理方法是指使用离子束轰击纤维表面,除去表面部分,改变表面形态,从而改善其性能的方法。它可以实现纤维表面的纳米级改性,并且可以控制改性的形态和深度。离子束处理一般采用高能粒子源,以离子源的形式进行加工。采用离子束处理方法得到的纤维的精细度和可控性都非常高,但设备投资较大。

(2) 电子束处理方法

电子束处理方法是指使用电子束轰击纤维表面,改变表面结构和化学性质,从而改善其性能的方法。电子束处理可以实现表面的微细结构调控,并且可以改变表面的化学性质。

电子束易于控制较大的处理区域,但需要严格管理辐射源的输出,对环境有一定的影响。

(3) 激光束处理方法

激光束处理方法是指使用激光束辐射纤维表面,使表面受热、烧蚀,从而改变表面形态和化学性质,以改善其性能的方法。激光束处理可以实现极细微的处理,也可以调控不同的成分和状态,非常便于精确控制和实现大规模生产。激光束处理选择范围广,既适用于多种材料,又适用于各种加工和制造工艺。

2.3.3.6 稀土元素处理法

稀土元素处理法是指将含稀土化合物或原子、离子涂覆到纤维表面,通过改变纤维的物理和化学性质,从而改善其性能和应用效果的方法。稀土元素通过化学键合与物理吸附被吸附到玻璃纤维表面并在靠近纤维表面产生畸变区,吸附在玻璃纤维表面上的稀土元素改善了玻璃纤维与基体的界面结合力。但是过多的稀土元素会减弱界面结合力并导致复合材料拉伸性能下降[15]。常见的稀土元素处理法包括离子注入法、溅射法、化学还原法和湿涂法等。

(1) 离子注入法

离子注入法是指将稀土元素离子注入纤维表面或其表面层中,使其形成致密而均匀的分布层,从而获得良好的改性效应。该方法简单、快速,可以精确控制注入深度和浓度,但需要高昂的设备和技术支持。

(2) 溅射法

溅射法是指将稀土金属材料在真空环境下置于电场中,电离并促使金属原子发生共振,从而将稀土原子或分子沉积在纤维表面,形成稀土膜层。该法可以控制薄膜的厚度和成分,具有操作简单、薄膜性能优异的优点,广泛应用于涂层、薄膜制备和新能源材料等领域。

(3) 化学还原法

化学还原法是指将稀土化合物在稀酸溶液中还原成稀土原子或离子,通过吸附或反应沉积在纤维表面,使其发生物理或化学改性。该方法较为简单,设备投入较少,但对环境要求较高。

(4) 湿涂法

湿涂法是指将稀土元素溶液涂覆在纤维表面,形成稀土复合膜,通过控制膜厚和材料特性,改变纤维的物理和化学性质。该方法生产过程简单,易于批量生产,但成膜均匀性和稳定性较差。

总之,稀土元素处理法通过稀土元素的物理和化学改性,可以改变纤维的结构和性能,从而提高其强度、稳定性、耐温性和抗氧化性等特性,改善其应用效果。

2.4 FRP 力学性能

FRP 由于其优异的物理和力学性能,广泛应用于航空、汽车、轨道交通和建筑等领域。FRP 的强度、刚度、耐久性和热膨胀系数以及导热性能等特性对其应用范围和力学性能具有显著影响。通过不断优化和改进材料结构、制造工艺和应用方法,可以充分发掘FRP材料的潜力,在各种工业领域中发挥其重要作用。

2.4.1 物理性能

FRP的密度范围是1 250~2 100 kg/m³,是钢筋密度的1/6~1/4(表2.7),密度低可以减轻FRP的质量,使其易于运输,便于在施工现场安装。

表2.7 FRP的密度　　　　　　　　　　　　　　　单位:g/cm³

钢筋	GFRP	CFRP	AFRP
7.9	1.25~2.1	1.5~1.6	1.25~1.5

纤维种类、纤维含量和树脂种类是影响FRP线膨胀系数的主要因素。FRP的纵向线膨胀系数与横向线膨胀系数有所不同,纵向线膨胀系数主要受FRP纤维性能的影响,而横向线膨胀系数主要受树脂性能的影响,表2.8给出了FRP的线膨胀系数。

表2.8 FRP的线膨胀系数

方向	线膨胀系数/(10^{-6}/℃)			
	钢筋	GFRP	CFRP	AFRP
纵向	11.7	6~10	−4~−2	−6~−2
横向	11.7	21~30	23~32	60~80

关于FRP的耐高温性能,美国《加固混凝土结构用外贴FRP体系设计和施工指南》和《FRP筋加固混凝土结构的设计与施工指南》中建议不宜将FRP使用在高温结构中。火灾发生时,FRP筋埋在混凝土中,因此不能燃烧。但是在高温状态下,暴露在外面的FRP将软化。FRP软化的温度称为"格拉斯转变温度T_g",主要取决于树脂的种类,通常是65~120 ℃。当温度超过T_g后,由于分子结构的改变,FRP的弹性模量将大大降低。试验结果表明,温度在250 ℃时,GFRP、CFRP的强度损失超过20%,抗剪强度和抗弯强度也将大大降低。

对于FRP筋混凝土结构,FRP筋与混凝土之间的黏结是通过表面的化合物来保持的。当温度接近T_g时,表面化合物的力学性能将大大降低,不再传递FRP筋与混凝土之间的黏结力。试验结果表明,当温度为T_g时,拉拔黏结强度降低了20%~40%;当温度为200 ℃时,拉拔黏结强度降低了80%~90%。冈本(Okamoto)等1993年的试验结果表明,在持载作用下,当温度分别达到200 ℃、300 ℃时,AFRP筋、CFRP筋混凝土梁发生了破坏。坂下(Sakashita)等1997年的试验结果表明,当温度为250~350 ℃时,FRP筋混凝土梁发生了破坏。

2.4.2 力学性能

FRP是一种各向异性材料,与纤维主要受力方向平行的方向(轴向)是FRP的主要受力方向。影响FRP力学性能的主要因素是FRP的体积率、树脂种类、纤维方向、尺寸效应、质量控制及制造过程等。FRP的基本力学性能指标包括抗拉强度、压缩强度、剪切强度、弯曲强度等。

2.4.2.1 拉伸强度

拉伸强度是指FRP在拉伸力作用下,能够承受的最大应力值。在FRP中,纤维承受荷载并提供材料的刚度,树脂主要起到传递纤维间力和保护纤维的作用。根据不同的纤维材料和组合方式,FRP的拉伸强度也会有所不同。例如,碳纤维增强复合材料(CFRP)的拉伸强度通常在1 000~3 000 MPa之间,而玻璃纤维增强复合材料(GFRP)的拉伸强度通常在200~700 MPa之间。图2.20给出了纤维、树脂及FRP的应力-应变关系曲线。从图中可以看出,FRP的轴向拉伸力学性能表现为线弹性的应力-应变关系,这主要是因为组成FRP的纤维为线弹性材料。FRP的极限强度要低于纤维的极限强度,此外,FRP和纤维的极限拉应变均小于树脂的极限拉应变,这样可以避免纤维断裂之前树脂发生破坏。表2.9给出了FRP的力学性能指标。

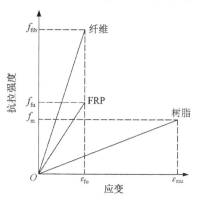

图2.20 FRP、纤维及树脂的应力-应变关系图

表2.9 FRP的主要力学性能

纤维种类		弹性模量/GPa	抗拉强度/MPa	极限应变/%	密度/(g/cm³)
CFRP	普通	220~235	2 050~3 790	1.2	1.5~1.6
	高强度	220~235	3 790~4 825	1.4	
	特高强度	220~235	4 825~6 200	1.5	
	高弹性模量	345~515	1 725~3 100	0.5	
	特高弹性模量	515~690	1 375~2 400	0.2	
GFRP	E-Glass	69~72	1 860~2 685	4.5	1.25~2.1
	S-Glass	86~90	3 445~4 135	5.4	
AFRP	普通	69~83	3 445~4 135	2.5	1.25~1.5
	高性能	110~124	3 445~4 135	1.6	
钢筋		200~210	300~400	—	7.9

试验结果表明,FRP的拉伸破坏模式有纤维断裂、树脂开裂、部分界面黏结破坏、纤维与树脂发生剥离(图2.21)。在各种应力水平下,AFRP和GFRP的破坏模式基本相同,均表现为纤维断裂,而CFRP的破坏模式表现为上述几种破坏模式。

纤维的体积率影响FRP的抗拉强度和弹性模量(图2.22),对于单向FRP,其抗拉强度及刚度可以参照下式计算:

$$E_f = V_{fib} E_{fib} + (1 - V_{fib}) E_m \quad (2.1)$$

$$f_{fu} = V_{fib} f_{fib} + (1 - V_{fib}) f_m \quad (2.2)$$

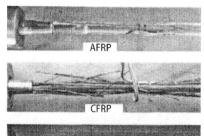

图2.21 FRP的拉伸试验

式中：E_f——FRP 的弹性模量；
　　　E_{fib}——纤维的弹性模量；
　　　E_m——树脂的弹性模量；
　　　f_{fu}——FRP 的抗拉强度；
　　　f_{fib}——纤维的抗拉强度；
　　　f_m——树脂的抗拉强度；
　　　V_{fib}——纤维的体积率。

对于在施工现场采用干铺体系的施工方法，树脂的使用量、纤维的体积率是不确定的，按照式(2.1)、式(2.2)计算 FRP 的弹性模量和抗拉强度将产生一定的误差，最好的方法是对 FRP 进行单向拉伸试验以确定其抗拉强度平均值。

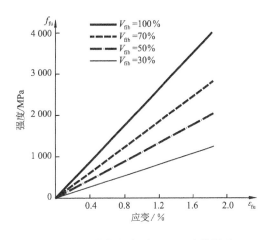

图 2.22　纤维体积率对 FRP 强度的影响

2.4.2.2　压缩强度

压缩强度是指 FRP 在压缩力作用下，能够承受的最大应力值。与拉伸强度类似，FRP 的压缩强度也取决于纤维材料和组合方式。一般来说，FRP 的压缩强度比拉伸强度要低，这是因为纤维在受到压缩力时容易出现屈曲和断裂。例如，CFRP 的压缩强度通常在 200～600 MPa 之间，而 GFRP 的压缩强度通常在 100～300 MPa 之间。1990 年 Wu 和 1998 年 Mallick 的试验结果表明，GFRP、CFRP 和 AFRP 的压缩强度分别是其抗拉强度的 55%、78%、20%。GFRP、CFRP、AFRP 的压缩弹性模量分别是其抗拉弹性模量的 80%、85%、100%。通常情况下，FRP 的压缩强度随着 FRP 抗拉强度的增加而增加。

2.4.2.3　剪切强度

剪切强度是指 FRP 在剪切力作用下，能够承受的最大应力值。与拉伸强度和压缩强度不同，FRP 的剪切强度通常比较低，这是因为纤维在受到剪切力时容易出现滑移和断裂。因此，在设计 FRP 构件时，需要特别注意剪切强度的限制。例如，CFRP 的剪切强度通常在 70～150 MPa 之间，而 GFRP 的剪切强度通常在 30～70 MPa 之间。

2.4.2.4　弯曲强度

弯曲强度是指 FRP 在弯曲力作用下，能够承受的最大应力值。与拉伸强度和压缩强度类似，FRP 的弯曲强度也取决于纤维材料和组合方式。一般来说，CFRP 的弯曲强度比 GFRP 高，这是因为碳纤维具有更高的强度和刚度。例如，CFRP 的弯曲强度通常在 1 000～3 000 MPa 之间，而 GFRP 的弯曲强度通常在 200～700 MPa 之间。

2.4.3　抗裂性能

FRP 的抗裂性能是指材料在受到拉伸载荷作用时的断裂性能。该性能对于 FRP 在工程中的应用至关重要，这是因为在实际使用中，FRP 常常会受到拉伸载荷的作用。在设计 FRP 加固结构时，需要考虑材料的抗裂性能以保证结构的安全性。

FRP 的抗裂性能受到多种因素的影响，包括纤维的类型、纤维的体积率、基体的类型、基体的体积率等。一般来说,使用高强度的纤维和高强度的基体可以提高材料的抗裂性能。此外,纤维与基体之间的黏结强度也对材料的抗裂性能有重要影响。表2.10给出了一些常见的FRP的抗裂性能数据。

表2.10 FRP的抗裂性能

材料类型	抗拉强度/MPa	断裂伸长率/%
碳纤维增强复合材料	2 000~4 000	1.5~2.5
玻璃纤维增强复合材料	1 000~2 000	3~5
碳纤维增强水泥	1 000~2 000	1~2
碳纤维增强沥青	1 000~1 500	1~2

需要注意的是,不同的测试方法和试件形状可能会对材料的抗裂性能测试结果产生影响。因此,在进行抗裂性能测试时需要选择合适的测试方法和试件形状,并按照标准规范进行测试,以保证测试结果的准确性。

此外,FRP的徐变断裂特性也需要关注,是指在持续不变的荷载作用下,一段时间(耐久时间)后,FRP突然断裂的现象。FRP中CFRP不易发生徐变断裂,而GFRP最易发生徐变断裂。

2.4.4 疲劳性能

FRP不易发生疲劳破坏,且不易受外界环境的影响,除非是纤维与树脂界面之间的黏结作用在外界环境下发生退化。相比传统的钢筋混凝土结构,FRP具有更高的疲劳强度和更长的疲劳寿命。这是由于FRP具有更高的弹性模量和更小的疲劳损伤敏感性。此外,FRP的疲劳性能还受到其制造工艺和质量的影响。研究表明,使用高质量的FRP和制造工艺能够提高其疲劳性能。已有的试验结果表明,每十年的对数时间,CFRP、GFRP和AFRP相对于其静力强度分别降低了5%~8%、10%~5%~6%。经过200万次的疲劳循环后,CFRP、AFRP的剩余强度分别为其静力强度的50%~70%、54%~73%。

影响疲劳寿命的主要因素有荷载频率、平均应力、应力比和外界环境等。试验结果表明,疲劳寿命与荷载频率成反比。频率越高,纤维与纤维之间的摩擦越大,温度越高,疲劳寿命降低。例如频率是1 Hz的荷载,疲劳寿命是频率为5 Hz的荷载的10倍。平均应力和应力比也会影响FRP的疲劳寿命。试验结果表明,平均应力较高或应力比较低将缩短FRP的疲劳寿命。

2.4.5 耐久性能

FRP的耐久性是指其在长期使用和环境作用下的性能变化情况,是FRP长期性能的一个重要方面。为了评估FRP的耐久性,通常需要进行一系列的耐久性测试。常用的耐久性测试方法包括:

(1)加速老化试验:通过模拟长时间使用和环境作用下的情况,对FRP进行快速老化试验,以评估其在实际使用中的耐久性表现。

(2)循环荷载试验：通过对FRP进行反复荷载，模拟实际使用中的情况，以评估其在循环荷载下的耐久性表现。

(3)湿热循环试验：通过对FRP进行湿热循环试验，模拟实际使用中的湿热环境，以评估其在湿热环境下的耐久性表现。

室内加速老化试验结果(表2.11)表明，CFRP表现出良好的耐久性能；GFRP的耐碱性能比较差，而耐酸性能和冻融循环性能比较好；AFRP除了疲劳性能、紫外线辐射及耐酸性能较差外，其余环境条件下的耐久性能比较好。

由于树脂的存在，FRP的耐久性能要优于纤维的耐久性能。Uomoto的试验结果表明将碳纤维、芳纶纤维和玻璃纤维浸泡在温度为40 ℃的NaOH溶液中，120天后剩余强度分别为原强度的95％、92％、15％，而将FRP筋浸泡在同样的NaOH溶液中，120天后剩余强度分别为原强度的100％、98％、29％。

表2.11 FRP的耐久性能

FRP种类	耐碱性能	耐酸性能	紫外线辐射	静力疲劳	动态疲劳	冻融循环	高温性能	耐火性能
CFRP	95％	100％	100％	91％	85％	100％	80％	75％
AFRP	92％	60％～85％	45％	46％	70％	100％	75％	65％
GFRP	15％	100％	81％	30％	23％	100％	80％	75％

注：表中数据为相对于其静力强度的百分比。

为了提高FRP的耐久性，可以采取以下措施。

(1)优化材料组成：选择合适的树脂、纤维材料组合，以提高FRP的耐久性。

(2)改进制造工艺：优化制造工艺，确保FRP的质量和性能稳定。

(3)加强维护保养：定期对FRP进行检查和维护，及时发现和处理可能存在的问题。

(4)选择合适的使用环境：根据FRP的性能和特点，选择合适的使用环境，避免长期暴露于恶劣环境中。

2.5 工程应用

目前桥梁结构仍以混凝土、钢材和砌体材料为主，纤维增强复合材料被认为是能够解决既有桥梁腐蚀、实现长寿命和高性能的第四种结构材料，因此复合材料结构在新建桥梁和旧桥加固等工程领域具有广阔的应用前景，呈现迅猛的发展态势。

近几十年来，国内外相关研究人员已在复合材料桥梁结构的制造工艺、基本力学性能、体系创新、受力行为、长期性能等方面进行了大量的基础研究与产品研发工作，解决了一些FRP与传统材料不能长期合理协同工作的工程难题，形成了系列成果，FRP桥梁已成为桥梁领域的研究热点。FRP作为一种加强和改善既有桥梁结构性能的优良材料，在桥梁工程维修、加固中得到了越来越广泛的应用，特别是在体外预应力技术的基础上，充分利用FRP高强度特点以提高加固效率发展而来的预应力FRP加固桥梁技术。不可否认的是由于公路和铁路桥梁结构的安全性要求高，活载作用效应突出及相关规范滞后等原因，FRP主要应用于新建小跨人行桥,在新建大跨桥梁工程中应用实例不多。

2.5.1 建筑工程

FRP 最早于 20 世纪 60 年代被用于民用建筑。但直到 20 世纪 90 年代,随着 FRP 加固钢筋混凝土结构技术的兴起,工程界才逐渐认可这种新型材料,并将其应用到对钢结构、木结构、砌体结构的加固工程中。

2.5.1.1 乔布斯剧院(Steve Jobs Theater)

乔布斯剧院是一座坐落于美国加利福尼亚州库比蒂诺市的建筑,作为一座标志性的建筑,其设计理念是将建筑与自然融为一体,如图 2.23 所示。为了实现这一理念,设计师采用了大量的新材料和新技术,其中最为突出的就是 FRP 的应用。在乔布斯剧院的建设中,FRP 也被广泛应用,用于制作剧院的天花板和墙面,呈现出简洁、美观、轻盈的效果。

图 2.23 乔布斯剧院

在外墙的设计中,FRP 被制成了大型的薄片,覆盖在建筑的表面上,形成了一个类似于薄膜的外观。这种设计不仅能够提升建筑的透明度和轻盈感,还能够通过光线的折射和反射,创造出独特的视觉效果。

在屋顶结构的设计中,FRP 被用作轻型桁架的材料,整个碳纤维屋盖自重仅 80 t,可采用整体吊装方式施工。按屋盖直径约 47 m 计算,折合每平方米平均重 46 kg,仅相当于约 6 mm 厚的钢板,因此整个屋顶结构更加坚固、耐用,同时也减轻了建筑的自重。此外,FRP 还具有良好的透光性,可以让自然光线透过屋顶,为建筑内部提供充足的光线,如图 2.24 所示。

在剧院内部,FRP 被用来制作各种装饰品,如吊灯、墙壁装饰、地板等。其中,最具代表性的是剧院内的"天幕"装置。这个由 FRP 制成的天幕,由数百个不同大小的三角形构成,呈现出极具现代感的几何形状。天幕的制作需要高精度的设计和制造,而 FRP 的优异性能可以保证其稳定性和耐久性,同时也可以实现设计师的创意构想。

乔布斯剧院的成功应用表明 FRP 在建筑行业中具有广阔的应用前景,可以提高建筑结构的可持续性、降低建筑成本、增强建筑结构的抗震性能。建筑行业应该加强对 FRP 的研究和应用,以推动建筑行业的可持续发展。

图 2.24　碳纤维屋盖

2.5.1.2　南京玉竹楼

南京玉竹楼位于南京市浦口区,是南京市佛手湖畔的一幢复合材料建筑结构(图 2.25)。该楼由著名建筑设计师张永和教授设计,南京工业大学先进工程复合材料研究中心负责结构设计,并作为主要的建材供应商。为了满足建筑的结构需求和美观要求,设计师采用了先进的建筑技术和材料,其中包括 FRP 的应用。该建筑除部分连接件外,主要承重构件楼板、立柱均采用木基复合材料制造,其中立柱为木芯拉挤型材,作为立柱使用时承载性能远远优于普通的空心拉挤型材,是该类拉挤型材在我国土木建筑领域的首次应用[16]。

图 2.25　南京玉竹楼[16]

在南京玉竹楼中,选择采用了玻璃纤维增强复合材料(GFRP)和碳纤维增强复合材料(CFRP)两种材料。其中,GFRP 主要用于建筑物的外墙保温和装饰,而 CFRP 则主要用于建筑物的结构加固和支撑。这两种材料都具有优异的强度、刚度和耐久性能,同时也具有良好的阻燃性能,能够满足建筑物的要求。

FRP 主要应用于建筑外墙、屋顶、雨棚等部位。其中,建筑外墙采用了 FRP 板材,通过特殊的连接方式将板材固定在建筑结构上,形成了整体的外观效果。采用 FRP 面板对 10 层楼总计近 22 000 m² 的墙体进行了大面积翻新。利用五轴 CNC 辅助机械成型加工,单块面板尺寸约为 1.7 m×9 m,厚度平均为 4.8 mm,每平方米质量仅为 24 kg,无需在主体结构上额外附加钢框架即可附着。同时,面板通过了"美国消防协会(NFPA)285 标准"极为严格的测试,实现了墙体在 30 min 内受火不扩散。屋顶和雨棚则采用了 FRP 构件,通过模块化设计将构件拼接起来,形成了轻巧、坚固的屋面结构。

在楼梯的设计中,将 FRP 作为楼梯踏面的材料,这不仅使楼梯的质量更加轻便,而且还提高了楼梯的耐久性和防滑性能。在楼板的设计中,FRP 被用作楼板的加固材料,这不仅使楼板更加坚固,而且还提高了楼板的抗震性能。柱和楼板分别为木芯 GFRP 立柱和木芯夹层楼板,结构抗侧力构件为钢框架剪力墙(长向)和斜拉索(短向),部分连接节点采用钢材。整个结构的复合材料质量占比为 85%,是将 FRP 作为主结构材料用于传统形式结构中的重要尝试。

除此之外,新加坡艺术科学博物馆(Art Science Museum)基座上 10 只造型奇特的"手指"外部为弯曲程度各异的建筑表皮,该表皮选用了聚乙烯树脂基 GFRP 面板,共计 12 500 m^2,如图 2.26 所示。

图 2.26 艺术科学博物馆

弗莱彻酒店(Fletcher Hotel)由外层曲面玻璃和内层 GFRP 曲面板构成的双层表皮。每层使用 10 块 GFRP 面板,每块 GFRP 面板上固定 4 块曲面玻璃(1.8 m×3 m),表皮面积总计 4 000 m^2,如图 2.27 所示。

图 2.27 弗莱彻酒店

随着建筑行业对于材料性能和可持续性的要求越来越高,FRP 作为一种新型的建筑材料,越来越受到关注。FRP 的使用不仅提高了建筑的整体性能,还大大减轻了建筑的自重,节省了建筑材料和施工成本。随着技术的不断创新和完善,FRP在建筑行业中的应用前景将会更加广阔。未来,FRP有望在建筑外墙、屋顶、结构件等方面得到更广泛的应用,成为建筑行业中的重要材料之一。

2.5.2 公路工程

FRP在公路工程中的应用主要集中在道路加固方面,可以用于道路的加固和修复,包括路面、路基、边坡等部位的加固,提高道路的承载能力,延长了道路的使用寿命。在公路路面中,FRP可以用于修复和加固路面,提高路面的承载能力和耐久性。其中,FRP路面修复技术可以减少路面维护和修复的成本,缩短路面封闭时间,提高交通运输的效率。此外,FRP还可以用于制造路面排水板,提高路面排水性能。

FRP用于制造道路桥面板,相比传统的钢筋混凝土桥面板,FRP桥面板具有更轻、更坚固、更耐腐蚀的特点。传统临时道路和场地采用铺设钢板和碎石道碴碾压等措施,存在钢板变形难恢复、质量大、难拼装、工期长、碎石破坏场地环境等不足。基于军事及民用部门应急抢修通道建设的迫切需求,纤维增强树脂基复合材料可快速拼装形成应急便道的轻质路面器材和直升机起落坪,已在军队、石油等领域应用(南京人防演习、中石油管道、野战阵地等)。纤维增强树脂基复合材料道面垫板可在淤泥、沼泽等恶劣场地条件下使用,无须对场地土进行压实处理,可快速拼装建设临时道路、机场、阵地等工程,能保证重载车辆和坦克的通行,对我国灾害应急救援、抢建抢修等具有重大意义。目前国内尚无同类应急垫板产品,而国外垫板产品价格昂贵,且一般为军方使用,难以进入国内市场。方海等[17-18]采用真空导入成型工艺设计并制备出轻质、高强的抢建抢修用纤维增强树脂基复合材料道面垫板,并已在军队、石油等领域得到应用(图2.28)。

(a) 2014年南京人防演习　　　　　(b) 2015年中石油管道局部抢修

图 2.28　纤维增强树脂基复合材料道面垫板[17-18]

2.5.3 桥梁工程

FRP具有高强度、轻质、耐腐蚀、易于加工等优点,可以用于加固和修复混凝土结构,以及作为新建结构的构建材料,在公路桥梁中应用越来越广泛。其中,FRP加固技术可以延长桥梁的使用寿命,提高桥梁的承载能力和抗震性能。FRP材料的使用还可以减少桥梁维护和修复的成本,降低交通运输的影响。

2.5.3.1　FRP加固梁式桥实例

378号州际公路(Route 378)桥[19]是纽约州378号公路上跨越怀安斯河(Wyaneskill Creek)的一座钢筋混凝土简支T梁桥,位于伦斯勒县的南特洛伊市,跨度为12.19 m,桥宽36.58 m,横向共26片主梁,间距1.37 m,平面布置图如图2.29所示。

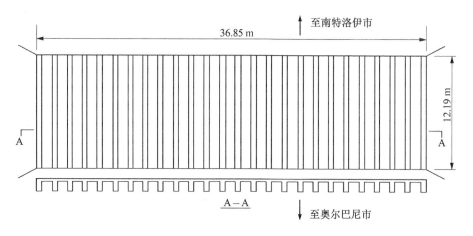

图2.29　378号州际公路桥的平面布置图

在常规的调查中,发现桥梁上部结构中盐侵蚀较严重,周围环境潮湿。多数主梁存在大面积的风化现象和冻融造成的混凝土开裂,其中几片梁存在混凝土保护层剥落的现象。考虑到锈蚀造成的钢筋截面面积损失及整个结构的安全,纽约州交通部门决定对该桥粘贴FRP布进行加固。加固所用的CFRP布为日本三菱化学株式会社生产的Replark 30[@]单向CFRP布,其基本力学性能指标如表2.12所示。

表2.12　Replark 30[@]布的基本力学性能指标

弹性模量/MPa	厚度/mm	宽度/mm	极限拉应变/%	最大拉应变/%	极限强度/MPa	设计强度/MPa
2.3×10^5	0.167	330	1.5	1.8	3 400	2 267

图2.30为加固设计图纸,图2.31为施工过程。

2.5.3.2　GFRP桥面板新型组合桥梁实例

根据河北省大广高速公路(衡大段)工程建设的实际情况,河北省高速公路管理局、河北省高速公路衡大管理处、东南大学、邢台路桥建设总公司合作承担完成了我国第一座基于GFRP桥面板的组合结构公路桥——大广高速公路6号跨线桥(图2.32),为GFRP桥面板在我国桥梁工程中的推广与应用开展了开创性的工作,填补了GFRP桥面板在我国公路桥梁建设中应用的空白,使我国将GFRP桥面板的研究从实验室研究阶段推进到实桥工程的应用阶段。

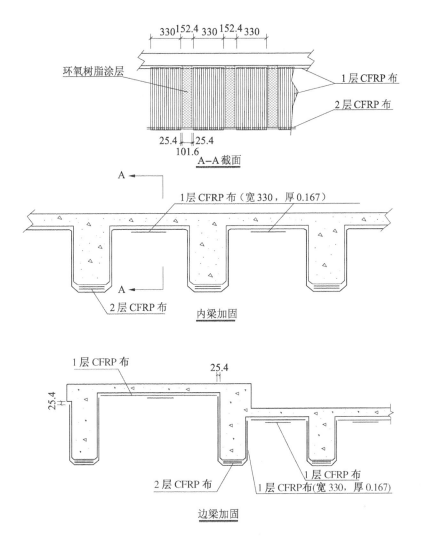

图 2.30　378 号州际公路桥加固设计图纸（单位：mm）

（a）涂刷底层树脂、腻子

（b）粘贴 CFRP 布、刷防护漆

图 2.31　378 号州际公路桥加固施工情况

图 2.32 大广高速公路 6 号跨线桥

大广高速深州至大名段 K17+487.363 分离式立交桥为 GFRP 桥面板的组合结构公路桥(图 2.33),跨径组合为(20+4×25+20)m,其钢梁结构采用了一种新型的波形钢腹板——FRP 桥面板组合结构,钢梁为 H 型波形钢腹板结构,梁高 161.5 cm,上下翼板采用宽 600 mm、厚 20 mm 的钢板,腹板采用厚度为 6 mm 的波形钢腹板,波长 1 000 mm,波高 200 mm,桥面板采用玻璃纤维复合材料,GFRP 桥面板厚 21.5 cm,宽 25 cm[20-23]。

(a) H 型波形钢腹板钢梁　　　　　　　　(b) GFRP 桥面板

图 2.33 GFRP 桥面板新型组合桥梁

2.5.3.3 全 FRP 结构桥梁实例

全 FRP 结构在桥梁工程中也得到了一定的应用,该结构的理论寿命可达上百年,而且服役期间可实现免维护,目前已建成几百座全 FRP 结构的小型人行桥和景观桥。

苏格兰阿伯菲尔迪(Aberfeldy)人行桥(图 2.34),全长 113 m,主跨为 63 m,宽 2.2 m,属于双塔双索面斜拉体系,其桥塔、梁、桥面板和栏杆等都是在工厂预先制造的挤拉成型的 GFRP 型材(弹性模量为 22 GPa,强度为 300 MPa),A 型桥塔高 17.2 m,拉索最大倾角为 30°,桥索选用凯夫拉芳纶纤维制造的缆绳并外裹聚乙烯(弹性模量为 127 GPa,强度为 1 900 MPa),部分连接为金属连接,全桥现场安装仅用 6 周时间。美国、日本及中国等国家,目前也均成功建造了一系列全 FRP 结构的人行天桥。

首座公益桥"茅以升公益桥——小桥工程",位于重庆市彭水县太原乡麒麟村太原河上,由清华大学、重庆交通大学、北京玻钢院复合材料有限公司、重庆万州区交通设计院等单位参与实施,如图2.35所示。桥梁跨径为20 m,桥面布置为0.39 m(栏杆)+2 m(人行道)+0.39 m(栏杆);上部结构采用高性能玻璃纤维增强复合材料拉挤型材桁架结构(图2.36),桁架总高3.75 m(中心高3 m)、总宽2.78 m;下部结构为重力式片石混凝土桥台、扩大基础。其中桥台横桥向宽3.5 m,台纵桥向宽2.7 m,台高2.3 m(0号台)、5.8 m(1号台);基础横桥向宽4.5 m,纵桥向宽2.2 m(0号台)、3.7 m(1号台)。

图2.34 苏格兰阿伯菲尔迪人行桥　　　图2.35 茅以升公益桥——小桥工程

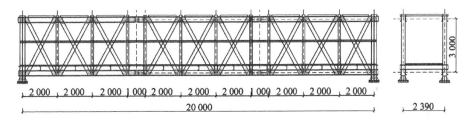

图2.36 FRP桁架桥结构形式(单位:mm)[24]

桁架的主要构件有弦杆、竖杆、斜腹杆、横向连杆和桥面板。弦杆使用双槽型背向组合截面,将方形截面竖杆夹在中间进行连接;斜腹杆采用交叉形式,其截面宽度为竖杆的一半;两榀桁架间采用槽型型材连接下弦杆,并支撑桥面板;上弦杆采用角型材拉结。桥面板使用十孔肋板,全桥共使用了7种不同截面的结构型材[24],如图2.37所示。

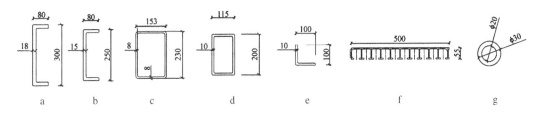

a—弦杆;b—下部横杆;c—竖杆;d—斜腹杆;e—上部横杆;f—桥面板;g—栏杆

图2.37 桁架桥各构件截面(单位:mm)[24]

"茅以升公益桥——小桥工程"是国内第一座全复合材料桁架桥,桥体分三段在工厂预制完成,在现场拼装并完成安装。这是一项新型桥梁技术的起点,是科技、智慧、爱心的结晶。

2.6 本章小结

FRP 是由纤维增强材料和树脂基体材料组成的复合材料,已经成为结构工程领域中广泛使用的一种材料。本章主要总结了 FRP 的分类、组成材料与性能、力学性能和工程应用等方面的内容。

根据纤维材料和树脂基体材料的不同组合,纤维增强复合材料可以分为以下几种类型:CFRP、GFRP、BFRP、UHMWPE 和 AFRP 等。常见的纤维增强材料有玻璃、碳纤维、芳纶纤维、陶瓷纤维等。碳纤维具有高强度、高弹性模量等优点,而玻璃纤维则具有低成本、可加工性好等优点。FRP 的树脂通常使用环氧树脂、聚酯树脂、酚醛树脂等。环氧树脂具有优异的强度、刚度、耐热性、抗水性等性能,聚酯树脂则成本较低,可加工性好。纤维先由极细的纤维丝按一定方向排列或编织为板、布等形式,再与基体材料胶结后形成 FRP 制品,可以分为 FRP 纤维、FRP 布、FRP 棒材、FRP 格栅、FRP 板材和 FRP 型材等。

FRP 在强度、刚度、韧性等方面表现出优异的性能。抗拉强度:FRP 的抗拉强度要远高于混凝土、砖石等传统建材,有着优异的强度性能。FRP 的抗拉强度与纤维的强度、纤维的分布、树脂的性质、基础的构成等因素有关。弹性模量:FRP 的弹性模量相对于传统建材也是很高的,其弹性模量一般在 40~70 GPa 之间,若选用碳、凯夫拉等高性能纤维增强材料,则弹性模量更可达到 300 GPa,其刚度表现好。断裂韧性:FRP 的断裂韧性很高,能够抵抗外部冲击。疲劳寿命:FRP 的疲劳寿命较长,能够长期稳定地承受变化的受力。

FRP 作为全新的结构材料,具有优异的力学性能和广阔的工程应用前景,已广泛应用于航空、航天、汽车、桥梁、隧道、建筑等领域。其中,在土木工程中,FRP 的优异性能使得它成为加固和修复混凝土结构的理想材料。

参考文献

[1] 张新元,何碧霞,李建利,等. 高性能碳纤维的性能及其应用[J]. 棉纺织技术, 2011, 39(4): 65-68.
[2] 刘瑞刚,徐坚. 国产高性能聚丙烯腈基碳纤维制备技术研究进展[J]. 科技导报, 2018, 36(19): 32-42.
[3] 吴刚,朱莹,董志强,等. 碱性环境中 BFRP 筋耐腐蚀性能试验研究[J]. 土木工程学报, 2014, 47(8): 32-41.
[4] 曹维宇,杨学萍,张藕生. 我国高性能高分子复合材料发展现状与展望[J]. 中国工程科学, 2020, 22(5): 112-120.
[5] 叶卓然,罗靓,潘海燕,等. 超高分子量聚乙烯纤维及其复合材料的研究现状与分析[J]. 复合材料学报. 2022, 39(9): 4286-4309.
[6] 白琼琼. 高性能纤维的发展现状及展望[J]. 毛纺科技, 2021, 49(6): 91-94.

［7］罗益锋. 主要高性能纤维及其复合材料的创新发展与研发方向[J]. 高科技纤维与应用, 2020, 45(6): 1-16.

［8］田芩, 秦志刚. 高性能纤维纬编针织物增强复合材料研究进展[J]. 针织工业, 2021(10): 24-27.

［9］于海宁, 高长星, 王艳华. 高性能纤维环氧树脂基复合材料力学性能分析研究[J]. 高科技纤维与应用, 2021, 46(1): 63-67.

［10］郭欢, 麻岩, 陈姝娜. 连续玄武岩纤维的发展及应用前景[J]. 中国纤检, 2010(5): 76-79.

［11］胡显奇, 申屠年. 连续玄武岩纤维在军工及民用领域的应用[J]. 高科技纤维与应用, 2005, 30(6): 7-13.

［12］罗益锋. 新形势下高性能纤维与复合材料的主攻方向与新进展[J]. 高科技纤维与应用, 2019, 44(5): 1-22.

［13］Qian X, Wang X, Ouyang Q, et al. Effect of ammonium-salt solutions on the surface properties of carbon fibers in electrochemical anodic oxidation[J]. Applied Surface Science. 2012, 259: 238-244.

［14］龚友坤, 宋增瑞, 宁慧铭, 等. 连续纤维增强热塑性复合材料成型工艺的研究进展[J]. 河北工业大学学报, 2020, 49(2): 1-26.

［15］曹淑伟, 张大海, 管艳丽, 等. 玻璃纤维表面处理技术研究进展[J]. 宇航材料工艺, 2009, 39(1): 5-7.

［16］齐玉军, 熊伟, 刘伟庆, 等. 新型FRP拉挤夹芯型材及其结构应用初探[J]. 玻璃钢/复合材料, 2014(12): 25-30.

［17］韩娟, 刘伟庆, 方海. 纤维增强树脂基复合材料在土木基础设施领域中的应用[J]. 南京工业大学学报(自然科学版), 2020, 42(5): 543-554.

［18］方海, 刘伟庆, 万里. 新型复合材料快速抢建抢修路面垫板[J]. 南京工业大学学报(自然科学版), 2009, 31(1): 92-96.

［19］Karbhari V M. Use of composite materials in civil infrastructure in Japan [M]. Maryland: International Technology Research Institute, 1998.

［20］刘瑞刚, 徐坚. 国产高性能聚丙烯腈基碳纤维制备技术研究进展[J]. 科技导报, 2018, 36(19): 32-42.

［21］朱坤宁, 万水. FRP-钢组合结构桥梁建造关键技术研究[J]. 玻璃钢/复合材料, 2011(5): 90-94.

［22］陈华利, 万水. 新型FRP桥面板型材承载力研究[J]. 公路, 2010, 55(4): 83-85.

［23］万水, 胡红, 周荣星. 复合材料桥面板的应用和研究进展[J]. 公路交通科技, 2004, 21(8): 59-63.

［24］冯鹏, 田野, 覃兆平. 纤维增强复合材料拉挤型材桁架桥静动力性能研究[J]. 工业建筑, 2013, 43(6): 36-41.

第3章

高性能纤维增强水泥基复合材料

3.1 高性能纤维增强水泥基复合材料简介

高性能纤维增强水泥基复合材料是一种新型的复合材料[1-3]，是当代混凝土材料改性研究的一个重要领域。高性能纤维增强水泥基复合材料是继钢筋混凝土、预应力混凝土之后的又一次重大突破。纤维和水泥基的共同作用，使水泥基具有一系列优越的性能，因而受到国内外工程界的极大关注和青睐，并逐渐应用于各工程领域。

高性能纤维增强水泥基复合材料是指以水泥砂浆或混凝土为基体，以钢纤维、合成纤维、耐碱玻璃纤维、陶瓷纤维、高性能纤维（碳纤维、芳纶纤维、玄武岩纤维、聚乙烯醇纤维等）及天然植物纤维和矿物纤维为增强体，加入填料、化学助剂和水经复合工艺而构成的复合材料。

高性能纤维增强水泥基复合材料，其中"高性能"指的是高强度、高韧性、高耐久性、高阻裂和多功能。根据工程要求，可掺入有机与无机、金属与非金属、纤维型与颗粒型材料，采用双重或多重复合技术配制出水泥基复合材料。对于高性能纤维增强水泥基复合材料的定义，目前还未有明确的定论，但根据国内外大多数学者的理解，高性能纤维增强水泥基复合材料的定义可分为广义和狭义。在广义上，高性能纤维增强水泥基复合材料与普通水泥基复合材料不同的是具有"高性能"，而狭义的高性能纤维增强水泥基复合材料特指工程水泥基复合材料（engineered cementitious composites，ECC）。

高性能纤维增强水泥基复合材料中不连续的纤维均匀地分散于水泥基材中，纤维与水泥基材的黏结牢固，形成了遍布结构全体的纤维网。当水泥基材受到的应力超过其开裂应力时，应力可逐步转移到横跨裂纹的纤维上，从而提高了水泥基材的抗拉强度和变形能力，进而复合材料的抗拉、抗弯、抗裂、抗疲劳、抗震及抗冲击能力得到显著改善。

高性能纤维增强水泥基复合材料的分类有多种方法，可以根据掺入的纤维种类分类，包括玻璃纤维增强水泥基复合材料（glass fiber reinforced cementitious composites，GFRCC）、芳纶纤维增强水泥基复合材料（aramid fiber reinforced cementitious composites，AFRCC）、钢纤维增强水泥基复合材料（steel fiber reinforced cementitious composites，SFRCC）、碳纤维增强水泥基复合材料（carbon fiber reinforced cementitious composites，CFRCC）、陶瓷纤维增强水泥基复合材料（ceramic fiber reinforced cementitious composites，CerFRCC）、聚乙烯醇纤维增强水泥基复合材料（polyvinyl alcohol fiber reinforced cementitious composites，PVAFRCC）以及混合纤维增强水泥基复合材料（hybrid fiber reinforced cementitious composites,HFRCC)等。

高性能纤维增强水泥基复合材料又可按力学性能进行分类。Li[1]、Naaman 和 Reinhardt[2]依据材料单轴拉伸时的应力-应变曲线,将高性能纤维增强水泥基复合材料分为两类:应变软化纤维增强水泥基复合材料和应变硬化纤维增强水泥基复合材料。应变硬化纤维增强水泥基复合材料的应力-应变关系表现为水泥基开裂后,应力没有显著降低,而应变持续增长,直至复合材料中纤维拔出或者断裂破坏。破坏时的极限应力要高于开裂应力,如图 3.1 中曲线 a 所示。工程水泥基复合材料(ECC)即为应变硬化高性能纤维增强水泥基复合材料。应变软化纤维增强水泥基复合材料是指其应力-应变关系表现为在水泥基开裂后,应力随即下降,而应变增长较快,即材料变软的现象,如图 3.1 曲线 b 所示。钢纤维增强水泥基复合材料即为典型的应变软化高性能纤维增强水泥基复合材料。

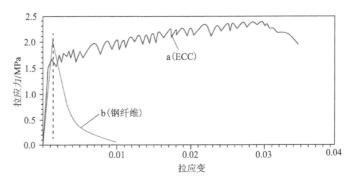

图 3.1 两类纤维增强水泥基复合材料应力-应变曲线[3]

目前,高性能纤维增强水泥基复合材料在实际工程中的应用主要有以下三类:渗浇纤维混凝土(slurry infiltrated fiber concrete,SIFCON)、活性粉末混凝土(reactive powder concrete,RPC)和工程水泥基复合材料(ECC),如图 3.2 所示。渗浇纤维混凝土的纤维掺量非常高,其钢纤维体积率由普通钢纤维增强混凝土的 2% 以下增至 4%～20%,甚至可高达27%。渗浇纤维混凝土因密实的纤维分布而具有独特的力学性能,其抗拉强度可达普通混凝土的若干倍,且具有优良的韧性、延性和能量吸收能力,其断裂能比普通混凝土高两个数量级。但由于渗浇纤维混凝土成型工艺复杂,材料成本也成倍增加,因此应用受到限制。

(a) 渗浇纤维混凝土试件　　　(b) 活性粉末混凝土试件　　　(c) 工程水泥基复合材料试件

图 3.2 三种高性能纤维增强水泥基复合材料

活性粉末混凝土(RPC)是20世纪90年代初在法国研发成功的,具有很高的抗压强度和抗拉强度,还兼具收缩徐变小、低脆性、耐久性好的优点,其抗渗性、抗冻性和耐腐蚀性指标均远远优于普通混凝土。活性粉末混凝土由高细度的微粉材料、水泥、砂、石英粉和硅灰、钢纤维、外加剂组合而成,通过对干微粉颗粒堆积的优化,获得一种非常密实的基体材料,其密实度可以使其具有超高强度和良好耐久性,其抗压强度为200～800 MPa,抗折强度为30～60 MPa[2-3]。

ECC是1992年密歇根大学李志辉(Victor Li)教授和其团队发展起来的。他们在材料设计中以断裂力学和微观力学为指导,对纤维、基体以及纤维和基体界面进行优化设计,制成的复合材料纤维体积率在2%左右,在直接拉伸荷载作用下表现出显著的应变硬化特征,出现多且细密的裂缝,极限拉应变可达2%～5%。

除了上述的分类外,还可依据水泥基材的种类划分为高性能水泥砂浆复合材料和高性能纤维混凝土。本书重点关注的是将水泥砂浆基体掺入纤维形成的复合材料,研究的对象是具有应变硬化效应的高性能纤维增强水泥基复合材料,因此,本书中的高性能纤维增强水泥基复合材料是指将水泥砂浆基体或改性水泥砂浆基体按照一定的比例掺入聚乙烯醇(polyvinyl alcohol,PVA)的复合材料。

3.2 物理性能

高性能纤维增强水泥基复合材料是利用断裂力学和微观力学原理对材料体系进行系统的设计、调整和优化,得到的复合材料。在仅使用体积率约2%的纤维[主要是合成纤维,如聚乙烯醇(PVA)纤维和聚乙烯(PE)纤维]的掺量下,便可获得3%以上的拉应变,使用常规的搅拌和加工工艺便可成型。其中,水泥基体常用的材料有水、水泥、石英砂、粉煤灰和硅灰,此外,为了提高高性能纤维增强水泥基复合材料的可施工性,通常添加一些外加剂,如减水剂、增稠剂等。

ECC具有明显的应变硬化效应、优异的变形能力、微小多裂缝特性及自愈合能力。

3.2.1 密度

水泥基复合材料基本上按所用的增强体品种划分,比一般混凝土性能有所提高。以短切的耐碱玻璃纤维3%～10%含量的复合材料为例,其密度为1.6～2.5 g/cm³。

高性能纤维增强水泥基复合材料可采用多种特殊制备工艺,制备出具有不同特殊性能的材料以满足不同用途。Wang和Victor采用4种不同方法成功配制了轻质ECC,包括使用引气剂、聚合物微空心球(polymeric micro-hollow-bubble)、轻骨料珍珠岩和玻璃微珠。其中,加入玻璃微珠的混合物,在纤维掺量为2%的情况下密度为1.45 g/cm³。还有一组混合物的密度比水还低,仅为0.93 g/cm³。

3.2.2 热膨胀系数

在25～70 ℃温度区间内,ECC的热膨胀系数介于7.0×10^{-6}～9.0×10^{-6}/℃之间,而

混凝土的热膨胀系数约为 $9.1\times10^{-6}/℃$,钢筋的热膨胀系数约为 $1.2\times10^{-5}/℃$,均与高性能纤维增强水泥基复合材料相差不大,说明在温度作用下,高性能纤维增强水泥基复合材料能够与混凝土及钢筋达到变形协调,共同工作[4]。

3.3 力学性能

3.3.1 应力-应变关系

高性能纤维增强水泥基复合材料的单轴拉伸试验结果表明,其具有良好的延展性。图 3.3 给出了聚乙烯醇纤维体积掺量为 2% 的 ECC 在单轴拉伸荷载下的典型应力-应变关系曲线[5]。从图中可以看出,开裂前,应力-应变曲线表现为线性关系;当初始裂缝产生后,应力-应变曲线表现为非线性关系;试件表面出现微裂缝,应变持续增大,而应力增长有限,表现出明显的应变硬化特征。当应变达到 1% 时,裂缝宽度增长速度明显减缓,并在应变为 5% 左右时,试件断裂破坏,最大裂缝宽度小于 60 μm。

为进一步研究 ECC 单轴拉伸破坏过程与机理,Naaman 和 Reinhardt 提出了两种具有应变硬化特征的 ECC 单轴拉伸荷载条件下的应力-应变关系模型[2],如图 3.4 所示。其中,σ_{cc} 是初始开裂应力,σ_{dc} 是极限拉应力,ε_{cc} 是初始开裂应变,ε_{dc} 是与极限拉应力相对应的应变。

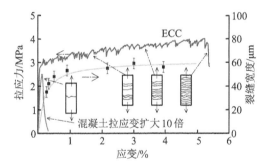

图 3.3 ECC 在单轴拉伸荷载下的典型
应力-应变曲线及裂缝发展图

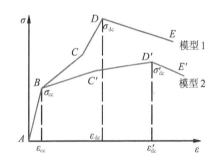

图 3.4 ECC 在单轴拉伸荷载下的典型
应力-应变关系模型

(1)模型 1:该模型可明显地划分为四个阶段,如曲线 $ABCDE$ 所示。

第一阶段($A\sim B$):线弹性阶段。复合材料中的基体与纤维共同承受外部荷载,基体承受的荷载高于纤维。在该阶段材料的变形属于弹性变形,其应力与应变遵循胡克定律。在 B 点复合材料的应力达到开裂强度 σ_{cc},基体出现第一条裂缝。

第二阶段($B\sim C$):多缝开裂阶段。随着荷载的增加,应变也不断增大,先前的裂缝并没有继续开展贯通,而在主裂缝周围出现了很多细小裂缝,同时由于整个材料内部的应力只是由纤维在基体开裂区与未裂区之间传递,在整个构件范围内形成大量微裂缝,且间距相等。

第三阶段($C\sim D$):纤维阻裂阶段。该阶段应力和应变的变化比多缝开裂阶段大,微裂缝也明显增多,材料具有较高的抗拉强度,构件因纤维拉断而发生破坏。构件破坏后,裂缝回缩值较大,纤维表现出较好的阻裂效果。

第四阶段($D\sim E$):当应力超过复合材料的极限拉应力时,构件失效破坏,应力-应变关系曲线进入下降段。

(2) 模型2:该模型也可明显地划分为四个阶段,如曲线$ABC'D'E'$所示。

第一阶段($A\sim B$):此阶段与模型1的第一阶段相同。

第二阶段($B\sim C'$):多缝开裂及开展阶段。与模型1相比,明显不同的是在开裂产生新裂缝的同时,原有裂缝将会继续开展,并不能形成稳定的细密裂缝形式,而且相同应变产生的应力比模型1要小。

第三阶段($C'\sim D'$):裂缝开展阶段。该阶段不产生新裂缝,且应力和应变的变化比第二阶段小,构件大多都因纤维-水泥基界面黏结力小,纤维被拔出而发生破坏。构件破坏后,裂缝回缩值较小,纤维的阻裂效果表现不明显。

第四阶段($D'\sim E'$):此软化阶段同模型1。

可见,模型1对应的ECC中,纤维发生拉断破坏,从而导致复合材料具有较高的抗拉强度和较低的变形能力;模型2对应的ECC中,纤维发生拔出破坏,从而导致复合材料具有相对较低的抗拉强度和较高的变形能力。

因此,ECC单轴拉伸破坏的根本原因是复合材料中纤维的拉断或拔出破坏,这两种破坏模式导致复合材料试件拉断时的应力和应变并不是理想状态。而研究发现,当纤维破坏模式为拉断和拔出均发生时,对应的高性能纤维增强水泥基复合材料同时具有较好的抗拉强度和应变能力。

3.3.2 破坏模式

根据图3.3可知,在单轴拉伸荷载作用下,ECC试件的破坏过程大致分为三个阶段:阶段一,线弹性阶段。从加载直到试件最薄弱断面出现第一条裂缝。阶段二,多裂缝和裂缝稳定发展阶段。随着荷载的增加,会不断有新的裂缝产生,每条裂缝出现后其宽度都会很快稳定,后期试件呈现较均匀分布的多条细密裂缝。阶段三,裂缝局部化扩展阶段。随着部分裂缝扩展,表现为应变硬化现象,最终试件断裂。

3.3.3 抗压强度

根据《建筑砂浆基本性能试验方法标准》(JGJ/T 70—2009),采用棱柱体试件(40 mm×40 mm×160 mm)或立方体试件(70.7 mm×70.7 mm×70.7 mm)测定ECC的抗压强度[6-7],抗压曲线如图3.5、图3.6所示。ECC达到峰值应力时,对应的极限压应变约为0.5%,峰值点以后曲线的下降段与普通混凝土明显不同,没有出现荷载的陡然降低,而是表现出较为缓慢的下降过程。

观察试件的破坏形态发现,棱柱体试件产生类似于混凝土和钢纤维混凝土的斜向剪切破坏,而立方体试件并没有出现明显的棱锥体破坏特征,仅在试件表面出现一些裂缝。所有试件在峰值荷载时均能保持良好的完整性,不会出现类似混凝土的坍塌破碎。

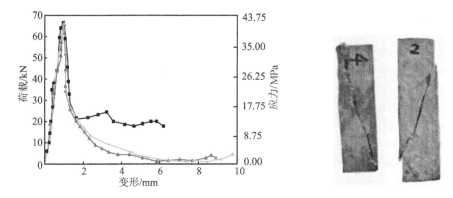

图 3.5 同一配合比的 3 个棱柱体试件荷载-变形曲线及破坏形态[7]

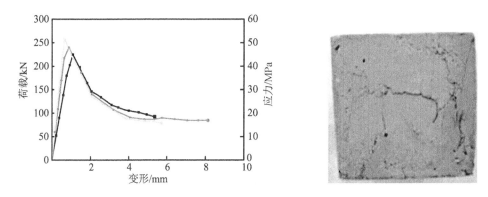

图 3.6 同一配合比的 3 个立方体试件荷载-变形曲线及破坏形态[7]

3.3.4 弹性模量

(1) 受拉弹性模量。受拉弹性模量采用 350 mm×50 mm×15 mm 的矩形平板试件进行测定[7-8],试件直接承受拉伸荷载。试验结果表明,试件极限拉应变稳定在 3.6%~4.5% 之间,大约是混凝土极限拉应变的 230~450 倍,是钢筋屈服应变的 17~22 倍。试件极限抗拉强度为 4.5~6.0 MPa,拉伸弹性模量约为 18 MPa。

(2) 受压弹性模量。受压弹性模量采用 40 mm×40 mm×160 mm 的棱柱体试件进行测定。试验结果表明,与普通混凝土相比,ECC 的弹性模量偏低,但受压变形能力比普通混凝土大很多,这主要是水泥基中纤维的增韧作用和复合材料内部不含粗骨料所致。

3.3.5 延伸率

延伸率是指试件拉伸破坏后,其伸长量与试件原长的比值。ECC 试件的延性一般采用直接拉伸试验进行评价,其延伸率稳定在 3.6%~4.5% 之间,是混凝土的 230~450 倍。研究发现,ECC 弯曲试验的跨中挠度与拉伸试验的拉伸应变之间存在一定的关系,因此也可以利用弯曲试验得到的跨中极限变形值评价 ECC 的延性。

3.3.6 抗弯强度

Maalej 和 Li[9]研究发现水泥基材料的抗弯强度与拉伸开裂强度的比值与材料脆性系数有关。当脆性系数无穷大时,如砂浆和混凝土等脆性材料,极限抗弯强度等于拉伸开裂强度;当脆性比率为 0 时,即理想的弹塑性材料,极限抗弯强度为拉伸开裂强度的 3 倍。试验研究发现,钢纤维混凝土的抗弯强度约为拉伸开裂强度的 2.12 倍,而对应的掺入聚乙烯纤维的 ECC 的抗弯强度约为拉伸开裂强度的 5 倍。李贺东[10]在 ECC 试验中,测试得到 28 天龄期试件的极限抗弯强度约为 16.01 MPa,拉伸开裂强度约为 3.16 MPa,两者比值为 5.07。

Lepech 和 Li[11]研究发现,在保持试件跨高比(7)不变,仅跨度变化(0.175~2.8 m)的情况下进行的三点弯曲试验中,当掺入聚乙烯醇纤维的 ECC 的拉应变超过一定值(大于 3%)时,其弯曲强度就几乎不存在尺寸效应。Kunieda 等[12]在对聚乙烯纤维掺量为 1.5% 的 ECC 板试件和梁试件进行弯曲试验研究时,也没有发现弯曲强度有明显的尺寸效应。随后,徐世烺等[7]通过试验对这一结论的正确性进行了验证。

对 ECC 进行四点弯曲试验,当试件开裂后,随着荷载的增加,出现的微裂缝仍能够长时间保持较小裂缝宽度,并产生大量的扁平裂缝,最后随着裂缝局部化扩展发生破坏,如图 3.7 所示,试验的荷载-挠度曲线如图 3.8 所示。

图 3.7 ECC 四点弯曲试验破坏模式

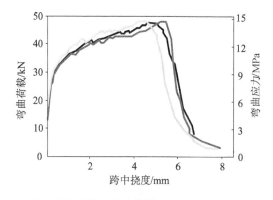

图 3.8 同一配合比的 3 个试件的 ECC 四点弯曲荷载-挠度曲线

3.3.7 抗剪性能

1998年,Kanda 等[13]利用剪力梁,对具有约1%拉应变的掺入聚乙烯醇纤维的高性能纤维增强水泥基复合材料(PVA-ECC)进行抗剪性能试验研究。在不配置任何抗剪箍筋的情况下,当发生剪拉破坏时,PVA-ECC 梁的抗剪承载力比普通混凝土梁提高 42.6%,对应变形提高 2.25 倍,并且破坏模式具有明显的延性特征;当发生剪压破坏时,承载力提高 50%左右,但极限位移无明显差别,可见 ECC 对剪拉破坏的增强作用要优于剪压破坏。

2003年,Xoxia[14]利用平面纯剪试验对 PVA-ECC 进行了抗剪性能研究。试验结果表明,PVA-ECC 板试件在剪切作用下从未裂到开裂是个渐进的过程,刚度逐渐下降,不会出现普通混凝土受剪脆性破坏的特征。试件在剪力作用下出现大量相互平行且分布密集的裂缝,但即使是同一条直线上的裂缝也不会贯通,裂缝间距随配筋率的增加而减小,如图 3.9 所示。在整个试验过程中直至试件破坏,都没有出现 ECC 剥落的现象。在相同的抗压强度下,PVA-ECC 试件比常规混凝土试件具有更大的剪切变形能力和更高的抗剪承载力,延性显著提升。

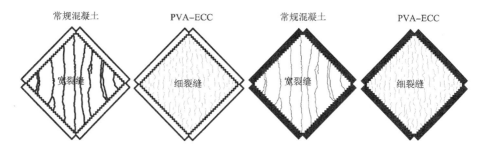

图 3.9 混凝土和 PVA-ECC 在面内纯剪作用下的开裂模式

3.3.8 与钢筋的变形协调性

在实际工程中,水泥基材料经常需要与钢筋结合使用,因此 ECC 与钢筋的变形协调性也是一个基本力学性能指标。Fischer 和 Li[15]对长度为 500 mm、横截面尺寸为 120 mm×120 mm 的 ECC 试件和普通混凝土试件沿纵向中心配置直径为 19 mm 的钢筋进行了直接拉伸试验。试验表明,普通钢筋混凝土结构中,混凝土一旦开裂即退出工作,拉力全部由钢筋承担,钢筋应力会突然增加,导致钢筋与混凝土之间发生黏结破坏和相对滑移,造成裂缝极速扩展,甚至混凝土保护层剥落。而对于 ECC 试件,开裂后虽然基体刚度降低,但是开裂面的应力因纤维的桥联作用而传递给未开裂面,应力按钢筋和基体的刚度进行分配,而不是全部由钢筋承担,试件破坏过程表现出延性特征,产生较大变形,有利于提高结构的安全性。

3.3.9 耐久性

国内外学者研究发现,ECC 在抗裂性能、抗渗透性能、抗剥落能力、抗冻融循环能力、耐腐蚀能力和耐湿热老化能力等方面均优于普通水泥基材料。综合而言,ECC 具有良好的耐久性。

1)抗裂性能

在 ECC 凝结的过程中,当基体收缩时,由于纤维的直径和间距较小,而且弹性模量一般高于早期的水泥基体,因此纤维可以有效地抑制塑性变形引起的基体开裂,表现出明显的阻裂效应。同时,纤维丝在水泥基体内部构成一种均匀的乱向支撑体系,阻碍材料中骨料的离析,保证其早期均匀的泌水性,达到限制沉降裂纹出现的目的。这些微细纤维良好的分散性可以控制原生裂隙的数量,减少基体干缩时所引起的微小裂缝,改善水泥基体的抗裂性。

2)抗渗性能

研究发现水泥基材料内部存在 100 nm 以上的孔隙才能够引起水的渗透。ECC 的细骨料最大粒径不超过 250 μm,细骨料间的空隙率大大降低,可以有效提高基体的抗渗性。同时,掺入的均匀分布的纤维相互粘连,形成了"承托"骨料,可以减少水泥基材料表面的析水与集料的离析,大大减少基体中有害孔隙的数量,起到支撑集料的作用,在一定程度上可以阻止集料的沉降。另外,掺入的纤维可以有效地抑制水泥基材料早期干缩微裂及离析裂纹的产生及发展,减少收缩裂缝,避免裂缝尖端的应力集中,抑制裂缝的进一步开展,有效地抑制连通裂缝的产生。

3)抗冻性能

外部温度的变化会在水泥基材料内部产生温度应力,从而引起脆性水泥基材料的开裂。然而,高性能纤维增强水泥基复合材料中的纤维可以减小这种应力,避免温度裂缝的出现,抑制裂缝的开展,改善基体的抗渗性能,提高抗冻能力。

3.4 力学性能测试方法

参考《纤维混凝土试验方法标准》(CECS 13—2009)[16]和 ASTM C1018—97 的规范[17],总结国内外学者对 ECC 力学性能的试验方法,下面简要介绍测试 ECC 抗拉性能、抗压性能和抗弯性能的试验方法。

3.4.1 拉伸性能

1)试件形式

目前,ECC 直接拉伸试验采用的试件形式主要有哑铃形和矩形薄板。哑铃形试件是一种变宽度的薄板试件,中部测试区的宽度相对于两个夹持端要小,为降低转折点的应力集中,过渡区为圆弧形,俗称"狗骨棒"试件。试件可采用 300 mm×60 mm×15 mm 的外轮廓尺寸,中部最窄处为 30 mm,如图 3.10(a)所示。

矩形薄板试件尺寸通常为 400 mm×100 mm×30 mm,如图 3.10(b)所示。为避免试件在测试区以外开裂或破坏,采取在试件两端使用环氧树脂粘贴纤维布或铝板的方法,降低试验过程中因夹具的夹持力可能造成的应力集中,避免试件端部过早破坏,从而保证试验的顺利进行。

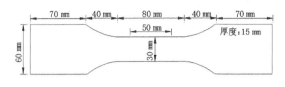 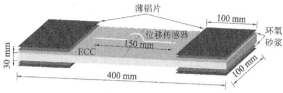

(a) 哑铃形试件　　　　　　　　　　　　(b) 矩形薄板试件

图 3.10　ECC 单轴拉伸试件示意图

2) 试验方法

将试件两端固定在试验机上,采用位移加载模式,加载保持连续、均匀。测量试件变形可采用两种方法:一是采用配备电阻应变仪的电阻应变片测量试件应变,间接得到试件变形;二是采用配备放大器的位移传感器直接量测试件变形,由自动记录仪采集轴向荷载和对应变形的数据,如图 3.11 所示。

(a) 加载装置　　　　　　　　　　　　(b) 自动采集系统

图 3.11　拉伸试验方法示意图

3.4.2　弯曲性能

1) 试件形式

ECC 通常采用梁式试件或板式试件进行弯曲性能试验。梁式试件的尺寸为 400 mm×100 mm×100 mm,板式试件为平面尺寸为 100 mm×320 mm、厚度为 10 mm 或 20 mm 的矩形薄板。根据试验目的的不同,当试件的龄期分别达到 7 天、14 天和 28 天时进行四点弯曲试验,如图 3.12 所示。

2) 试验方法

四点弯曲试验是指将荷载通过分配梁施加在三等分点处,采用 0.1 mm/min 的速度进行加载。对于上述两种试件,计算跨径为 300 mm,三等分点位于跨中两侧各 50 mm 处。对于试件弯曲应变的采集有两种方法:一是将应变片粘贴于试件跨中,通过静态应变测试仪采集试件底部的应变,如图 3.13(a) 所示;二是通过动态位移传感器采集试验过程中加载点的位移,通过加载点的位移推算高性能纤维增强水泥基复合材料的弯曲应变,如图 3.13(b) 所示。

（a）梁式试件四点弯曲试验　　　　（b）板式试件四点弯曲试验

图 3.12　四点弯曲试验示意图

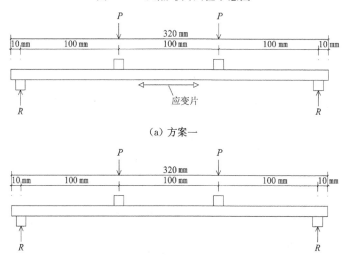

（a）方案一

（b）方案二

图 3.13　三等分四点弯曲试验示意图

试验需采用刚度大的通用加载设备，加载精度高，可以连续采集加载点的位移和荷载，如图 3.14 所示。该试件裂缝观察可采用 500 倍电子放大镜，并采用相应软件测量照片中的裂缝宽度，如图 3.15 所示。

　　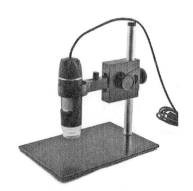

图 3.14　四点弯曲试验加载设备　　　图 3.15　电子放大镜

3.4.3 抗压性能

1) 试件形式

测试抗压强度的试件包括两种,分别为立方体抗压强度试件和棱柱体抗压强度(轴心抗压强度)试件。立方体试件的几何尺寸为 70.7 mm×70.7 mm×70.7 mm,棱柱体试件的几何尺寸为 40 mm×40 mm×160 mm,抗压试验示意图如图 3.16 所示。

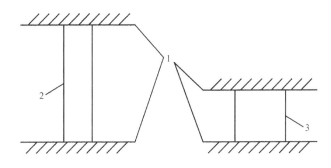

1—试验机压板;2—棱柱体试件;3—立方体试件。

图 3.16 抗压试验示意图

2) 试验方法

试验加载采用如图 3.17 所示的液压式压力试验机,按照国家相关标准执行。将试件从养护室取出,擦净后检查外观并测量尺寸,以实际尺寸计算试件面积。然后将试件中心对准试验机下压板中心,开动试验机,当上压板与试件上表面接近时,调整上压板球状铰支座,使之与试件均匀接触。开动试验机进行预压,预压荷载约为试件破坏荷载的 10%。完成预压后,对试件进行连续匀速加载,控制位移加载速率不超过 0.5 mm/min,直至试件破坏。最后记录试验机最大荷载值。

对于棱柱体试件,在试件两侧面分别粘贴相互垂直的应变片,测量试件受压过程中的压缩应变和横向应变。测得立方体抗压强度和棱柱体抗压强度,根据所测应变可计算出高性能纤维增强水泥基复合材料的弹性模量和泊松比。

图 3.17 液压式压力试验机

3.5 FRP 格栅增强高性能水泥基复合材料

FRP 格栅增强水泥基复合材料是以水泥基复合材料为基体、FRP 格栅为受力筋形成的高性能复合材料,如图 3.18 所示。FRP 格栅一方面可以增强水泥基复合材料,另一方面格栅相互交叉的筋材形成的孔洞,有利于水泥基复合材料的浇筑,使网格上下的水泥基复合材料能形成一个受力整体。此外,FRP 格栅的筋材可以限制水泥基复合材料的变形,有利于增强复合材料的自身稳定性,继而使得 FRP 格栅增强高性能水泥基复合材料的抗拉、抗弯以及整体性能都能够得到明显的提高。

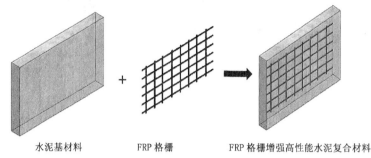

水泥基材料　　　　FRP 格栅　　　　FRP 格栅增强高性能水泥复合材料

图 3.18　FRP 格栅增强高性能水泥基复合材料示意图

FRP 格栅增强高性能水泥基复合材料(FRP/ECC)作为一种新型建筑材料,具有其他建筑材料不具备的优点。FRP/ECC 与普通钢筋混凝土材料相比,前者具有自重小、耐久性好、抗冲击性能和变形性能更好的优点;与单一材料 ECC 相比,可以显著提高 ECC 的抗拉强度,而且 FRP 格栅能够承受多个方向的作用力,受力性能更好,阻裂性能更佳。可见,FRP 格栅增强高性能水泥基复合材料具有很大发展前景,可以在新建结构、结构的修复与补强及结构的抗震等方面得到应用。

3.5.1　物理性能

FRP 格栅增强高性能水泥基复合材料为 FRP 格栅和高性能水泥基复合材料共同组成的一种新型复合材料,高性能水泥基复合材料占主体,FRP 格栅的主要作用是增强复合材料的力学性能,前面章节中已经给出了高性能水泥基复合材料的物理性能,本节仅给出 FRP 格栅的物理性能。

FRP 格栅的密度范围是 1.25~2.1 g/cm³,是钢筋密度的 1/6~1/4(表 3.1),密度低,可以减轻 FRP 格栅的质量,使其易于运输,便于在施工现场安装。

表 3.1　FRP 格栅的密度　　　　　　　　　　　　　　　　　　　　　单位:g/cm³

钢筋	GFRP 格栅	CFRP 格栅	AFRP 格栅
7.9	1.25~2.1	1.5~1.6	1.25~1.4

纤维种类、纤维含量和树脂种类是影响 FRP 格栅线膨胀系数的主要因素。FRP 格栅的纵向线膨胀系数与横向线膨胀系数有所不同,纵向线膨胀系数主要受 FRP 纤维性能的影响,而横向线膨胀系数主要受树脂性能的影响,表 3.2 给出了 FRP 的线膨胀系数。

表 3.2　FRP 格栅的线膨胀系数

方向	线膨胀系数/(10^{-6}/℃)			
	钢筋	GFRP	CFRP	AFRP
纵向	11.7	6~10	−4~−2	−6~−2
横向	11.7	21~30	23~32	60~80

关于FRP的耐高温性能,美国《加固混凝土结构用外贴FRP体系设计和施工指南》和《FRP筋加固混凝土结构的设计与施工指南》中建议不宜将FRP使用在高温结构中。火灾发生时,FRP筋埋在混凝土中,因此不能燃烧。但是在高温状态下,暴露在外面的FRP将软化。FRP软化的温度称为"格拉斯转变温度T_g",主要取决于树脂的种类,通常是65~120℃。当温度超过T_g后,由于分子结构的改变,FRP的弹性模量将大大降低。试验结果表明,温度在250℃时,GFRP、CFRP的强度损失超过20%,抗剪强度和抗弯强度也将大大降低。

对于FRP筋混凝土结构,FRP筋与混凝土之间的黏结是通过表面的化合物来保持的。当温度接近T_g时,表面化合物的力学性能将大大降低,不再传递FRP筋与混凝土之间的黏结力。试验结果表明,当温度为T_g时,拉拔黏结强度降低了20%~40%;当温度为200℃时,拉拔黏结强度降低了80%~90%。冈本(Okamoto)等1993年的试验结果表明,在持载作用下,当温度分别达到200℃、300℃时,AFRP筋、CFRP筋混凝土梁发生了破坏。坂下(Sakashita)等1997年的试验结果表明,当温度为250~350℃时,FRP筋混凝土梁发生了破坏。

3.5.2 力学性能

1) 应力-应变关系

参照ECC单调拉伸试验,FRP/ECC拉伸性能的测试可采用"狗骨棒"和矩形薄板试件[18-19]。

为了研究FRP/ECC在单调荷载作用下的轴向拉伸力学性能,Zhu等[20]考虑了FRP格栅种类、层数和ECC配合比等因素,采用"狗骨棒"试件对BFRP格栅增强大掺量粉煤灰/矿粉ECC狗骨形试件进行了静力轴向拉伸试验。试件外轮廓尺寸为300 mm×60 mm×15 mm,中部测试区宽度为30 mm。BFRP格栅沿试件厚度方向均匀配置在试件中部,如图3.19所示。其中,BFRP格栅如图3.20所示。

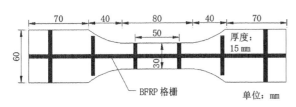

图3.19 FRP格栅增强高性能水泥基复合材料狗骨形试件示意图

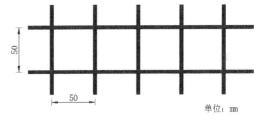

图3.20 BFRP格栅示意图

试验设计了三种配合比的ECC,如表3.3所示。ECC的主要材料为水泥、水、硅灰、石英砂、矿粉、粉煤灰、聚乙烯醇(PVA)纤维及减水剂。其中,PVA纤维采用12 mm长的短切纤维,体积掺量为2%,由日本可乐丽公司生产,纤维性能指标如表3.4所示。

表3.3 ECC配合比(质量比)

名称	水泥	水	矿粉	粉煤灰	石英砂	硅灰	减水剂	PVA纤维V_f/%
ECC1	1	0.83	2.53	—	0.80	0.10	0.025	2.0
ECC2	1	0.83	—	2.53	0.80	0.10	0.014	2.0
ECC3	1	0.94	—	3.00	0.91	0.11	0.016	2.0

注:V_f为纤维体积掺量。

表 3.4 PVA 纤维性能指标

材料名称	直径/μm	长度/mm	密度/(g/cm³)	弹性模量/GPa	抗拉强度/MPa	断裂延伸率/%
PVA	39	12	1.3	40	1 530	7

轴向拉伸试件为 11 组 BFRP 硬质格栅增强 ECC，每组 3 个相同的试件。为了增强 BFRP 格栅与 ECC 之间的黏结性能，部分 BFRP 格栅的表面经过了黏砂处理。表 3.5 给出了试验所用 BFRP 格栅的力学性能。

表 3.5 BFRP 格栅的力学性能

材料	极限抗拉强度 f_u/MPa		弹性模量 E_f/GPa		极限拉应变 ε_{fu}/%	
BFRP 格栅	530.77	536.41	22.8	24.40	2.33	2.22
	618.46		23.7		2.61	
	460.00		26.7		1.72	
黏砂 BFRP 格栅	456.92	521.54	27	28.33	1.69	1.88
	601.54		35.7		1.68	
	506.15		22.3		2.27	

表 3.6 为试件设计表。其中，ECC1～ECC3 组是未增强的对比试件；M 代表单调荷载工况；MB1E1 组和 MB2E1 组分别为 1 层和 2 层 BFRP 格栅增强 ECC1 的试件；MB1E1E 组为 1 层经环氧黏砂处理的 BFRP 格栅增强 ECC1 的试件；MB2E2～MB4E2 组为 2～4 层 BFRP 格栅增强 ECC2 的试件；MB2E3 组和 MB3E3 组分别为 2 层和 3 层 BFRP 格栅增强 ECC3 的试件。

表 3.6 试件设计表

名称	数量	格栅层数	格栅配置率/%	备注
ECC1	3	—	—	对比组
ECC2	3	—	—	
ECC3	3	—	—	
MB1E1	3	1	1.42	BFRP 格栅（1.3 mm×4.9 mm）矿粉-ECC1
MB2E1	3	2	2.83	
MB1E1E	3	1	1.42	Sanded BFRP 格栅（1.3 mm×4.9 mm）矿粉-ECC1
MB2E2	3	2	2.18	BFRP 格栅（1.0 mm×4.9 mm）粉煤灰-ECC2
MB3E2	3	3	3.27	
MB4E2	3	4	4.36	
MB2E3	3	2	2.18	BFRP 格栅（1.0 mm×4.9 mm）粉煤灰-ECC3
MB3E3	3	3	3.27	

图 3.21 给出了所有试件的轴向拉伸应力-应变关系曲线。从图中可以看出,应力-应变关系曲线可分为三个阶段:弹性阶段、刚度软化阶段和应变强化阶段。

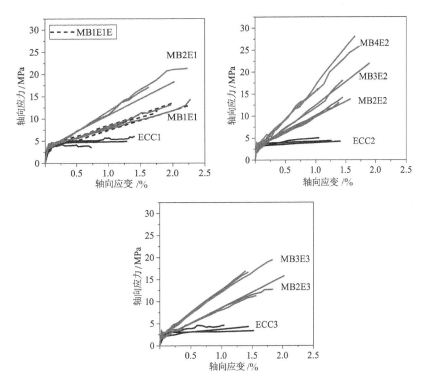

图 3.21 BFRP/ECC 轴向拉伸应力-应变关系曲线图(1)

第一阶段:弹性阶段。试件中 ECC 基体与 BFRP 格栅共同承担轴向拉应力。试件的轴向拉伸弹性应变与 ECC 基体的弹性应变相同,均为 150 $\mu\varepsilon$ 左右。此阶段,BFRP/ECC 试件的弹性模量相对 ECC 试件略有提高。

第二阶段:刚度软化阶段。ECC 基体内部 PVA 纤维与水泥基发生相对滑动,试件的轴向拉伸刚度逐渐降低。试件内部格栅的增强作用,分担了相当一部分轴向拉应力,延缓了 ECC 基体中 PVA 纤维与水泥基材的相对滑动,提高了 ECC 的开裂应力和开裂应变。

第三阶段:应变强化阶段。达到开裂应变后,试件表面产生多条微裂缝,曲线斜率明显减小。此阶段,拉应力主要由内部 BFRP 格栅承担。ECC 基体虽然产生了多条微裂缝,但微裂缝处的 PVA 纤维尚未被拉断或从水泥基材中拔出,其仍能承受一定的拉应力。此阶段,试件的轴向拉伸刚度基本保持不变,曲线斜率随内部格栅配置率的提高而增大。当达到试件的极限拉应变时,主裂缝产生。此时,主裂缝处的 BFRP 格栅和 PVA 纤维承担了全部拉应力,BFRP 格栅很快达到极限拉应变,试件破坏。

此外,根据轴向拉伸试验结果分析可知:

① BFRP 格栅增强矿粉 ECC 试件的开裂应力/应变要高于 BFRP 格栅增强粉煤灰 ECC 试件。

② MB1E1E 组试件中黏砂 BFRP 格栅的断裂应变与格栅自身的极限拉应变基本相同,

其抗拉力学性能得到充分发挥。

③ 随着 BFRP 格栅层数的增加,试件的极限拉应力均得到了大幅提升。

BFRP 格栅增强 ECC1 的 MB1E1、MB1E1E 和 MB2E1 三组的平均极限应力,分别相对 ECC1 组提高了 172%、200% 和 313%;BFRP 格栅增强 ECC2 的 MB2E2、MB3E2 和 MB4E2 三组的平均极限应力,分别相对 ECC2 组提高了 193%、338% 和 479%;BFRP 格栅增强 ECC3 的 MB2E3 和 MB3E3 两组的平均极限应力,分别相对 ECC3 组提高了 192% 和 329%。

参照 ECC 矩形薄板试件,朱忠锋等[18]进行了 BFRP 格栅增强 ECC 矩形薄板试件的轴向拉伸试验,主要研究了 BFRP 格栅增强率、ECC 配合比、水泥基材料中 PVA 纤维类型以及施工方法等因素对 BFRP/ECC 轴向拉伸力学性能的影响。

试件的轴向拉伸应力-应变关系曲线如图 3.22 所示。从图中可以看出,对比组 ECC 试件(E0 组)开裂后其应力几乎保持不变,而应变随着荷载的增加持续增大,表现出明显的应变硬化现象。

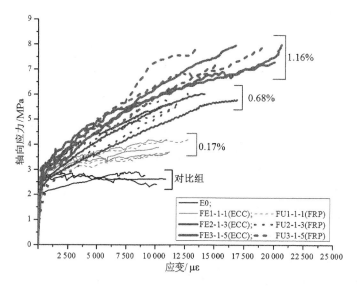

图 3.22 BFRP/ECC 轴向拉伸应力-应变关系曲线图(2)

对于 BFRP 格栅增强的 ECC 试件,BFRP 格栅可以显著提高复合材料的受力性能,且随着 BFRP 格栅增强率的提高,复合材料的极限承载力和极限应变也不断提高。值得注意的是,BFRP/ECC 的开裂荷载提高程度并不明显,一个原因是开裂荷载主要取决于 ECC 中水泥基材料的抗拉强度大小;另一个原因是当 ECC 开裂时,试件的轴向应变较小,嵌入 ECC 中的 BFRP 格栅发挥的作用并不显著。

不同的 ECC 配合比会在一定程度上影响 BFRP/ECC 复合材料的受力性能,但与 BFRP 格栅增强率相比,影响程度相对较小。ECC 中不同水灰比对其开裂荷载的影响相对较小,而对其极限荷载的影响较大。因此,在实际施工过程中,要严格控制好 ECC 中材料的质量配合比及施工工艺。

不同的 PVA 纤维类型对 BFRP/ECC 复合材料的受力性能影响很大。造成这种差异的原因是：① PVA 纤维丝的抗拉强度、直径和长度以及弹性模量等因素；② 水泥基材料中各组分的用量及比例等。因此，在进行 FRP/ECC 复合增强钢筋混凝土结构施工前，要根据 PVA 纤维的基本材料性能，对 ECC 的配合比进行优化组合设计，使得 FRP/ECC 复合材料具有较高的强度、较好的韧性和延展性等，满足实际工程结构的需求。

2) 破坏模式

FRP/ECC 薄板试件和"狗骨棒"试件在轴向拉伸试验中的破坏模式基本一致。当试件出现第一条细小的微裂缝后，随着外荷载的增加，试件表面持续出现新的微裂缝，已经出现的微裂缝不断向试件的两侧扩展，最终随着试件中发出轻微的"噼啪"声，嵌入 ECC 中的 FRP 格栅在主裂缝位置处断裂，导致试件发生最终破坏，破坏形态如图 3.23、图 3.24 所示。

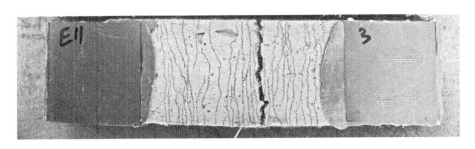

图 3.23 薄板试件破坏形态

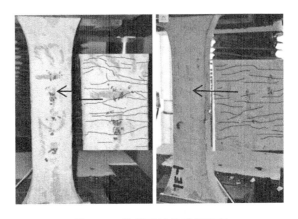

图 3.24 狗骨形试件破坏形态

3) 抗拉强度

试验发现，试件开裂前，FRP 格栅与 ECC 共同工作，材料处于弹性阶段。基体开裂后，复合材料不再具有弹性阶段的性质，ECC 只能通过与 FRP 格栅的界面黏结发挥作用。因此，FRP/ECC 的初始开裂强度主要由 FRP 格栅和 ECC 共同来控制，而极限强度主要由 FRP 格栅来控制。

上述试验结果显示，在薄板试件试验中，三种不同厚度的 FRP 格栅增强的 ECC 的极限抗拉强度平均值分别为 4.00 MPa、5.60 MPa、7.65 MPa，相比无格栅增强的 ECC 分别提高了 43%、100%、173%[21]。在狗骨形试件试验中，三组不同层数的 FRP 格栅增强的 ECC 的平均抗拉强度，相比无格栅增强的 ECC 分别增长了 172%、200% 和 313%[17]。可见 FRP

格栅具有很好的增强作用,大幅提高了ECC的抗拉强度,且随着格栅厚度和层数的增加,FRP/ECC复合材料的抗拉强度相应提高。

4)延伸率

在薄板试件试验中,三种不同厚度的FRP格栅增强的ECC的延伸率平均值分别为1.13%、1.52%、1.82%,相比无格栅增强的ECC分别增长了9%、47%、77%[21]。可见,FRP格栅提高了ECC的延性,且在一定范围内,格栅厚度越大,FRP/ECC复合材料的延伸率越高。

5)界面黏结性能

当试件受拉破坏后,FRP格栅与ECC之间没有观察到相对滑移现象。与未增强的ECC试件相比,FRP/ECC试件破坏时具有如下特征:微裂缝数量明显增多,裂缝的宽度和间距显著减小,且随着FRP格栅增强率的提高变化程度更加明显。这些现象均表明FRP格栅与ECC之间界面黏结性能良好。这种黏结作用主要由以下三部分组成:① FRP格栅表面与ECC之间的摩擦力;② FRP格栅与ECC之间的化学胶着力;③ FRP格栅对ECC中颗粒的"锁定"作用。

界面黏结性能是发挥FRP格栅对ECC增强、增韧和阻裂作用的关键。试验表明,引起FRP/ECC过早破坏的原因,常常是界面黏结过早失效,从而引起FRP格栅发生滑移破坏而不是拉断破坏。因此,为充分发挥FRP格栅在ECC中的作用,必须从改善基体性能、改变纤维束的几何形状、改变FRP格栅的铺设位置和提高界面之间的摩擦力等方面增强界面黏结、提高界面效应,从而达到提高结构承载力的目的。

3.5.3 本构关系模型

1)单调拉伸荷载下的本构关系模型

文献[22]的试验结果表明:FRP/ECC复合材料单调拉伸荷载下应力-应变关系曲线可以分为弹性、刚度软化和应变强化三个阶段。参考理查德(Richard)和阿尔伯特(Abbott)通用弹塑性应力-应变公式,提出FRP/ECC复合材料的轴向拉伸应力-应变本构关系模型,如图3.25所示。其公式为:

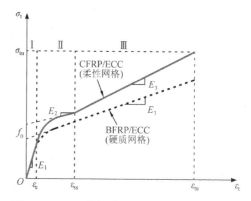

图3.25 FRP格栅增强ECC轴向拉伸应力-应变本构关系模型

$$\sigma_t = \begin{cases} E_1\varepsilon_t & 0<\varepsilon_t\leqslant\varepsilon_e \\ \dfrac{(E_1-E_2)\varepsilon_t}{\left[1+\left(\dfrac{(E_1-E_2)\varepsilon_t}{f_0}\right)^{n_c}\right]^{\frac{1}{n_c}}}+E_2\varepsilon_t & \varepsilon_e<\varepsilon_t\leqslant\varepsilon_{ss} \\ \sigma_{ss}+E_3(\varepsilon_t-\varepsilon_{ss}) & \varepsilon_{ss}<\varepsilon_t\leqslant\varepsilon_{tu} \end{cases} \quad (3.1)$$

式中,σ_t、ε_t 分别为FRP/ECC复合材料的轴向拉应力和应变;E_1 为FRP/ECC复合材料的初始抗拉弹性模量;E_2 为FRP/ECC复合材料刚度软化阶段的割线模量;E_3 为FRP/ECC复合材料应变强化阶段的割线模量；ε_e 为弹性阶段结束点应变，取 $\varepsilon_e=0.00015$；ε_{ss}，σ_{ss} 分别为刚度软化阶段结束点应变和应力，取 $\varepsilon_{ss}=0.001$；ε_{tu}，σ_{tu} 分别为极限拉应变和应力；f_0 为曲线刚度软化/应变强化段斜率延伸线与应力轴线的交点；n_c 为形状系数，取 $n_c=3$。

FRP/ECC 复合材料的初始弹性模量 E_1 服从混合材料法则，其表达式为：

$$E_1 = E_f \rho_f + E_m \rho_m \tag{3.2}$$

式中，E_f，E_m 分别为 FRP 和 ECC 的抗拉弹性模量。其中，ECC 的抗拉弹性模量取未增强 ECC 的单向拉伸应力-应变曲线 150 $\mu\varepsilon$ 处的斜率；ρ_f，ρ_m 分别为 FRP 格栅和 ECC 截面面积与全截面面积的比值（面积比）。

FRP/ECC 复合材料应变强化阶段的割线模量 E_3 与 FRP 的抗拉弹性模量 E_f 以及格栅配置率 ρ_f 有关。同时，发现两种格栅增强的 ECC 复合材料的相关系数 α 不同。对试验数据进行回归分析，得到 E_3 的表达式为：

$$E_3 = \alpha E_f \rho_f = \begin{cases} 1.3 E_f \rho_f & \text{BFRP/ECC} \\ 0.5 E_f \rho_f & \text{CFRP/ECC} \end{cases} \tag{3.3}$$

基于试验结果分析，对于 CFRP/ECC 试件，$E_2=0.5E_3$；对于 BFRP/ECC 试件，$E_2=E_3$。

研究表明，对于 CFRP 格栅，f_0 与 FRP/ECC 复合材料弹性阶段的开裂应力（即开裂应变与初始抗拉弹性模量 E_1 的乘积）有关（开裂应变 $\varepsilon_e=150\ \mu\varepsilon$，与基体 ECC 一致）。对于 BFRP 格栅，$f_0$ 与割线模量 E_3 有关，如图 3.26 所示。因此，f_0 可按照式（3.4）计算。考虑到不配置 FRP 格栅时，图 3.26 中 f_0 趋于无穷，与实际不符，因此，采用式（3.4）进行计算时，认为 f_0 的最大值为 ECC 的抗拉强度 σ_{ECC}。

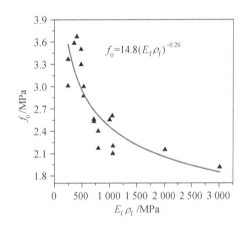

图 3.26 f_0-$E_f \rho_f$ 分析图

$$f_0 = \begin{cases} \min\{\sigma_{ECC},\ 14.8(E_f \rho_f)^{-0.26}\} & \text{BFRP/ECC} \\ 1.35 E_1 \varepsilon_e & \text{CFRP/ECC} \end{cases} \tag{3.4}$$

极限拉应变 ε_{tu} 取决于 FRP 格栅的极限拉应变 ε_{fu}。根据不同的 ECC 基体及 FRP 格栅表面处理方式，取 $\varepsilon_{tu}/\varepsilon_{fu}$ 的平均值，试验分析可得：

CFRP/ECC 复合材料的极限拉应变为：

$$\varepsilon_{tu} = \beta \varepsilon_{fu} = 0.52 \varepsilon_{fu} \tag{3.5}$$

BFRP/ECC 复合材料的极限拉应变为：

$$\varepsilon_{tu} = \beta \varepsilon_{fu} = \begin{cases} 0.8 \varepsilon_{fu} & \text{普通格栅 ECC} \\ 0.9 \varepsilon_{fu} & \text{喷砂格栅 ECC} \end{cases} \tag{3.6}$$

将式（3.2）~式（3.6）代入式（3.1）可以得到 FRP 格栅增强 ECC 试件轴向拉伸应力-应

变曲线。

2) 反复拉伸荷载下的本构关系模型

由文献[21]可知,FRP/ECC 复合材料反复拉伸荷载下应力-应变关系曲线也包括弹性、刚度软化和应变强化三个阶段。因此,包络线仍采用式(3.1)进行计算。

亚辛(Yassin)在 1994 年提出反复荷载作用下的混凝土本构关系模型,采用如图 3.28 所示的 R 点作为加卸载法则的关键点,从而确定加卸载曲线斜率。本节结合已有试验结果,引入 R 点建立适用于 FRP/ECC 复合材料反复受拉本构关系模型,计算公式如下:

$$\begin{cases} \varepsilon_{tr} = \dfrac{(\sigma_{tu}/E_1) - \gamma \varepsilon_{tu}}{1 - \lambda} \\ \sigma_{tr} = E_1 \varepsilon_{tr} \\ \lambda = E_{un,tu}/E_1 \\ E_{un,tu} = \dfrac{\sigma_{un,tu}}{(\varepsilon_{un,tu} - \varepsilon_{pl,tu})} \end{cases} \quad (3.7)$$

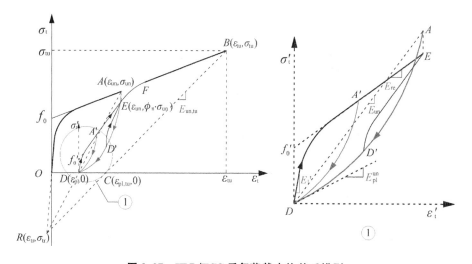

图 3.27 FRP/ECC 反复荷载本构关系模型

图 3.27 为 FRP/ECC 复合材料反复受拉本构关系模型示意图。OAB 为包络线,$AD'D$ 段为完全卸载阶段,卸载点 A 是包络线 OAB 上一点,D 点为残余应变点;$DA'E$ 段为完全再加载阶段;EF 段为完全再加载曲线与外包络线的衔接段;C 点为从峰值点 B 点卸载时的残余应变点;R 点为虚拟线段 AD、BC 的延长线与包络线弹性阶段反向延长线的交点。

图中,σ_{tr}、ε_{tr} 分别为 R 点的应力和应变;σ_{un}、ε_{un} 分别为 A 点的应力和应变;ε_{pl}、$\varepsilon_{pl,tu}$ 分别为 D 点和 C 点的残余应变;E_{un} 为直线段 AD 的斜率;E_{pl}^{un} 为卸载曲线 $AD'D$ 卸载至应力为零时过点 D 的斜率;E_1' 和 E_{re} 分别为再加载曲线 $DA'E$ 过点 D 和点 E 的斜率;$E_{un,tu}$ 是 BC 的斜率;λ 是 $E_{un,tu}$ 相对 E_1 的缩减系数;f_0' 为再加载曲线 $DA'E$ 过点 E 的切线与 σ_t' 轴的交点。

当确定 R 点后,残余塑性应变 ε_{pl} 可采用式(3.8)计算:

$$\varepsilon_{pl} = \varepsilon_{tr} - \sigma_{tr}/E_{un} \tag{3.8}$$

试验结果表明,试件的残余应变 ε_{pl} 与卸载点应变 ε_{un} 具有线性相关性,即:

$$\varepsilon_{pl} = \beta \varepsilon_{un} \tag{3.9}$$

式中,β 为相关系数。随着内部 FRP 格栅的增多,残余塑性应变与卸载点应变的相关系数 β 呈下降趋势。研究表明,相关系数 β 与格栅配置率并没有直接关系,与内部配置格栅的层数相关。如图 3.28 所示,β 是与 FRP 格栅层数 n_F 相关的线性函数:

$$\beta = \begin{cases} 0.49 - 0.03 n_F & \text{CFRP/ECC} \\ 0.46 - 0.08 n_F & \text{BFRP/ECC} \end{cases} \tag{3.10}$$

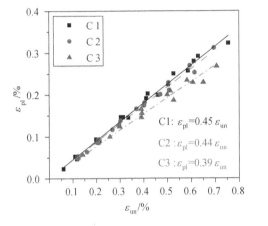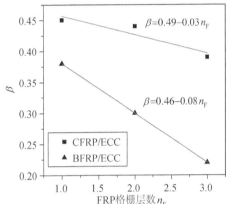

图 3.28 残余应变与卸载点应变的关系

由图 3.27 可知,卸载曲线 $AD'D$ 为一条非线性曲线。卸载曲线上过点 D 的斜率 E_{pl}^{un} 控制着卸载曲线应力-应变关系。对试验结果进行分析,E_{pl}^{un} 与 E_{un} 具有线性相关性,即:

$$E_{pl}^{un} = \delta E_{un} = \begin{cases} 0.45 E_{un} & \text{CFRP/ECC} \\ 0.65 E_{un} & \text{BFRP/ECC} \end{cases} \tag{3.11}$$

式中,δ 为相关系数。

(1) 完全卸载曲线

由试验结果可知,三种加载方式下的卸载曲线均是凹形非线性曲线,采用式(3.12)进行计算:

$$\sigma_t = a \varepsilon_t^\eta + b \varepsilon_t + c \tag{3.12}$$

式中,a、b、c 均为参数,如式(3.13)所示:

$$\begin{cases} a = \dfrac{\sigma_{un} - E_{pl}^{un}(\varepsilon_{un} - \varepsilon_{pl})}{\varepsilon_{un}^\eta - \varepsilon_{pl}^\eta - \eta \varepsilon_{un}^{\eta-1}(\varepsilon_{un} - \varepsilon_{pl})} \\ b = E_{pl}^{un} - \eta \varepsilon_{un}^{\eta-1} a \\ c = -a \varepsilon_{un}^\eta - b \varepsilon_{pl} \end{cases} \tag{3.13}$$

式中，σ_{un}、ε_{un} 分别为第 n 次加卸载循环中卸载 A 点的应力和应变；η 为与卸载点应变相关的指数，$\eta=350\varepsilon_{un}+5$；$E_{pl}^{un}$、$\varepsilon_{pl}$ 分别为通过卸载曲线应力为零点（D 点）的斜率和应变，也是控制卸载曲线非线性程度的重要参数。

(2) 完全再加载曲线

本节认为完全再加载阶段 $DA'E$ 的曲线形式与外包络线形式一致，均采用式(3.1)计算。E 点的应变与卸载点 A 点的应变相同，E 点的应力相对 A 点的应力有所降低，用衰减系数 ϕ_n 表示。假定再加载阶段的初始斜率与包络线初始斜率相同，即 $E_1'=E_1$，将式(3.1)进行坐标转换后的计算公式如式(3.14)所示：

$$\sigma_t = \frac{(E_1'-E_{re})(\varepsilon_t-\varepsilon_{pl})}{\left[1+\left(\frac{(E_1'-E_{re})(\varepsilon_t-\varepsilon_{pl})}{f_0'}\right)^{n_c}\right]^{\frac{1}{n_c}}} + E_{re}(\varepsilon_t-\varepsilon_{pl}) \quad \varepsilon_{pl}\leqslant\varepsilon_t\leqslant\varepsilon_{un} \quad (3.14)$$

式中，f_0' 为再加载曲线割线与局部坐标轴 σ_t' 的交点，E_{re} 为再加载曲线的割线模量，其计算公式如下：

$$f_0' = \phi_n\sigma_{un} - E_{re}(\varepsilon_{un}-\varepsilon_{pl}) \quad (3.15)$$

$$E_{re} = 0.85E_{un} = 0.85\sigma_{un}/(\varepsilon_{un}-\varepsilon_{pl}) \quad (3.16)$$

式中，ϕ_n 为完全加载至 E 点时，相对上一次完全再加载到 E 点时的应力衰减系数。由图 3.29 可知，衰减系数 ϕ_n 与反复加卸载次数有关，同时 CFRP/ECC 复合材料的应力衰减程度要大于 BFRP/ECC 复合材料，具体计算公式见式(3.17)。

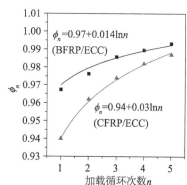

图 3.29 FRP/ECC 应力衰减系数 ϕ_n

$$\phi_n = \begin{cases} 1 & 0<\varepsilon_{un}\leqslant\varepsilon_e \\ \min\begin{cases} 1 \\ 0.97+0.014\ln n & \text{BFRP/ECC} \\ 0.94+0.03\ln n & \text{CFRP/ECC} \end{cases} & \varepsilon_e<\varepsilon_{un}\leqslant\varepsilon_{tu} \end{cases} \quad (3.17)$$

式中，$n(\geqslant 1)$ 是加载循环次数。

加载至 E 点后，曲线以抛物线的形式返回至包络线，其计算公式如式(3.18)所示：

$$\sigma_t = R\varepsilon_t^2 + S\varepsilon_t + T \quad (3.18)$$

式中，各参数计算公式如下：

$$S = E_{re,n} - 2R\varepsilon_{ref,n} \quad (3.19)$$

$$R = \frac{(E_{re,n}-E_2)^2}{4[\sigma_{ref,n}-f_0-E_2\varepsilon_{ref,n}]} \quad (3.20)$$

$$T = \sigma_{ref,n} - R\varepsilon_{ref,n}^2 - S\varepsilon_{ref,n} \quad (3.21)$$

F 点为再加载曲线抛物线阶段与外包络线的交点，其应变由式(3.22)确定：

$$\varepsilon_{\text{env},n} = (E_{\text{env}} - S)/2R \tag{3.22}$$

式中，E_{env} 是包络线的割线模量，$E_{\text{env}} = E_2$。

(3) 部分加卸载曲线

如图 3.27 所示，加卸载包含部分加载（加载至 A' 点便卸载）及部分卸载（卸载至 D' 点再次加载）。部分加载时，认为残余应变不变，过点 D 的曲线斜率按照下式计算：

$$E_{\text{pl}}^{\text{un}} = \delta E_{\text{un}} = \delta [\sigma'_{\text{un}}/(\varepsilon'_{\text{un}} - \varepsilon_{\text{pl}})] \tag{3.23}$$

式中，σ'_{un} 和 ε'_{un} 分别为 A' 点的应力和应变。

部分卸载时，相应参数按照下式计算：

$$f'_0 = \phi_n \sigma_{\text{un}} - \sigma'_{\text{pl}} - E_{\text{re}}(\varepsilon_{\text{un}} - \varepsilon'_{\text{pl}}) \tag{3.24}$$

$$E_{\text{re}} = 0.85 E_{\text{un}} = 0.85(\sigma_{\text{un}} - \sigma'_{\text{pl}})/(\varepsilon_{\text{un}} - \varepsilon'_{\text{pl}}) \tag{3.25}$$

式中，σ'_{pl} 和 ε'_{pl} 分别为 D' 点的应力和应变。

3.6 工程应用

作为一种新型土木工程材料，高性能纤维增强水泥基复合材料已广泛推广到水工、港口、桥梁及工业与民用建筑等领域。在中国、美国、日本、瑞士等国家实际工程中均有应用。

3.6.1 建筑与水工结构

2003 年，日本岐阜县曾经使用高性能纤维增强水泥基复合材料作为修补材料修复开裂的挡土墙（图 3.30）。2004 年、2005 年分别在日本东京和日本横滨的钢筋混凝土建筑中，使用高性能纤维增强水泥基复合材料充当减震器用于吸收地震能（图 3.31，图 3.32）。2004 年在日本广岛的三鹰大坝修复中，采用高性能纤维增强水泥基复合材料作为大坝混凝土表面 15 mm 厚度的保护层（图 3.33）；2005 年在日本志贺县的灌溉渠表面防渗工程修复中，采用高性能纤维增强水泥基复合材料作为防渗材料（图 3.34）[23-24]。

图 3.30 修补挡土墙

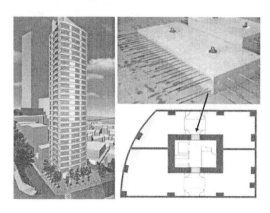

图 3.31 制作高层建筑部件

图 3.32 大楼减震器

图 3.33 修补坝体

图 3.34 修补水渠

3.6.2 桥梁与隧道工程

2015 年喷射 ECC 被应用到三架岭隧道的加固与修复中(图 3.35,图 3.36)[25]。桥梁在恶劣环境下工作,桥面板时常发生结冰现象,影响通行安全。为化解桥面冰块,目前大多应用化冰盐,但这易引起桥面板中的钢筋网片发生锈蚀,故将用树脂浸润形成整体的 FRP 格栅进行替代,可避免锈蚀发生。位于日本北海道的三原大桥在 2004 年将其钢桥桥面沥青覆盖层的一半厚度更换为 40 mm 厚的高性能纤维增强水泥基复合材料,以提高桥面的承载能力、刚度和抗疲劳能力[24](图 3.37,图 3.38)。2002 年 10 月美国密歇根州的柯蒂斯公路桥用 ECC 作为桥面板补丁修补(图 3.39)[26]。

桥梁工程中面临的一个严重问题是桥梁伸缩缝的维护和修理。虽然对适应热变形是必要的,但这些连接处往往年久失修,并最终漏水,腐蚀桥梁。为了解决这一问题,可以使用没有伸缩缝的连续桥面,但是该技术只对新桥有用,无法用于目前正在服役的数千座简跨桥梁。运用 ECC 连接板可以有效解决这个问题,2005 年在美国密歇根州建设了第一座使用 ECC 作为连接板的公路桥(图 3.40)[26]。2015 年辽宁省本溪市七道河大桥应用 ECC 进行桥面铺装的修复(图 3.41)[25],同时使用 ECC 连接板(图 3.42)。

图 3.35 辽宁三架岭隧道进行 ECC 喷射浇筑

图 3.36 辽宁三架岭隧道 ECC 喷射后抹平

图 3.37 布置 HPFRCC

图 3.38 采用板式销钉

图 3.39 修补桥面

图 3.40 ECC 连接板

图 3.41 七道河大桥修补桥面

图 3.42 七道河大桥 ECC 连接板

3.7 本章小结

本章重点阐述了高性能纤维增强水泥基复合材料及 FRP 格栅与高性能纤维增强水泥基复合材料组成的 FRP/ECC 复合材料的物理力学性能及两者的共同工作性能,归纳总结如下:

(1) 由矿粉配成的 ECC,其抗压强度、开裂应变及开裂应力要高于由粉煤灰配成的 ECC。同时,FRP 格栅增强矿粉 ECC 的轴向拉伸力学性能要优于 FRP 格栅增强粉煤灰 ECC。

(2) 随着 BFRP 格栅层数的增加,FRP/ECC 的极限抗拉强度均显著增大。表面处理后的 BFRP 格栅,提高了其与 ECC 的协同工作性能。破坏时,BFRP/ECC 复合材料的平均极限抗拉应变达到了 BFRP 格栅的 95%。

(3) 不同循环加载方式对 FRP/ECC 复合材料的极限应力、应变及应力-应变曲线的影响较小。卸载后,BFRP/ECC 复合材料的变形恢复能力要优于 CFRP/ECC 复合材料的变形恢复能力。

(4) 建立的 FRP/ECC 轴向受拉和反复受拉应力-应变本构关系模型,可以有效地预测 FRP/ECC 在拉伸荷载作用下的应力-应变关系。

(5) FRP/ECC 复合材料作为一种新型土木工程材料,高性能纤维增强水泥基复合材料已广泛推广到水工、港口、桥梁及工业与民用建筑领域。

参考文献

[1] Li V C. On engineered cementitious composites (ECC): a review of the material and its applications [J]. Journal of Advanced Concrete Technology, 2003, 1(3): 215-230.

[2] Naaman A E, Reinhardt H W. Proposed classification of HPFRC composites based on their tensile response[J]. Materials and Structure, 2006, 39: 547-555.

[3] Billington S L, Yoon J K. Cyclic response of unbonded posttensioned precast columns with ductile fiber-reinforced concrete[J]. ASCE Journal of Bridge Engineering, 2004, 9(4): 353-363.

[4] 王巍. 超高韧性水泥基复合材料热膨胀性能及导热性能的研究[D]. 大连:大连理工大学, 2009.

[5] Li V C. 高延性纤维增强水泥基复合材料的研究进展及应用[J]. 硅酸盐学报, 2007, 35(4): 531-536.

[6] 徐世烺, 蔡向荣. 超高韧性纤维增强水泥基复合材料基本力学性能[J]. 水利学报, 2009, 40(9): 1055-1063.

[7] 徐世烺, 李贺东. 超高韧性水泥基复合材料直接拉伸试验研究[J]. 土木工程学报, 2009, 42(9): 32-41.

[8] 魏洋, 纪军, 张敏. FRP 网格拉伸性能及加固水下混凝土试验研究[J]. 玻璃钢/复合材料, 2014(7): 10-15.

[9] Maalej M, Li V C. Flexural/tensile-strength ratio in engineered cementitious composites[J]. Journal of Materials in Civil Engineering, 1994, 6(4): 513-528.

[10] 李贺东. 超高韧性水泥基复合材料试验研究[D]. 大连:大连理工大学, 2008.

[11] Lepech M D, Li V C. Size effect in ECC structural members in flexure[C]//Proceedings of FraMCoS, 2004: 1059-1066.

[12] Kunieda M, Kamada T, Rokugo K. Size effects on flexural failure behavior of ECC members[C]. Tokyo: Japan Concrete Institute, 2002.

[13] Kanda T, Lin Z, Li V C. Application of pseudo strain-hardening cementitious composites to shear resistant structural elements[M]. Freiburg: Aedificatio Publishers, 1998.

[14] Xoxia V. Investigating the shear characteristics of high performance fiber reinforced concrete[D]. Toronto: University of Toronto, 2003.

[15] Fischer G, Li V C. Influence of matrix ductility on tension-stiffening behavior of steel reinforced engineered cementitious composites (ECC)[J]. Structural Journal, 2002, 99(1): 104-111.

[16] 中国工程建设标准化协会. 纤维混凝土试验方法标准: CECS 13—2009[S]. 北京: 中国计划出版社, 2010.

[17] Standard test method for flexural toughness and first-crack strength of fiber-reinforced concrete (using beam with third-point loading): ASTM C1018-97[S]. 1997.

[18] 朱忠锋, 王文炜. 玄武岩格栅增强水泥基复合材料单轴拉伸力学性能试验及本构关系模型[J]. 复合材料学报, 2017, 34(10): 2367-2374.

[19] 郑宇宙. FRP 格栅增强 ECC 复合加固混凝土梁试验与计算方法研究[D]. 南京: 东南大学, 2018.

[20] Zhu Z F, Wang W W, Harries K A, et al. Uniaxial tensile stress-strain behavior of carbon-fiber grid-reinforced engineered cementitious composites[J]. Journal of Composites for Construction, 2018, 22(6): 04018057.

[21] 朱忠锋, 王文炜, 郑宇宙, 等. 基于非接触式观测技术的 FRP/ECC 复合材料反复受拉本构关系模型[J]. 土木工程学报, 2019, 52(10): 36-45.

[22] Zhu Z F, Wang W W, Yin S P, et al. A modified model for predicting cyclic stress-strain relationship of fiber reinforced polymer grid reinforced engineered cementitious composites[J]. Structural Concrete, 2021, 22(1): 22-37.

[23] 刘秀元. 活性粉末混凝土(RPC)节段预制梁制造技术[J]. 中州大学学报, 2022, 39(4): 107-111.

[24] Kunieda M, Rokugo K. Recent progress on HPFRCC in Japan required performance and applications[J]. Journal of Advanced Concrete Technology, 2006, 4(1): 19-33.

[25] 田俊. 超高韧性水泥基复合材料加固混凝土结构的界面力学性能与耐久性能研究[D]. 南京: 东南大学, 2017.

[26] Lepech M D, Li V C. Application of ECC for bridge deck link slabs[J]. Materials and Structures, 2009, 42(9): 1185-1195.

第4章 高性能混凝土

4.1 高性能混凝土简介

4.1.1 定义和产生背景

高性能混凝土(high performance concrete，HPC)是20世纪80年代末90年代初，一些发达国家基于混凝土结构耐久性设计提出的一种全新概念的混凝土，它以耐久性为首要设计指标，这种混凝土有可能为基础设施工程提供100年以上的使用寿命。区别于传统混凝土，高性能混凝土由于具有高耐久性、高工作性、高强度和高体积稳定性等许多优良特性，被认为是目前全世界性能最为全面的混凝土，至今已在不少重要工程中被采用。特别是在桥梁、高层建筑、海港建筑等工程中显示出其独特的优越性，在工程安全使用期、经济合理性、环境条件的适应性等方面产生了明显的效益，因此被各国学者所接受，被认为是今后混凝土技术的发展方向。

高性能混凝土产生的背景主要有以下几个方面。

传统的混凝土虽然已有近200年的历史，也经历了几次大的飞跃，但今天却面临着前所未有的严峻挑战：

(1) 随着现代科学技术和生产力的发展，各种超长、超高、超大型混凝土构筑物，以及在严酷环境下使用的重大混凝土结构，如高层建筑、跨海大桥、海底隧道、海上采油平台、核反应堆、有毒有害废物处置工程等的建造需要在不断增加。这些混凝土工程施工难度大，使用环境恶劣、维修困难，因此要求混凝土不仅施工性能要好，尽量在浇筑时不产生缺陷，而且更要耐久性好，使用寿命长。

(2) 进入20世纪70年代以来，不少工业发达国家正面临一些钢筋混凝土结构，特别是早年修建的桥梁等基础设施老化问题，需要投入巨资进行维修或更新。1987年美国国家材料咨询局的一份政府报告指出：在美国当时的57.5万座桥梁中，大约有25.3万座处于不同程度的破坏状态，有的使用期不到20年，而且受损的桥梁每年还增加3.5万座。1991年在提交美国国会的报告"国家公路和桥梁现状"中指出，为修复或更换现存有缺陷桥梁的费用为910亿美元；如拖延修复进程，费用将增至1 310亿美元。美国现存的全部混凝土工程的价值约为6万亿美元，每年用于维修的费用高达300亿美元。

在加拿大，为修复劣化损坏的全部基础设施工程估计要耗费5 000亿美元。在英国，调查统计了271个工程劣化破坏实例，其中碳化锈蚀占17%，环境氯盐锈蚀占33%，内部氯盐锈蚀占5%,混凝土冻蚀占10%,混凝土磨蚀占10%,混凝土碱-骨料反应破坏占9%,硫酸盐化学腐蚀占4%,其他各种不常发生的腐蚀破坏占7%。

高性能混凝土是一种新型高技术混凝土,采用常规材料和工艺生产,具有混凝土结构所要求的各项力学性能,是具有高耐久性、高工作性和高体积稳定性的混凝土。

高性能混凝土以耐久性为设计的主要指标,针对不同用途要求,对下列性能重点予以保证:耐久性、工作性、适用性、强度、体积稳定性和经济性。为此,高性能混凝土在配置上的特点是采用低水胶比,选用优质原材料,且必须掺加足够数量的掺合料(矿物细掺料)和高效外加剂。

4.1.2 基本特性

高性能混凝土的基本特性主要包括以下几个方面:

1) 自密实性

高性能混凝土的用水量较少,流动性好,抗离析性高,具有较优异的填充性。因此,配合比恰当的大流动性高性能混凝土有较好的自密实性。

2) 体积稳定性

高性能混凝土的体积稳定性较高,表现为具有高弹性模量、低收缩与徐变、低温度变形。普通混凝土的弹性模量为20~25 GPa,采用适宜的材料与配合比的高性能混凝土,其弹性模量为40~50 GPa。采用高弹性模量、高强度的粗集料并降低混凝土中水泥浆体的含量,选用合理的配合比配制的高性能混凝土,90天龄期的干缩值低于0.04%。

3) 强度

高性能混凝土的抗压强度已超过200 MPa。28天平均强度介于100~120 MPa的高性能混凝土,已在工程中应用。高性能混凝土抗拉强度与抗压强度值比高强混凝土有明显增加,高性能混凝土的早期强度增长较快,而后期强度的增长率却低于普通强度混凝土。

4) 水化热

由于高性能混凝土的水灰比较低,会较早地终止水化反应,因此水化热相应地降低。

5) 收缩和徐变

高性能混凝土的总收缩量与其强度成反比,强度越高总收缩量越小。但高性能混凝土的早期收缩率,随着早期强度的提高而增大。相对湿度和环境温度仍然是影响高性能混凝土收缩性能的两个主要因素。

高性能混凝土的徐变变形显著低于普通混凝土,高性能混凝土与普通强度混凝土相比,高性能混凝土的徐变总量(基本徐变与干燥徐变之和)显著减少。在徐变总量中,干燥徐变值的减少更为显著,基本徐变仅略有一些降低。而干燥徐变与基本徐变的比值,则随着混凝土强度的提高而降低。

6) 耐久性

高性能混凝土除通常的抗冻性、抗渗性明显优于普通混凝土之外,高性能混凝土的Cl^-渗透率,明显低于普通混凝土。高性能混凝土由于具有较高的密实性和抗渗性,因此,其抗化学腐蚀性能显著优于普通强度混凝土。

7）耐高温性

高性能混凝土在高温作用下会爆裂、剥落。混凝土的高密实度使自由水不易很快地从毛细孔中排出，高温下其内部形成的蒸汽压几乎可达到饱和蒸汽压。在300℃温度下，蒸汽压可达8 MPa，而在350℃温度下，蒸汽压可达17 MPa，这样的内部压力可使混凝土中产生5 MPa的拉伸应力，使混凝土发生爆炸性剥蚀和脱落。因此高性能混凝土的耐高温性能是一个值得重视的问题。为克服这一性能缺陷，可在高性能和高强度混凝土中掺入有机纤维，在高温下混凝土中的纤维能熔解、挥发，形成许多连通的孔隙，使高温作用产生的蒸汽压得以释放，从而改善高性能混凝土的耐高温性能。

4.1.3　常见高性能混凝土类型

如前所述，高性能混凝土具有高耐久性、高工作性、高强度和高体积稳定性等许多优良特性，目前常见的高性能混凝土主要包括以下几类：

1）高强混凝土

强度等级为C60及其以上的混凝土称为高强混凝土，C100强度等级以上的混凝土称为超高强混凝土。它是用水泥、砂、石原材料外加减水剂或同时外加粉煤灰、矿粉、矿渣、硅粉等混合料，经常规工艺生产而获得高强的混凝土。高强混凝土作为一种新的建筑材料，以其抗压强度高、抗变形能力强、密度大、孔隙率低的优越性，在高层建筑结构、大跨度桥梁结构以及某些特种结构中得到广泛的应用。高强混凝土最大的特点是抗压强度高，一般为普通强度混凝土的4～6倍，故可减小构件的截面，因此最适宜用于高层建筑。试验表明，在一定的轴压比和合适的配箍率情况下，高强混凝土框架柱具有较好的抗震性能。而且柱截面尺寸减小，可减轻自重，避免短柱，对结构抗震也有利，提高了经济效益。

2）钢纤维混凝土

钢纤维混凝土是在普通混凝土中掺入乱向分布的短钢纤维（图4.1）所形成的一种新型的多相复合材料。这些乱向分布的钢纤维能够有效地阻碍混凝土内部微裂缝的开展及宏观裂缝的形成，显著地改善混凝土的抗拉、抗弯、抗冲击及抗疲劳性能，具有较好的延性。普通钢纤维混凝土的纤维体积率在1%～2%之间，较之普通混凝土，抗拉强度提高40%～80%，抗弯强度提高60%～120%，抗剪强度提高50%～100%，抗压强度提高幅度较小，一般在0～25%之间，但抗压韧性却大幅度提高。

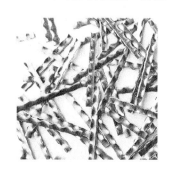
(a) 剪切型钢纤维

(b) 多锚点钢纤维

(c) 镀铜钢纤维

图4.1　钢纤维

3) 超高性能混凝土

超高性能混凝土(ultra-high performance concrete，UHPC)，也称作活性粉末混凝土(reactive powder concrete，RPC)，是过去三十年中最具创新性的水泥基工程材料,实现了工程材料性能的大跨越。超高性能混凝土的设计理论是最大堆积密度理论,其组成材料的不同粒径颗粒以最佳比例形成最紧密堆积,即毫米级颗粒(骨料)堆积的间隙由微米级颗粒(水泥、粉煤灰、矿粉)填充,微米级颗粒堆积的间隙由亚微米级颗粒(硅灰)填充。早在1931年,Andressen就建立了最大堆积密度理论的数学模型。然而,直到20世纪70年代末,在高效减水剂技术与产品性能大幅度提高的基础上,采用该模型设计配制的第一代超高性能混凝土才在丹麦奥尔堡水泥与混凝土试验室诞生,称作密实增强复合材料(compact reinforced composite，CRC)。CRC与目前的UHPC具有基本相同的力学性能,最高抗压强度超过400 MPa,使用烧结铝矾土作为骨料,同时使用钢纤维提高材料的韧性,所以称作复合材料。受到当时高效减水剂性能的限制,CRC或早期UHPC比较黏滞,振捣密实较困难,还不便于现浇应用。20世纪90年代,欧洲开展了合作研究项目,世界各地也广泛开展相关研究,这种材料获得一个新名称"活性粉末混凝土(RPC)"。超高性能混凝土(UHPC)的名称形成于21世纪,与早期的CRC或RPC相比,随着设计理论的完善、超高效减水剂(聚羧酸系)的问世和配制技术的进步,这种材料已具备了普通混凝土的施工性能,甚至可以实现自密实,可以常温养护,已经具备广泛应用的条件。

4) 水下混凝土

水中浇注的混凝土,根据水深确定施工方法,较浅时,可用倾倒法施工;较深时,可用竖管法浇注,一般配合比与陆上混凝土相同,但由于受水的影响,一般会比同条件下的陆上混凝土低一个强度等级,所以应提高一个强度等级,如要求达到C25,应配C30。另外,还有一种加速凝剂的方法比较可靠,但造价比较高,水下混凝土标号不低于C25。水下浇筑混凝土的方法有:混凝土泵浇筑法、导管法、柔性管法、活底吊箱法、袋石法、倾注法和预填骨料压浆法。其中以混凝土泵浇筑法和导管法较好,其设备和施工比较简单,质量容易保证。

5) 自密实混凝土

自密实混凝土(self compacting concrete 或 self-consolidating concrete，SCC)是指在自身重力作用下,能够流动、密实,即使存在致密钢筋也能完全填充模板,具有很好的均质性,并且不需要附加振捣的混凝土。

6) 堆石混凝土

主要应用在水利工程中,其施工技术是指将大粒径的块石直接堆放入仓,然后从堆石体的表面浇筑无须任何振捣的专用自密实混凝土,并利用专用自密实混凝土高流动性、高穿透性的特点,依靠自重完全填充堆石的空隙,形成完整、密实、水化热低、满足强度要求的大体积混凝土。堆石混凝土技术施工工艺简单,综合单价低,水化温升小,易于现场质量控制,施工效率高,工期短。在水利、电力、公路、铁路、市政、港口、能源等领域的大体积混凝土工程中具有广阔的发展前景。

7) 轻质混凝土

轻质混凝土是指通过发泡机的发泡系统将发泡剂用机械方式充分发泡,并将泡沫与水泥浆均匀混合,然后经过发泡机的泵送系统进行现浇施工或模具成型,经自然养护所形成的一种含有大量封闭气孔的新型轻质保温材料。它属于气泡状绝热材料,突出特点是在混凝土内部形成封闭的泡沫孔,使混凝土轻质化和保温隔热化;同时它也是加气混凝土中的一个特殊品种,它的孔结构和材料性能都接近于加气混凝土,它们两者的差别,只是气孔形状和加气手段的不同。

8) 再生混凝土

再生混凝土是指将废弃的混凝土块经过破碎、清洗、分级后,按一定比例与级配混合,部分或全部代替砂石等天然集料(主要是粗集料),再加入水泥、水等配制而成的新混凝土。再生混凝土按集料的组合形式有以下几种情况:集料全部为再生集料;粗集料为再生集料、细集料为天然砂;粗集料为天然碎石或卵石、细集料为再生集料;再生集料替代部分粗集料或细集料。

4.2 超高性能混凝土力学性能

4.2.1 超高性能混凝土力学性能测试方法

超高性能混凝土力学性能测试方法包括超高性能混凝土抗压强度、轴心抗压强度、静力受压弹性模量、抗弯强度及弯曲韧性、轴心抗拉性能、劈裂抗拉强度、黏结强度、泊松比、线膨胀系数、耐磨性、钢纤维与超高性能混凝土基体黏结强度的试验方法。根据《超高性能混凝土试验方法标准》(T/CECS 864—2021)[1],几种基本的试验方法如下:

1) 抗压强度试验

超高性能混凝土抗压强度试验的试件尺寸应为 100 mm×100 mm×100 mm 的立方体试件,每组试件应为 6 个。试验加载过程中应连续均匀加荷,加荷速度应取 1.2~1.4 MPa/s。手动控制压力机加荷速度时,当试件接近破坏开始急剧变形时,应停止调整试验机油门,直至破坏,并记录破坏荷载。超高性能混凝土立方体抗压强度应按下式计算:

$$f_{cc} = \frac{F}{A} \quad (4.1)$$

式中:f_{cc}——超高性能混凝土立方体试件抗压强度(MPa),计算结果应精确至 0.1 MPa;

F——试件破坏荷载(N);

A——试件承压面积(mm^2)。

超高性能混凝土抗压强度值的确定应符合下列规定:

(1) 取 6 个试件测值的算术平均值作为该组的抗压强度值,应精确至 0.1 MPa。

(2) 当 6 个测值中若有一个或两个与平均值的差值超过平均值的 10% 时,则把超出平均值 10% 的测值舍去,取剩余测值的平均值作为该组试件的抗压强度值。

(3) 若有三个或三个以上测值与平均值的差值均超过平均值的 10%,则该组试件的试验结果无效。

(4) 测得的强度值无须乘任何尺寸换算系数。

2) 轴心抗压强度与静力受压弹性模量试验

应采用尺寸为 100 mm×100 mm×300 mm 的棱柱体试件;每次试验应制备 6 个试件,其中 3 个用于测定轴心抗压强度,3 个用于测定静力受压弹性模量。当采用千分表和位移传感器进行变形测量时,其测量精度应为±0.001 mm;当采用电阻应变片、激光测长仪或引伸仪时,其测量精度应为±0.001%。测量标距为 150 mm。加载方式如图 4.2 所示。超高性能混凝土静力受压弹性模量值应按下列公式计算:

$$E_c = \frac{F_a - F_0}{A} \cdot \frac{L}{\Delta n} \quad (4.2)$$

$$\Delta n = \varepsilon_n - \varepsilon_0$$

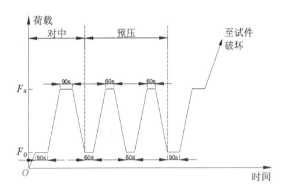

图 4.2 受压弹性模量试验荷载控制方式

式中：E_c——超高性能混凝土静力受压弹性模量(GPa),计算结果应精确至 0.1 GPa;

F_a——应力为 1/3 轴心抗压强度时的荷载(kN);

F_0——应力为 0.5 MPa 时的初始荷载(kN);

A——试件承压面积(mm^2);

L——测量标距(mm);

Δn——最后一次从 F_0 加荷至 F_a 时,试件两侧变形的平均值(mm);

ε_n——F_a 时试件两侧变形的平均值(mm);

ε_0——F_0 时试件两侧变形的平均值(mm)。

3) 抗弯强度与弯曲韧性试验

超高性能混凝土的抗弯强度、弯曲韧性指数和弯曲韧度比可采用如下方法测试。抗弯强度及弯曲韧性试验应采用尺寸为 100 mm×100 mm×400 mm 的棱柱体试件,每次试验应制备 3 个试件。试验机应自带或后配加载分配梁,分配梁中点设有滚轴,在试件标距三分点处(图 4.3)设有两个加压万向辊轴,辊轴可以滚动或前后(垂直于试件轴线方向)自由倾斜,辊轴直径为 30～50 mm。跨中挠度可以采用电阻位移计或 LVDT 位移计等测量,量程不小于 5 mm,精度不低于 0.001 mm。对试件进行持续、均匀加载。加载方式应采取位移控制荷载监控的方式,加载速率取 0.02～0.05 mm/min。若试件在受拉面跨度三分点以外断裂,则该试件结果无效。

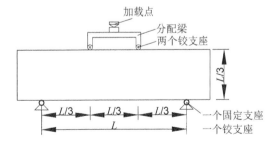

图 4.3 抗弯试验加载方式

超高性能混凝土试件的弯曲初裂强度应按下列方法确定。

(1) 将直尺与荷载-挠度曲线的线性部分重叠放置确定初裂点 A。A 点的纵坐标为初裂荷载 F_{cr}(N),横坐标为初裂挠度 δ_{cr}(mm)。根据初裂荷载按下式计算抗弯初裂强度,精确至 0.1MPa。

$$f_{cr} = \frac{F_{cr}L}{bh^2} \tag{4.3}$$

式中：f_{cr}——超高性能混凝土的抗弯初裂强度(MPa)；
　　　F_{cr}——试件初裂荷载(N)；
　　　L——试件梁支座间的跨度(mm)；
　　　b——试件截面的宽度(mm)；
　　　h——试件截面的高度(mm)。

该组试件的初裂强度应为三个试件计算值的算术平均值。三个测值中的最大值和最小值中若有一个与中间值之差大于中间值的 15%，则取中间值作为该试件的试验值。若两者与中间值之差均大于中间值的 15%，则该组试件的试验结果无效。

(2) 根据抗弯试验中的最大荷载按下式计算抗弯强度，精度至 0.1MPa。

$$f_w = \frac{F_{max}L}{bh^2} \tag{4.4}$$

式中：f_w——超高性能混凝土的抗弯强度(MPa)；
　　　F_{max}——试件抗弯试验过程中的最大荷载(N)；
　　　L——试件梁支座间的跨度(mm)；
　　　b——试件截面的宽度(mm)；
　　　h——试件截面的高度(mm)。

(3) 超高性能混凝土的弯曲韧性指数应按下述方法计算。

如图 4.4 所示，以 O 为原点，按照 1.0、3.0、5.5 和 10.5 初裂挠度 δ 的倍数，在横轴上确定 B、D、F 和 H 点，用数学工具求得 OAB、$OACD$、$OAEF$ 和 $OAGH$ 的面积，分别记为 ω_δ、$\omega_{3\delta}$、$\omega_{5.5\delta}$ 和 $\omega_{10.5\delta}$。

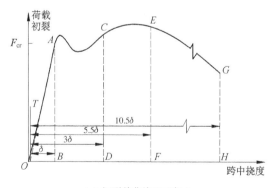 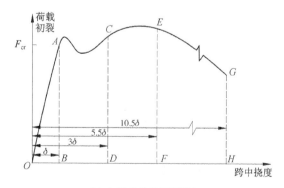

(a) 初裂前曲线凹面朝上　　　　　(b) 初裂前曲线凸面朝上

图 4.4　弯曲韧性指数计算简图

按下式以三个试件的算术平均值确定每个试件的弯曲韧性指数，精确至 0.01。

$$I_5 = \frac{\omega_{3\delta}}{\omega_\delta}$$
$$I_{10} = \frac{\omega_{5.5\delta}}{\omega_\delta} \quad (4.5)$$
$$I_{20} = \frac{\omega_{10.5\delta}}{\omega_\delta}$$

超高性能混凝土试件的弯曲韧性比可按下列方法计算。

(1) 按下式计算试件的等效弯曲强度：

$$f_e = \frac{\omega_k L}{bh^2 \delta_k} \quad (4.6)$$

式中：f_e——等效弯曲强度(MPa)；

ω_k——跨中挠度为$L/150$时的荷载-挠度曲线下的面积(N·mm)；

δ_k——跨中挠度为$L/150$时的挠度值(mm)。

(2) 试件的弯曲韧性比R_e可按下式计算：

$$R_e = \frac{f_e}{f_{cr}} \quad (4.7)$$

4) 轴心抗拉性能试验

超高性能混凝土轴心抗拉性能试验的试件尺寸、数量和测量应符合下列规定：

(1) 轴心抗拉试验试件尺寸如图4.5所示，厚度分为30 mm和100 mm两种，厚度为30 mm的试件为标准试件，厚度为100 mm的试件为非标准试件。

(2) 不同厚度轴心抗拉性能试验试件的测试结果不考虑尺寸效应。

(3) 每组试件数量为6个。

(4) 当采用位移传感器时，测量精度应为±0.001 mm；当采用电阻应变片、激光测长仪或引伸仪时，其测量精度应为0.001%。

(5) 微变形测量仪的标距宜为150 mm。

轴心抗拉性能试验应按下述步骤进行：

(1) 到达试验龄期前，将试件从养护室取出，待表面水分干燥后，将试件放置于试验机上下夹具中，保证上下夹具连接件与混凝土试件的中轴线一致并对中。在试件弧形段与夹具接触部位放置0.5~1 mm厚的橡胶垫片。将试件上端与试验机上夹头固定，升降拉力试验机至合适高度，调整试件方向，将试件下端固定。

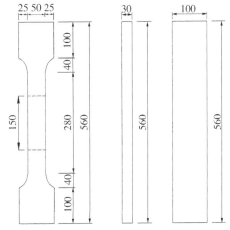

图4.5 轴心抗拉性能试件尺寸示意图
(单位：mm)

（2）当采用位移传感器测量变形时，应将位移传感器固定在变形测量架，并由标距定位杆进行定位，然后将变形测量架通过紧固螺钉固定在试件中部。当采用电阻应变片测量变形时，在试件从养护室取出后，应尽快在试件的两侧中间部位用电吹风吹干表面，然后用502胶粘贴电阻应变片。从试件取出至试验完毕，不宜超过4 h。应提前做好变形测量的准备工作。

（3）开动试验机进行预拉，预拉荷载相当于破坏荷载的15%~20%。预拉时，应测读应变值，计算偏心率，计算方法参考《混凝土物理力学性能试验方法标准》(GB/T 50081—2019)的轴向拉伸试验方法。当试块偏心率大于15%时，应对试块重新进行对中调整。

（4）预拉完毕后，应重新调整测量仪器，进行正式测试。拉伸试验时，对试件进行连续、均匀加荷，宜采用位移控制加荷，加荷速率宜控制在0.2 mm/min。当采用位移传感器测量变形时，试件测量标距内的变形应由数据采集系统自动记录，绘制荷载-位移曲线。

（5）当满足下述条件之一时，应终止加载，停止试验：
① 残余抗拉强度低于极限抗拉强度的30%时；
② 试件的拉应变大于10 000 $\mu\varepsilon$ 时；
③ 拉断。

超高性能混凝土轴心抗拉性能试验结果按下列方法确定。

轴心抗拉弹性极限点：在结果计算前，首先应确定轴心抗拉弹性极限点。在荷载-位移曲线或应力-应变曲线中，将线性段转为非线性段的点作为弹性极限点。当弹性极限点不明显时，取200 $\mu\varepsilon$ 对应的曲线上的点作为弹性极限点。

轴心抗拉弹性模量应按下式计算：

$$E_{te} = \frac{f_{te}}{\mu_{te}} \tag{4.8}$$

式中：E_{te}——轴心抗拉弹性模量(MPa)，计算结果精确至100 MPa；
f_{te}——弹性极限抗拉强度(MPa)；
μ_{te}——弹性极限拉应变(10^{-6})。

轴心抗拉强度应按下式计算：

$$f_{tu} = \frac{F_{max}}{A} \tag{4.9}$$

式中：f_{tu}——轴心抗拉强度，计算结果应精确至0.01 MPa；
F_{max}——轴心抗拉试验加载过程中的最大荷载(N)；
A——轴心抗拉试件中部截面面积(mm^2)。

轴心抗拉应变应按下式计算：

$$\mu_{tu} = \frac{l_{tu}}{L} \tag{4.10}$$

式中：μ_{tu}——轴心抗拉应变，计算结果应精确至1×10^{-5}；
l_{tu}——最大拉应力处变形(mm)；
L——测量标距(mm)。

4.2.2 宏观力学性能

超高性能混凝土与普通混凝土或高性能混凝土不同的方面包括：不使用粗骨料，必须使用硅灰和纤维（钢纤维或复合有机纤维），水泥用量较大，水胶比很低。超高性能混凝土包含两个方面的"超高"——超高的耐久性和超高的力学性能。普通混凝土、高性能混凝土和超高性能混凝土材料性能对比，见表4.1。

表4.1 普通混凝土、高性能混凝土和超高性能混凝土材料性能对比

项目	普通混凝土 NSC	高性能混凝土 HPC	超高性能混凝土 UHPC
抗压强度/MPa	20～40	40～96	120～180
水胶比	0.40～0.70	0.24～0.35	0.14～0.27
圆柱体劈裂抗拉强度/MPa	2.5～2.8	—	4.5～24
最大骨料粒径/mm	19～25	9.5～13	0.4～0.6
孔隙率	20%～25%	10%～15%	2%～6%
孔尺寸/mm	—	—	0.000 015
韧性	—	—	比NSC大250倍
断裂能/(kN/m)	0.1～15	—	10～40
弹性模量/GPa	14～41	31～55	37～55
断裂模量(第一条裂缝)/MPa	2.8～4.1	5.5～8.3	7.5～15
极限抗弯强度/MPa	—	—	18～35
透气性 k (24 h 40℃)/mm	3×10	0	0
吸水率	<10%	<6%	<5%
氯离子扩散系数（稳定状态扩散）/(mm²/s)	—	—	$<2×10^{-11}$
二氧化碳/硫酸盐渗透	—	—	—
抗冻融性能	10%耐久	90%耐久	100%耐久
抗表面剥蚀性能	表面剥蚀量>1	表面剥蚀量为0.08	表面剥蚀量为0.01
泊松比	0.11～0.21	—	0.19～0.24
徐变系数	2.35	1.6～1.9	0.2～1.2
收缩	—	—	—
流动性(工作性)/mm	测量坍落度	测量坍落度	测量坍落度
含气量	4%～8%	2%～4%	2%～4%

1) 受压力学性能

(1) 研究现状

材料本构方程的建立是投入使用一种新型材料的先决条件,也是进行构件设计、计算和有限元分析的依据,所以有必要研究 UHPC 轴向受压力学性能,建立 UHPC 受压本构方程。关于 UHPC 的单轴受压力学性能,国内外学者进行了相应的研究。

北京交通大学马亚峰[2]制作了一组 3 个纤维掺量为 2% 的 RPC200 棱柱体试件,研究其单轴受压力学性能。为了获得稳定的下降段曲线,在试验机上附加钢管进行试验,通过在钢管表面粘贴应变片测量钢管承受的荷载,再从总荷载中减去钢管所分担的荷载得到 RPC 试件承受的荷载。最终成功地得到单轴受压应力-应变全曲线,并在此基础上通过曲线拟合的方法建立了 RPC200 单轴受压本构方程。谭彬[3]研究了不同水胶比和纤维掺量对 RPC 单轴受压力学性能的影响,采用在普通压力机上附加刚性辅助架的方法,成功测得 RPC 棱柱体试件受压应力-应变全曲线。试验结果表明:水胶比小于 0.22 时,RPC 棱柱体抗压强度、峰值应变均随着纤维掺量的增加而缓慢增加,但是当水胶比为 0.24 时,纤维掺量对抗压强度和峰值应变几乎没有影响。闫光杰[4]在微机控制电液伺服试验机上进行了棱柱体单轴受压试验,研究了纤维掺量对 RPC 单轴受压性能的影响,钢纤维掺量变化范围为 1.03%~2.05%。试验得到了 RPC 单轴受压应力-应变全曲线,并根据试验结果基于曲线拟合的方法建立了 RPC 单轴受压本构方程。试验结果表明:随着纤维掺量的增加,应力-应变曲线下降段曲线趋于平缓,韧性增强;RPC 的轴心抗压强度、弹性模量和峰值应变随着纤维掺量的增加而线性增大。单波[5]研究了钢纤维掺量对 RPC 棱柱体受压力学性能的影响,钢纤维变化范围为 0~2%。试验结果表明:钢纤维对 RPC 单轴受压力学性能影响显著,跨越裂缝处钢纤维的桥接作用改变了试件最终的破坏形态,即从脆性破坏转变为延性破坏;与素混凝土相比,纤维掺量为 2% 的 RPC,棱柱体抗压强度提高约 10%,纤维的增强、增韧效果明显。宋子辉[6]研究了不同钢纤维掺量对 RPC 单轴受压力学性能的影响,钢纤维掺量为 1.5%~2.0%。采用在试验机上附加钢管辅助架的方法进行试验,成功测得棱柱体试件受压应力-应变曲线下降段。试验结果表明:RPC 轴心抗压强度与立方体抗压强度之间的转换系数为 0.8~0.9。沈涛[7]为研究添加玄武岩纤维 RPC 的单轴受压力学性能,制作了 300 多组棱柱体试件。首先通过正交试验得到 RPC100 的最佳配合比,然后进行单轴受压试验,建立了不同配合比 RPC 单轴受压本构方程,并从统计学角度研究了 RPC 抗压强度标准值和设计值的关系。

由上述研究现状可知,前人的研究主要集中在 RPC 的受压力学性能,RPC 中所用的钢纤维为长 13 mm、直径约为 0.2 mm 的圆柱形纤维,出于对 UHPC 工作性能和经济性的考量,纤维掺量一般不超过 2%。对于纤维掺量较大的 CRC 的研究相对较少,并且研究人员大多是基于试验数据拟合的方法给出仅适用于各自试验的本构方程,并不具有普适性。

(2) 受压破坏形态

西安建筑科技大学胡翱翔对不同纤维掺量的超高性能混凝土受压力学性能做了研究:

① 弹性阶段。刚开始加载阶段 UHPC 试件压应力较小,混凝土应变片数据较小,近似按比例增长;力-变形曲线近似按线性增长,试件处于弹性受力阶段($\sigma \leqslant 0.6 f_c$);试件内部的微裂缝没有开展,试件表面基本没有变化,没有出现可见裂缝。

② 继续加大荷载，进入裂缝稳定发展阶段。当试件应力达 $0.8f_c$ 时，混凝土应变片数据增长速率明显加快，力-变形曲线开始出现非线性增长，曲线斜率逐渐减小。在该阶段，UHPC 内部只在某些初始缺陷点上产生集中的拉伸应变，形成局部的微裂缝，混凝土内部的微裂缝处于稳定开展阶段，试件表面仍无可见裂缝。

③ 裂缝非稳定发展阶段。随着外荷载的增加，当试件应力达 $(0.8\sim1.0)f_c$ 时，混凝土应变加速增加，力-变形曲线斜率持续减小。UHPC 材料内部薄弱处的微裂缝开始传播并部分延伸至砂浆基体内部，混凝土内部微裂缝有较大开展，裂缝开展所释放的能量大于裂缝传播所需要的能量，裂缝开展进入非稳定发展阶段，并开始向试件表面延伸，试件表面可观察到少数可见裂缝。

④ 破坏阶段。试件达到最大承载力，即峰值荷载之后，力-变形曲线将进入下降段，在峰值点附近形成一个尖峰，曲线斜率从零变为负值。试件内部微观裂缝急剧开展，此时可听见试件内部纤维被拔出发出的"咻咻"声。UHPC 内部界面裂缝相互连接并贯通，甚至穿过砂浆基体，从而导致 UHPC 体积膨胀，均匀变形转变为局部变形，试件变形主要集中在中间区域的开裂带内，最终在试件表面形成宏观裂缝。

⑤ 峰值荷载过后，试件已不能承受更大的荷载，但是加载过程仍在继续，UHPC 试件承载力开始下降，变形速率明显增大。试件承载力下降则试验机顶板发生卸载，由于试验机刚度不足，因此储存在试验机内部的弹性应变能迅速释放，发出"嘭"的一声巨响，试件被冲坏。试件表面出现宽度较大的宏观裂缝，试验加载过程结束。

试件破坏之后的照片如图 4.6 所示。对于不掺纤维的第一组试件（纤维掺量 0），当竖

(a) 第一组(0)　　　　　(b) 第二组(1%)　　　　　(c) 第三组(2%)

(d) 第四组(3%)　　　　　(e) 第五组(4%)　　　　　(f) 第六组(5%)

图 4.6　不同纤维掺量下 UHPC 破坏形态

向压力达到峰值时,发生毫无预兆的劈裂破坏,试件的浇筑面一侧出现一条临界裂缝,混凝土剥落,表现出明显的脆性破坏特征。对于掺加纤维组(纤维掺量为1%~5%),试件达到峰值荷载时,峰值荷载能够保持几秒,随后发生破坏。钢纤维的桥连作用,约束了裂缝的开展和延伸,因此发生破坏时试件仍能保持良好的完整性,仅试件表面及开裂处有部分混凝土碎末掉落。并且从破坏照片来看,当钢纤维掺量不超过5%时,随着纤维掺量的增加,宏观的临界裂缝逐渐从竖向裂缝转变为斜向70°左右的剪切斜裂缝,裂缝数量增多;随着纤维掺量的增加,纤维对微裂缝开展的限制作用越来越明显,更多的部位将达到抗拉强度出现裂缝;同时纤维拔出所消耗的能量也将增加,即试件的延性及耗能能力逐渐增强。

(3) 受压应力-应变曲线

由图4.7中的曲线可以看出:竖向压力小于峰值荷载的60%之前,应力-应变曲线几乎是线性增长,这与普通混凝土单轴受压试验不同,主要是因为UHPC材料更均匀,材料内部初始缺陷相对较少;当竖向压力超过峰值荷载的60%后,应力增长速度减缓,应变增长速度增大,具有明显的非线性性能。随着纤维掺量的增加,曲线斜率逐渐增大,即试件刚度增大。但是纤维掺量对上升段曲线斜率影响并不显著,因为峰值荷载之前试件裂缝尚未开展,裂缝宽度较小,钢纤维的桥连作用并不明显,故钢纤维掺量对UHPC单轴受压应力-应变曲线上升段的影响不大。

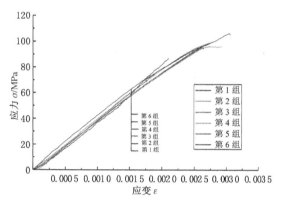

图4.7 不同纤维掺量下UHPC受压应力-应变曲线

2) 受拉力学性能

(1) 研究现状

在混凝土中加入钢纤维的目的之一是提高混凝土的抗拉强度,直接拉伸试验可直观地反映混凝土的抗拉性能。进行UHPC单轴受拉试验可得到UHPC在外部荷载作用下的受拉应力-应变曲线,曲线综合反映了UHPC从开始受力至最终断裂的全过程,为UHPC结构内力分析、强度计算、有限元分析等提供极有价值的材性依据,因而一直受到研究者们的关注。杨志慧[8]分别通过劈裂抗拉试验、四点抗折试验以及轴心受拉试验三种方式研究了RPC的受拉力学性能,分析了不同纤维掺量(0~2.5%)对RPC受拉性能的影响,建立了三种抗拉强度之间的转换关系,以及抗拉强度与立方体抗压强度之间的换算关系。试验结果表明:① 钢纤维的掺入显著提高了RPC的抗拉强度、延性和韧性,改善了混凝土脆性破坏特性,使混凝土由一裂即断的脆性破坏模式转变为纤维逐渐被拔出的韧性破坏模式,并且钢纤维的桥连作用提高了试件的整体性。② RPC劈裂抗拉强度、抗折强度和单轴抗拉强度三者之间的比例关系为1.67:1.80:1.00。③ 采用自行设计的8字形试件,通过附加刚性支架的方法,得到了RPC单轴受拉应力-应变曲线下降段,最后根据试验实测的单轴受拉应力-应变曲线,基于拟合的方法建立了考虑纤维掺量的单轴受拉本构方程。原海燕等[9-10]在杨志慧的研究基础上改进试件尺寸,将试件变截面部分设计成圆弧过渡,试验时在圆弧部位附加不同厚度的铜垫片,解决了外夹式构件端部加载时易产生应力集中的问题。在不添加任何刚性辅助措施的普通万能试验机上进行单轴受拉试验,测得了纤维掺量分别为1%、2%的

RPC单轴受拉应力-应变曲线下降段。试验结果表明：钢纤维的增强、增韧效果明显，掺加短细钢纤维的RPC单轴受拉时并没有出现应变硬化现象，没有出现多裂缝开展的现象，试件最后仍然是单缝开裂破坏模式。冯玲[11]采用长度为6 mm的钢纤维制备UHPC，并进行了抗折试验、劈拉试验、弯曲韧性试验以及单轴拉伸试验，研究了基体强度、钢纤维体积掺量对UHPC的受拉力学性能的影响。试验结果表明：水胶比、钢纤维体积掺量对抗折强度影响较大。水胶比越小，钢纤维混凝土的抗折强度越大；在一定范围内，钢纤维体积掺量越大，抗折强度越大。钢纤维的加入大大提高了混凝土的劈拉强度，是影响劈拉强度的主要因素；水胶比对劈拉强度的影响较小。钢纤维体积掺量对UHPC的弯曲韧性有重要影响，钢纤维掺量越大，试件的荷载-挠度曲线越饱满，弯曲韧性越大；水胶比对UHPC的弯曲韧性影响不大。罗百福[12]研究了高温下不同钢纤维掺量RPC的受拉力学性能，采用自行设计的哑铃形试件进行单轴拉伸试验。试验结果表明：在不同的温度作用下，RPC抗拉强度随着温度的升高而降低，但是抗拉强度仍随着纤维掺量的增加而增大。通过电镜扫描高温后的RPC微观结构发现：随着温度的升高，RPC基体微观结构表面变得粗糙并呈现出颗粒状，微观结构表面孔洞增加、呈现酥松状；钢纤维与基体之间的黏结性能随着温度的升高逐渐劣化，当温度达到800 ℃时，钢纤维完全氧化，黏结力基本失去作用。最后基于数据进行回归分析，建立了RPC抗拉强度与温度之间的关系。李莉[13]采用板式受拉试件两端预埋钢筋的方法，在普通液压拉伸试验机上进行了RPC单轴拉伸试验，研究了掺量为2%的RPC单轴拉伸力学性能，试验得到了受拉应力-应变曲线的下降段，RPC的抗拉强度为10.19 MPa，峰值应变为249 $\mu\varepsilon$。混凝土在实际结构中的受力一般处于多轴受力状态，由于试验条件的限制，目前关于RPC多轴受力的试验研究相对较少。闫光杰等[14]制作了15个8字形RPC双轴拉压试件，研究其在双轴拉、压受力状态下的力学性能。试验选取5个不同的拉、压应力比加载工况进行试验。试验结果表明：RPC在拉、压应力状态下，随着侧向拉应力的增加，抗压强度逐渐减小；并且根据试验结果初步建立了实用的RPC双向拉、压强度准则。国外研究方面，Yoo等[15]采用哑铃形试件研究了不同龄期UHPC的单轴拉伸力学性能，建立了不同龄期UHPC的抗拉强度和弹性模量计算公式。Benson等[16]研究了一种大掺量短细钢纤维超高性能混凝土(CARDIFRC)的轴心受拉力学性能。为了保证单轴受拉试件测量区域应力均匀分布，采用Neuber法对试件形状、尺寸进行设计，并采用有限元分析法对试件中间区域应力的均匀分布进行验证。试验最终得到了完整的受拉应力-应变曲线，并且根据试验结果进行拟合，建立了单轴受拉本构方程。钢纤维的类型、长径比、几何特征以及纤维浇筑时的方向等对UHPC的受拉性能均有一定的影响。基于此Kang等[17]研究了纤维方向对UHPC单轴受拉力学性能的影响，试验通过控制UHPC浇筑方向改变试件中纤维的方向，通过三点抗折试验研究纤维掺量对UHPC拉伸断裂性能的影响，纤维掺量为0~5%。试验结果表明：抗折强度随着纤维掺量线性增长；纤维方向对UHPC开裂强度、纤维桥接作用都有影响，纤维方向对初裂强度的影响大约占10%。文中提出UHPC受拉力学性能可由纤维桥接作用和基体的软化行为叠加得到，并且建立了一种UHPC基体双折线受拉软化计算模型，模型计算结果与试验结果吻合较好。Wille等[18]研究了不同钢纤维形式对UHPC单轴受拉力学性能的影响，研究如何提高纤维利用率，在掺量较低的情况下达到应变硬化的效果。试验结果表明：提高基体以及纤维强度、改变钢纤维的形状可以提高纤维与基体之间的机械黏结力;增强钢纤维与基体之间的黏结作用可提高 UHPC 的受拉延性。Wille 等[19-20]为了研究 UHPC 的受拉性能,在参考大量混凝土单轴受拉试验的基础上自行设计狗骨形受拉试件,研究三种不同类型钢纤维和钢纤维体积掺量两个因素对 UHPC 单轴受拉力学性能的影响。试验结果表明:不同类型钢纤维对试件抗拉强度、峰值应变和耗能能力影响不大,其主要受纤维体积掺量影响;添加钢纤维能极大地提高 UHPC 在单轴受拉作用下试件的延性、耗能能力并出现受拉应变硬化现象;最后基于试验数据进行拟合,建立了 UHPC 单轴受拉本构方程。Nguyen 等[21]通过单轴受拉试验研究 UHPC 的受拉尺寸效应。试验考虑试件测量标距、受拉截面面积、体积以及厚度等四个因素对 UHPC 的延性、韧性以及单位宽度范围内裂缝数量的影响。试验结果表明:随着测量标距、截面面积和试件体积的增大,UHPC 的抗拉强度稍微下降,但是变形能力、耗能能力显著下降,受拉试件上裂缝间距显著增大;随着试件厚度的增大,UHPC 的抗拉强度少许提高,试件的变形能力和耗能能力显著提高,受拉试块表面裂缝间距显著减小;测量标距对 UHPC 的受拉延性影响最大。Kwon 等[22]研究了一种新型多尺度钢纤维 UHPC 的单轴受拉力学性能,试验采用 6 mm 长直钢纤维和 30 mm 长端钩形钢纤维混合。试验结果表明:当纤维掺量为 3% 时试件抗拉强度达到最大值 20.1 MPa,纤维掺量为 2.5% 时试件抗拉强度为 16.1 MPa、峰值拉应变达到最大值 1.06%;多尺度钢纤维的组合作用能够在较低的纤维掺量下(2.5%),极大地改善混凝土的受拉力学性能。从上述分析可知:大部分学者的研究主要集中在纤维长度较长的 13 mm 钢纤维的 RPC 上,对其他类型 UHPC 的受拉力学性能研究相对较少;研究人员都是根据各自得到的试验曲线进行拟合,建立的受拉本构方程适用范围有限。

(2) 试验研究

西安建筑科技大学胡翱翔对 9 组不同纤维掺量 UHPC 的轴拉力学性能做了系统研究(图 4.8)。他发现,根据纤维掺量的不同,试件破坏过程分为三种情况:不掺纤维、纤维掺量为 1% 以及纤维掺量大于 1%,下面分别就这三种情况说明试件破坏过程。纤维掺量为 0 时,试件开始受力后,应力-应变曲线近似呈线性增长;达到峰值荷载时,荷载突然下降到零,并伴随"砰"的一声巨响,试件从变截面处断裂成上、下两截,加载过程结束。试验机仅记录到应力-应变曲线的上升段,试件呈明显的脆性破坏特征。

纤维掺量为 1% 时,在达到峰值荷载之前和不掺纤维的 UHPC 现象类似,应力-应变曲线近似呈线性增长;超过峰值荷载后,荷载突然下降至峰值荷载的 40%~50%,并保持这个荷载不变,同时试件表面开始出现一条宏观裂缝,裂缝宽度约 1 mm;随着加载过程的继续,纤维不断被拔出,并发出"哧哧"的声音,试件裂缝两侧在钢纤维的桥接作用下,荷载稳定在峰值荷载的 40%~50%,一直到裂缝即将贯穿整个截面;最后由于试件变形过大,停止加载。试件在刚过峰值荷载时呈现脆性破坏趋势,但是随着加载的继续,纤维逐渐发挥作用,试件承载能力保持稳定,峰值荷载过后试件呈明显的韧性破坏特征。

纤维掺量为 2%~5% 的试件受力和变形破坏过程较为相似,均呈明显的韧性破坏特征,这里仅以纤维掺量为 2% 的试件为例进行说明。纤维掺量为 2% 时,在达到峰值荷载之前,应力-应变曲线近似地呈线性增长,试件变形较小;达到峰值荷载之后,试件表面开始出现宏观裂缝,由于裂缝截面处纤维的桥接作用,荷载没有迅速下降;随着钢纤维逐渐被拔出,并发出"哧哧"的声音,荷载缓慢下降,但是试件变形增长较快,直至荷载下降至峰值荷载的 30%

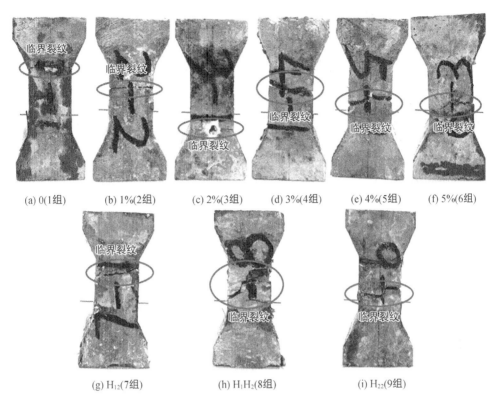

图 4.8 纤维掺量对 UHPC 破坏形态的影响

左右或者裂缝即将贯穿整个截面时停止加载,试件呈明显的韧性破坏特征。

第 3、7、8 和 9 组是纤维掺量同为 2% 试件的最终破坏形态,从图 4.8 中可以看出:纤维长度从 7 mm 分别增加至 13 mm、20 mm 时,试件的临界裂缝从直线型逐渐转变成折线型,且纤维长度越长,试件发生破坏时表面的裂缝越曲折,这表明试件加载过程中耗散的能量越多。

图 4.9 所示为试件最终破坏时纤维拔出状态以及试件侧面裂缝开展情况。从图中可看出基本符合上述两端铰接体系的破坏形态,裂缝从一端逐渐延伸至另一端,验证了铰接连接对试验效果的影响,试验能够得出 UHPC 轴心抗拉强度的下限值。

图 4.9 受拉试件破坏后纤维被拔出照片以及试件侧面照片

(3) 受拉应力-应变曲线

图 4.10 所示为 9 组试件实测受拉应力-应变全曲线。第一组为不掺纤维组,试验机刚度不足、加载速率过大等因素导致最后没有测得应力-应变曲线下降段。为了展现第一组各试件的应力-应变曲线,图 4.10(a)坐标横轴取值范围仅为其他几组的十分之一。第二组纤维掺量为 1‰,峰值过后试件开裂,但是由于纤维长度较短、纤维掺量较小,跨越裂缝截面的短纤维不能抵抗荷载的突然下降,当荷载下降至峰值荷载的 40% 左右时,纤维的桥接作用开始发挥效用,荷载不再下降,试件的变形缓慢增加。其他 7 组试件纤维掺量相对较多,均测得了完整的受拉应力-应变曲线。图中第 5、6 和 9 组仅得到两组受拉应力-应变曲线,这是因为其中一些试件的开裂部位出现在测量区域之外,试验数据无效。由图中可以看出:当钢纤维掺量不超过 5% 时,随着纤维掺量的增加,试件的抗拉强度逐渐增大,受拉应力-应变曲线与应变轴包围的面积越来越大;纤维长度、单掺和复掺对应力-应变曲线也有一定的影响;并且 UHPC 单轴受拉试验结果离散性较大。

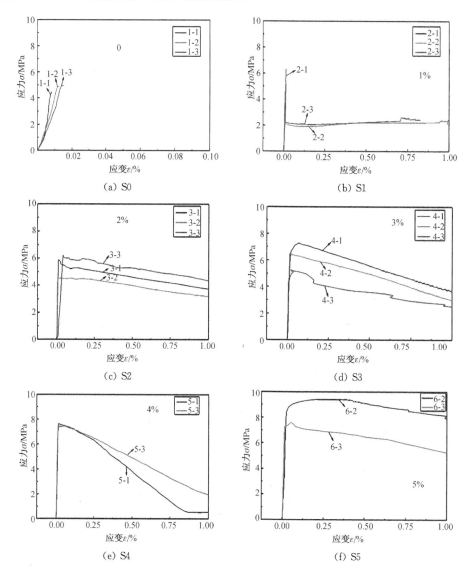

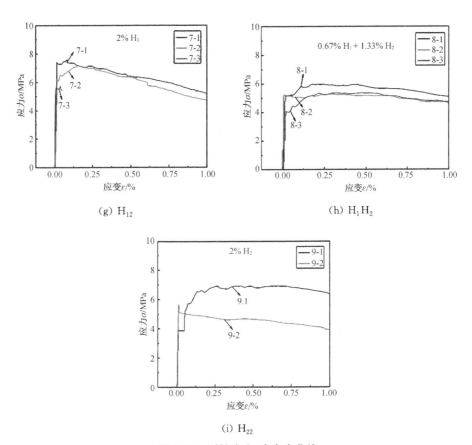

图 4.10 受拉应力-应变全曲线

4.2.3 细观力学分析

细观力学是用连续介质力学方法分析具有细观结构(即在光学或常规电子显微镜下可见的材料细微结构)的材料的力学问题,它所研究对象的尺度可以从几埃至毫米尺度。细观力学分析可揭示UHPC受拉试件从开始受力到最终发生破坏的受力全过程在细观层次的机理,从细观角度解释UHPC受拉全过程中宏观力学性能的逐渐劣化,为UHPC材料的推广应用提供理论支撑。建立UHPC单轴受拉细观力学模型主要有两方面作用:一是根据UHPC受拉细观力学分析模型,调整纤维参数,进一步优化UHPC的材料组成;二是利用细观力学模型预测UHPC材料的宏观力学性能,为UHPC材料的推广应用提供理论支撑。本节从细观层次分析了UHPC单轴受拉的力学性能,建立UHPC抗拉强度理论计算公式;并在此基础上结合本节试验结果,建立UHPC单轴受拉随机损伤本构方程。

图 4.11 所示为纤维混凝土材料受拉物理模型,其形象地反映了纤维混凝土受拉时各部分的分

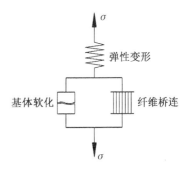

图 4.11 纤维混凝土受拉简化物理模型

工协作情况。UHPC 单轴受拉试件的受力过程可大致分为三阶段：开裂前的弹性阶段、弹塑性阶段以及塑性阶段。UHPC 受力较小时，荷载主要由基体承担，钢纤维的增强作用很小，基体主要发生弹性变形，图中用一根弹簧示意该阶段的变形；当荷载增加至 UHPC 开裂强度后，荷载将传递给跨越裂缝截面的钢纤维，由纤维和未开裂的混凝土继续承担荷载，即图中所示的纤维桥连和基体软化共同起作用；随着荷载的增加，裂缝将逐渐延伸至试件全截面，基体退出工作，越来越多的钢纤维开始发挥作用，并逐渐从基体中被拔出，即进入塑性阶段。

图 4.12 所示为单根纤维从混凝土基体中拔出的受力分析，拔出力为 P，纤维在基体中的埋长为 L_e，取基体中无限小一段纤维单元 dx 进行受力分析，纤维表面所受的黏结应力假定为 τ。

图 4.12　单根纤维拔出受力示意图

根据图 4.12 可得到如下的力的平衡方程：

$$dF = \tau \pi d_f dx \tag{4.11}$$

$$\frac{dF}{dx} = \tau \pi d_f \tag{4.12}$$

式中 d_f 为纤维直径。根据 Naaman 等[23]的研究成果，在小变形的条件下，纤维与混凝土基体之间的黏结应力近似满足如图 4.13 所示的规律。即黏结应力达到最大值 τ_{max} 之前，黏结应力-滑移曲线线性增长；黏结应力达到最大值 τ_{max} 之后，纤维与基体之间的摩擦力占主导作用，数值减小为恒定值 τ_f，其值不随滑移的增加而变化。当纤维与基体之间的滑移较大时，黏结应力显然会逐渐降低，故该假定仅适用于小变形阶段，变形较大之后，需要另行考虑。

上述假定认为纤维与基体之间的黏结强度大于纤维与基体脱黏之后的摩擦应力，即假定纤维拔出力达到峰值荷载之后，拔出力会突然下降。表现在黏结应力-滑移曲线上是峰值应力过后，应力值突然下降。但是 Lee 等[24]、Wille 等[25-26]、Shannag 等[27]研究了直钢纤维在 UHPC 基体中的拔出力学性能，试验结果表明：纤维与基体之间的黏结应力达到黏结强度后并没有突然降低，而是能够大致继续保持黏结强度值，图 4.14 所示为试验得到的

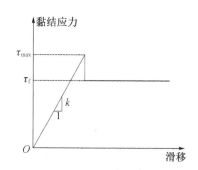

图 4.13　Naaman 等假定的单根纤维拔出的黏结应力-滑移关系图

单根纤维荷载-滑移曲线。基于此,对于 UHPC 基体在小变形的情况下,可假定 τ_{max} 和 τ_f 大小相等,即 $\tau_{max} = \tau_f$。

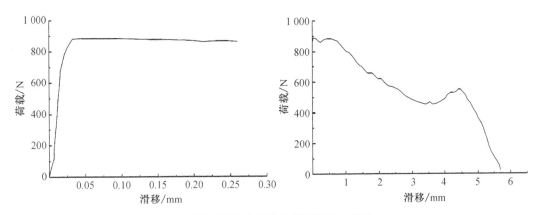

(a) 单根纤维荷载-滑移上升段曲线和全曲线

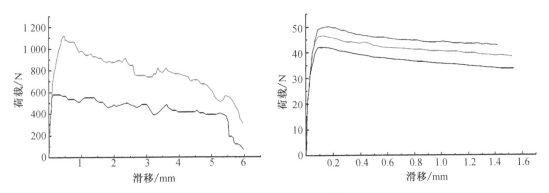

(b) 不同单根直钢纤维拔出荷载-滑移曲线

图 4.14　单根纤维荷载-滑移曲线

纤维与基体之间的相对滑移较小时,即黏结应力-滑移曲线的弹性阶段,纤维与基体之间的黏结模量 k 为恒定值,黏结剪切应力 τ 与黏结模量 k 以及纤维与基体的相对滑移 s 之间满足如下关系式:

$$\tau = ks \tag{4.13}$$

纤维与基体的相对滑移 s 表达式如下:

$$s = \delta_f - \delta_m = \int_0^x [\varepsilon_f(x) - \varepsilon_m(x)] dx \tag{4.14}$$

式中,δ_f 和 δ_m 分别表示纤维和基体的变形;ε_f 和 ε_m 分别为纤维和基体的应变。

将式(4.13)、式(4.14)代入式(4.12)中得到如下方程:

$$\frac{dF}{dx} = \pi d_f k \int_0^x [\varepsilon_f(x) - \varepsilon_m(x)] dx \tag{4.15}$$

式(4.15)左、右两边对 x 求导得到下式:

$$\frac{\mathrm{d}^2 F}{\mathrm{d}x^2} = \pi d_f k \left[\varepsilon_f(x) - \varepsilon_m(x)\right] = \pi d_f k \left[\frac{F(x)}{A_f E_f} - \frac{P - F(x)}{A_m E_m}\right] \tag{4.16}$$

式中，$P = A_f E_f \varepsilon_f + A_m E_m \varepsilon_m$，对上式进行化简，得到下式：

$$\frac{\mathrm{d}^2 F}{\mathrm{d}x^2} = KQF(x) - KP \tag{4.17}$$

式中，$K = \dfrac{\pi d_f k}{A_m E_m}$，$Q = 1 + \dfrac{A_m E_m}{A_f E_f}$；

A_m、A_f 分别为基体和纤维的截面面积；

E_m、E_f 分别为基体和纤维的弹性模量。

图 4.15 所示为单根直钢纤维拔出过程中各阶段的受力示意图，按照纤维拔出过程中受力形式与状态的不同，可以将纤维拔出过程大致分成三个阶段：弹性阶段、部分黏结阶段以及完全脱黏的软化阶段。在弹性阶段纤维与基体黏结完好，纤维与基体之间以化学胶着力为主，黏结应力与拔出位移曲线呈线性增长，如图 4.15(a)所示。如图 4.15(b)、(c)所示，随着拔出荷载的增加，部分脱黏阶段纤维与基体在部分区域脱黏，纤维与基体之间仅存在摩擦力，而另外一部分未脱黏区域纤维与基体之间仍然黏结完好。在完全脱黏阶段，纤维与基体之间完全脱黏，纤维与基体之间仅靠摩擦力传递荷载。

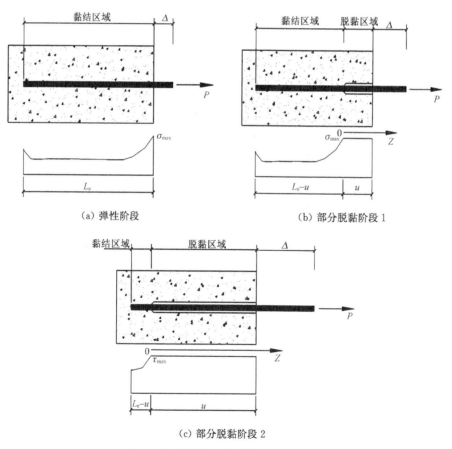

图 4.15 不同受力阶段黏结应力分布

(1) 弹性阶段

弹性阶段[图 4.15(a)],纤维与基体之间黏结完好,黏结应力-滑移曲线线性增长,纤维自由端变形可由式(4.18)积分求得,即:

$$\Delta = \int_0^{L_e} [\varepsilon_f(x) - \varepsilon_m(x)] dx = \int_0^{L_e} \left[\frac{F(x)}{A_f E_f} - \frac{P - F(x)}{A_m E_m}\right] dx \quad (4.18)$$

(2) 部分脱黏阶段

设纤维与基体之间脱黏区域的长度为 u,此时纤维拔出过程中受到的阻力主要由两部分组成,完全黏结段的化学胶着力和脱黏段的摩擦阻力[图 4.15(b)],所以此阶段纤维拔出力也由两部分组成,即:

$$P = P_b + P_d \quad (4.19)$$

将 L_e 换成 $L_e - u$ 可得化学胶着力 P_b 计算公式,式中 u 为脱黏区域长度。

$$P_b = \frac{\pi d_f \tau_{max}}{\lambda} \left[\frac{1 - e^{-2\lambda(L_e - u)}}{\left(1 - \frac{1}{Q}\right)(1 + e^{-2\lambda(L_e - u)}) + \frac{2}{Q}e^{-\lambda(L_e - u)}}\right] \quad (4.20)$$

由上述分析可知,纤维与基体之间脱黏后,在滑移较小的部分脱黏段,摩擦黏结应力保持 τ_{max} 不变,则脱黏段拔出力可用下式表示:

$$P_d = \pi d_f \tau_{max} u \quad (4.21)$$

综上所述,部分脱黏阶段纤维总拔出力的表达式如下:

$$P = P_b + P_d = \frac{\pi d_f \tau_{max}}{\lambda} \left[\frac{1 - e^{-2\lambda(L_e - u)}}{\left(1 - \frac{1}{Q}\right)(1 + e^{-2\lambda(L_e - u)}) + \frac{2}{Q}e^{-\lambda(L_e - u)}}\right] + \pi d_f \tau_{max} u \quad (4.22)$$

纤维自由端变形仍然可以按照式(4.18)进行计算,此时的变形应按照黏结段和非黏结段分开进行积分,计算得到如下部分脱黏阶段纤维与基体之间的滑移表达式:

$$\Delta = \frac{P(Q-1)u - \frac{\pi d_f \tau_{max} u^2}{2}(Q-2) + (P - \pi d_f \tau_{max} u)\frac{1 - e^{-\lambda(L_e - u)}}{1 + e^{-\lambda(L_e - u)}}\frac{Q-2}{\lambda} - \pi d_f \tau_{max} u L_e}{A_m E_m} \quad (4.23)$$

纤维与基体刚好完全脱黏,即 $u = L_e$ 时的位移 Δ_0 为:

$$\Delta_0 = \frac{P(Q-1)L_e - \frac{\pi d_f \tau_{max} L_e^2}{2}(Q-2) - \pi d_f \tau_{max} u L_e^2}{A_m E_m} \quad (4.24)$$

由式(4.23)可知,欲求得纤维与基体之间的相对变形 Δ,需建立 u 与 Δ 之间的转换关系。下面将计算部分脱黏阶段,纤维与基体之间的相对滑移与脱黏长度之间的关系,脱黏区域的纤维与基体的应力分布分别如下:

$$\sigma_f(z) = \sigma_{f0} + \frac{z\left(\dfrac{4P}{\pi d_f^2} - \sigma_{f0}\right)}{u} \tag{4.25}$$

$$\sigma_m(z) = \left(1 - \frac{z}{u}\right)\sigma_{m0} \tag{4.26}$$

式中，σ_{f0}、σ_{m0} 分别为纤维和基体在 $z=0$ 处的应力，表达式如下：

$$\sigma_{f0} = \frac{4P}{\pi d_f^2} - \frac{4\tau_{\max} u}{d_f} \tag{4.27}$$

$$\sigma_{m0} = \frac{4\tau_{\max} u V_f}{d_f V_m} \tag{4.28}$$

脱黏区域纤维与基体之间的相对滑移为：

$$\Delta(z) = u_f(z) - u_m(z) \tag{4.29}$$

$$\frac{\mathrm{d}\Delta(z)}{\mathrm{d}z} = \frac{\mathrm{d}u_f(z)}{\mathrm{d}z} - \frac{\mathrm{d}u_m(z)}{\mathrm{d}z} = \frac{\sigma_f(z)}{E_f} - \frac{\sigma_m(z)}{E_m} \tag{4.30}$$

将式(4.23)、式(4.24)代入式(4.29)、式(4.30)，并根据 $\Delta(z=0)=0$ 的边界条件得到：

$$\Delta(z) = \frac{\sigma u}{E_f} - \frac{4\tau_{\max} u z}{d_f E_f}(1+\eta) + \frac{2\tau_{\max} z^2}{d_f E_f}(1+\eta) \tag{4.31}$$

（3）完全脱黏阶段（软化段）

当纤维与基体完全脱黏之后，纤维与基体界面之间的相对滑移较大，黏结应力将逐渐衰减，上述荷载-滑移关系不再适用。进入完全脱黏阶段，纤维与基体之间仅靠摩擦力传递荷载，此时的动摩擦力相对较小，而纤维刚度较大，纤维可以视为刚体，所以可以假定这一阶段纤维不发生变形，纤维与基体之间没有相对滑移，仅沿拔出力方向发生刚体变形。因此纤维与基体之间的相对变形可以表示为 $L_e - (\Delta - \Delta_0)$，其中 Δ_0 为纤维与基体刚好达到完全脱黏时纤维的自由端变形，可令 $L_e = u$ 计算得到。荷载的表达式如下：

$$P = \pi d_f \tau_{fd}(\Delta)[L_e - (\Delta - \Delta_0)] \tag{4.32}$$

式中，$\tau_{fd}(\Delta)$ 为纤维与基体之间完全脱黏后纤维与基体之间的摩擦力，它是关于纤维自由端刚体变形的函数。按照上述分析，对于纤维增强水泥基复合材料，纤维与基体脱黏之后，摩擦力保持为一恒定值，所以荷载-滑移曲线的下降段应为一条直线。但是研究表明[28]：单根钢纤维从混凝土中拔出试验实测曲线下降段初始斜率比预期更陡，如图 4.16 所示。因此，脱黏之后摩擦力为一恒定值的假定仅适用于纤维与基体相对滑移较小的阶段，即弹性段和部分脱黏段，对于滑移较大的软化段，摩擦力逐渐衰

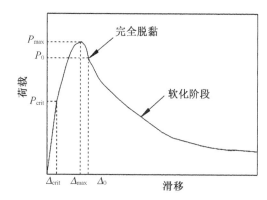

图 4.16 典型的单根直钢纤维荷载-滑移曲线

减,此时该假定不成立。

4.3 工程应用

4.3.1 建筑

超高性能混凝土(UHPC)是具有超高力学性能及耐久性的建筑材料,广泛应用于建筑外墙装饰、预制构件等。UHPC 用于建筑外墙装饰是 UHPC 最重要也是最为广泛的应用,如图 4.17 所示,包括镂空幕墙、遮阳板、干挂或湿贴装饰面板等。UHPC 以其超高强度、超高韧性和超高耐久性,很大程度在满足结构承载力的要求下能够做到轻质薄壁,使建筑设计师可以突破材料的束缚,设计出轻盈优美的结构外形。

(a) 上音歌剧院建筑立面 UHPC 挂板

(b) 余杭大剧院

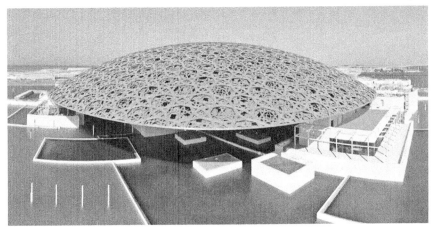

(c) 阿布扎比卢浮宫

图 4.17 UHPC 外墙应用

4.3.2 桥梁和隧道

1) UHPC在国外桥梁中的应用

1997年,在加拿大魁北克省舍布鲁克市建成了世界上第一座UHPC人行桥——舍布鲁克(Sherbrooke)人行桥(图4.18)。该桥为跨径60 m的UHPC钢桁腹组合结构。桥面板采用3 cm厚的UHPC板,桁架腹杆采用直径为15 cm的钢管(钢管内填充UHPC),下弦采用10 m预制UHPC梁节段,节段内未配置普通钢筋,仅采用后张预应力拼装而成。结构质量只有普通混凝土的1/3~1/2,与钢结构相差无几。

图4.18 加拿大舍布鲁克人行桥

2001年,法国使用超高性能混凝土建成了世界上第一座公路桥[29-30],该桥梁主梁采用预制的π型梁,横向有5片主梁,主梁间通过翼缘板现浇UHPC湿接缝连接,桥梁只在人行道板、护栏,接缝处预埋了钢筋,主梁等位置未配置普通钢筋。由于UHPC具有优异性能,因此减少了混凝土的使用量,大大减轻了桥梁的自身质量。

2004年,瑞士首次将超高性能混凝土应用于某一钢筋混凝土桥面板加固中[31],其桥梁跨径为10 m,桥面被氯离子和重车荷载严重破坏。加固方案是在其原桥面板上浇筑3 cm厚的配筋UHPC保护层。在加固桥面板的同时,在混凝土栏杆上也浇筑一层3 cm厚的覆盖层,以增强栏杆的抗撞击能力。瑞士不仅将UHPC用于桥面板的加固,而且用在了加固防撞护栏、桥墩等方面。

2010年,全球第一座超高性能混凝土公路拱桥——维尔德(Wild)桥在奥地利建成[32]。桥梁总跨径为154 m,主拱圈的跨径为70 m,矢高18 m。该桥采用竖向下放式转体法施工,拱轴线呈多边形折线,主拱由2根单箱单室拱肋组成,拱肋间采用横系梁连接,因此其受力更均匀,桥梁稳定性更高。

2011年,美国首次将优化过的华夫型双向带肋UHPC桥面板用于艾奥瓦州的小雪杉溪(Little Cedar Creek)大桥[33]的建造中,该桥的总跨径为18.3 m,宽10 m,桥面板由华夫型双向带肋板预制而成,各个预制板之间通过UHPC接缝连接成连续板,预制板与主梁通过剪力槽和纵向湿接缝连接成整体。相比于传统钢筋混凝土桥梁,UHPC华夫桥面板的自重可减少约25%。在2013年,美国出台了有关华夫桥面板的设计规范。

2015年,马来西亚建成了UHPC箱型梁公路桥——巴都6(Batu6)桥(图4.19)[34],该桥是目前世界上单跨最大的全预制拼装桥梁。其单跨跨径达100 m,桥梁宽5 m。其主箱梁在工厂预制完成,UHPC箱梁预制时分两次浇筑,先浇筑腹板和底板,再浇筑顶板,待高温养护完成后,再运输到施工现场进行吊装。到2020年,马来西亚采用超高性能混凝土建成的桥梁已超100座,马来西亚对超高性能混凝土的研究值得各国学习和参考。

图4.19 马来西亚巴都6桥(UHPC拼装箱梁桥)

2) UHPC在国内桥梁中的应用

2006年,我国首座采用超高性能混凝土的T型梁桥[35]是迁曹铁路工程中的滦柏干渠大桥(图4.20),这为UHPC桥梁的建设提供了有价值的参考。

图4.20 滦柏干渠大桥

2017年通车的袁家河大桥,是中国第一座采用UHPC π型梁的组合梁桥(图4.21)。桥跨为22 m,桥宽17.75 m,截面布置7根UHPC预制π型梁。整体式UHPC预制π型梁宽2.5 m,高0.93 m,腹板厚度为10 cm,顶板最薄处仅5 cm。超高强混凝土梁的自重仅为相同截面传统空心梁的一半。因此,UHPC预制π型梁的吊装时间可大大缩短,每根UHPC梁的平均吊装时间仅为21.5 min。此外,由于桥梁上部结构重量较轻,可以减少永久荷载对下部结构桩基的作用,也可以减少施工中使用的材料和降低施工难度。因此,整个桥梁建设的总成本不会大幅增加。该工程显示出其在我国未来快速城市桥梁建设中具有巨大的应用潜力。

2017年初,坐落于山西省太原市的摄乐桥建成通车[36],全长约360 m。为了满足摄乐桥的外形景观及服役要求,结合该桥外部环境条件,大桥主桥采用大幅变宽塔柱与空间扭索面相结合的独塔斜拉桥,主梁采用半封闭双边箱钢梁,且使用UHPC对该桥进行桥面铺装。

图 4.21 全 UHPC 预制 π 型梁吊装现场

2017 年,我国建成成贵铁路宜宾金沙江公铁两用桥[37],其主拱采用拱墩固结、拱梁分离的刚架系杆拱体系,跨长为 336 m,矢高 100 m。主桥公路桥面采用正交异性整体钢桥面板,为了提高其耐久性能,桥面板采用新型 UHPC 双层铺装体系,上层为 4 cm 厚的改性沥青 SMA10,下层为 4.5 cm 厚的 UHPC,两层中间设置环氧防水黏结层。

2011 年,我国首次将超高性能混凝土应用在肇庆马房桥梁[34]加固工程中,采用钢箱梁与 UHPC 组合成轻型组合桥结构。肇庆马房桥梁营运期间经过多次维修,依然存在主梁铺装层严重破坏以及钢结构疲劳破坏,使用 50 mm 厚的 UHPC 进行维修加固,截至目前,其轻型组合结构依然运行良好。这为 UHPC 在国内的发展奠定了基础,截至 2020 年国内已有 17 座桥梁采用了钢-UHPC 组合桥面。2016 年,蕴藻浜大桥[38]在服役 20 多年后,经检查,发现其桥面板碳化严重,槽型主梁内部积水,且底板和腹板出现大量裂缝。采用现浇 UHPC 薄层法进行加固,可以增强桥面板的刚度,加强主梁和桥面板之间的联系。运营至今,仍未出现任何问题,加固效果可靠。

2021 年建成的广州塔珠江两岸人行景观桥(图 4.22),位于广州塔南广场,人行桥跨度为 198 m,全长 488 m,宽度为 15 m,拱跨为 198.152 m,是世界上跨度最大、宽度最宽的曲梁斜拱人行桥。

图 4.22 广州塔珠江两岸人行景观桥

技术创新的最大亮点之一就是新材料超高性能混凝土 UHPC 在桥面的铺装和 UHPC 在关键重要拱脚部位的外包,开创了 UHPC 在防腐保护应用中的先河。

4.3.3 UHPC 在桥梁工程应用中存在的问题

超高性能混凝土材料虽在其力学性能和耐久性能方面有绝对的优势,但较低水胶比和高胶凝材料用量,使其生产成本高昂且具有较大收缩等不足,从而导致超高性能混凝土材料无法广泛应用于工程中,这也是超高性能混凝土材料在桥梁建设领域虽有发展,但尚无法普及和广泛应用的原因[30]。

（1）制备工艺要求高。超高性能混凝土是基于紧密堆积理论配制的,要使组成材料的颗粒级配达到紧密状态,首先需将粗骨料替换成硅灰,其次采用聚羧酸等高效减水剂降低水胶比,并掺入大量钢纤维进行搅拌。搅拌时,拌料容易成团,对搅拌设备的要求较高。在浇筑完成后,为使超高性能混凝土达到最佳的状态,要保证在高于 90 ℃的温度且蒸压条件下养护,而现场浇筑超高性能混凝土难以保证养护条件。

（2）生产成本高。近年来,配制超高性能混凝土所用的原材料,例如：磨细石英砂、硅灰、高效减水剂等价格一直居高不下,这导致生产超高性能混凝土的价格远远高出普通混凝土价格,且为了防止钢纤维材料生锈,不降低超高性能混凝土性能,需要对钢纤维表面镀铜,使其生产成本再度上涨。为此,在保证超高性能混凝土性能的同时,寻找更经济实惠的材料代替价格高昂的材料或者实现废物再循环利用,是未来的主要研究方向。

（3）收缩变形大。制备超高性能混凝土需要使用大量的水泥和硅灰等活性材料,同时需要加入聚羧酸减水剂降低水胶比,这导致前期超高性能混凝土水化放热大,造成的自身收缩量也大。由于超高性能混凝土需要在高温条件下养护,在养护期间,局部温度发生改变,也会造成温度收缩。因此,通过何种方法减小其收缩变形也是以后的重要研究方向。

（4）设计理论规范不完善。目前,国外对超高性能混凝土的生产、设计及应用出版了相关规范,2014 年瑞士出版了《UHPFRC：建筑材料、设计与应用》(SIA 2052),2016 年法国出版了《超高性能纤维增强混凝土：规范、性能、生产和合格评定》(NF P18-470)、《超高性能纤维增强混凝土结构设计规范》等规范,而国内对超高性能混凝土的研究相对滞后,相关规范还未完善,相信待相关规范完善后,能加速超高性能混凝土在我国桥梁工程中的应用与发展。

4.4 本章小结

本章主要介绍了高性能混凝土的基本定义、基本特性以及常见种类,并针对超高性能混凝土介绍了其力学性能的测试方法、宏观和细观力学性能。最后介绍了 UHPC 在建筑、桥梁和隧道工程中的应用以及存在的一些问题。

参考文献

[1] 中国工程建设标准化协会.超高性能混凝土试验方法标准：T/CECS 864—2021[S].北京：中国建筑

工业出版社,2021.

[2] 马亚峰.活性粉末混凝土(RPC200)单轴受压本构关系研究[D].北京：北京交通大学,2006.

[3] 谭彬.活性粉末混凝土受压应力应变全曲线的研究[D].长沙：湖南大学,2007.

[4] 闫光杰.活性粉末混凝土单轴受压强度与变形试验研究[J].华北科技学院学报,2007,4(2)：36-40.

[5] 单波.活性粉末混凝土基本力学性能的试验与研究[D].长沙：湖南大学,2002.

[6] 宋子辉.不同钢纤维掺量活性粉末混凝土单轴受压力学特性及损伤分析[D].北京：北京交通大学,2008.

[7] 沈涛.活性粉末混凝土单轴受压本构关系及结构设计参数研究[D].哈尔滨：哈尔滨工业大学,2014.

[8] 杨志慧.不同钢纤维掺量活性粉末混凝土的抗拉力学特性研究[D].北京：北京交通大学,2006.

[9] 原海燕,安明喆,贾方方,等.活性粉末混凝土轴拉性能试验研究[J].工程力学,2011(S1)：141-144.

[10] 原海燕.配筋活性粉末混凝土受拉性能试验研究及理论分析[D].北京：北京交通大学,2009.

[11] 冯玲.微细钢纤维高强混凝土[D].郑州：郑州大学,2011.

[12] 罗百福.高温下活性粉末混凝土爆裂规律及力学性能研究[D].哈尔滨：哈尔滨工业大学,2014.

[13] 李莉.活性粉末混凝土梁受力性能及设计方法研究[D].哈尔滨：哈尔滨工业大学,2010.

[14] 闫光杰,阎贵平.活性粉末混凝土双向拉压强度试验研究[J].中国安全科学学报,2007,17(3)：162-165.

[15] Yoo D Y, Park J J, Kim S W, et al. Early age setting, shrinkage and tensile characteristics of ultra high performance fiber reinforced concrete [J]. Construction & Building Materials, 2013, 41：427-438.

[16] Benson S D P, Karihaloo B L. CARDIFRC®-Development and mechanical properties. Part Ⅲ：Uniaxial tensile response and other mechanical properties [J]. Magazine of Concrete Research, 2005, 57(8)：433-443.

[17] Kang S T, Kim J K. The relation between fiber orientation and tensile behavior in an ultra high performance fiber reinforced cementitious composites (UHPFRCC) [J]. Cement and Concrete Research, 2011, 41(10)：1001-1014.

[18] Wille K, Kim D J, Naaman A E. Strain-hardening UHP-FRC with low fiber contents [J]. Materials and Structures, 2011, 44：583-598.

[19] Wille K, El-Tawil S, Naaman A E. Properties of strain hardening ultra high performance fiber reinforced concrete (UHP-FRC) under direct tensile loading [J]. Cement and Concrete Composites, 2014, 48：53-66.

[20] Wille K, Naaman A E, El-Tawil S. Optimizing ultra-high performance fiber-reinforced concrete [J]. Concrete International, 2011, 33(9)：35-41.

[21] Nguyen D L, Ryu G S, Koh K T, et al. Size and geometry dependent tensile behavior of ultra-high-performance fiber-reinforced concrete [J]. Composites, Part B：Engineering, 2014, 58：279-292.

[22] Kwon S, Nishiwaki T, Kikuta T, et al. Development of ultra-high-performance hybrid fiber-reinforced cement-based composites [J]. ACI Materials Journal, 2014, 111(3)：309.

[23] Naaman A E, Namur G G, Alwan J M, et al. Fiber pullout and bond slip. Ⅰ：Analytical study [J]. Journal of Structural Engineering, 1991, 117(9)：2769-2790.

[24] Lee Y, Kang S T, Kim J K. Pullout behavior of inclined steel fiber in an ultra-high strength cementitious matrix [J]. Construction and Building Materials, 2010, 24(10)：2030-2041.

[25] Wille K, Naaman A E. Pullout behavior of high-strength steel fibers embedded in ultra-high-performance concrete [J]. ACI Materials Journal, 2012, 109(4)：479-487.

[26] Wille K, Naaman A E. Effect of ultra-high-performance concrete on pullout behavior of high-strength

brass-coated straight steel fibers [J]. ACI Materials Journal, 2013, 110(4): 451-461.

[27] Shannag M J, Brincker R, Hansen W. Pullout behavior of steel fibers from cement-based composites [J]. Cement and Concrete Research, 1997, 27(6): 925-936.

[28] Naaman A E, Namur G G, Alwan J M, et al. Fiber pullout and bond slip. Ⅱ: experimental validation [J]. Journal of Structural Engineering, 1991, 117(9): 2791-2800.

[29] Hajar Z, Lecointre D, Simon A, et al. Design and construction of the world first ultra-high performance concrete road bridges[C]//Proceedings of the Int Symp on UHPC. 2004: 39-48.

[30] 高翔,李丽. UHPC在桥梁工程中的发展综述 [J]. 四川建材, 2022, 48(7): 114-115.

[31] Brihwiler E, Denarie E. Rehabilitation of concrete structures using ultra-high performance fiber reinforced concrete[C]. The Second International Symposium on Ultra High Performance, Kassel, Germany, 2008: 5-7.

[32] Freytag B, Heinzle G, Reichel M M, et al. WILD-bridge scientific preparation for smooth realisation [C]//Proceedings of Hipermat 2012. Kasse University Press GmbH, 2012: 881-888.

[33] Perry V H, Seibert P. Fifteen years of UHPC construction experience in precast bridges in North America[C]//Proceedings of the RILEM-fib-AFGC Int Symposium on Ultra-High Performance Fibre-Reinforced Concrete. 2013: 1-3.

[34] 邵旭东,邱明红,晏班夫,等.超高性能混凝土在国内外桥梁工程中的研究与应用进展[J].材料导报,2017,31(23): 33-43.

[35] 檀军锋.活性粉末混凝土(RPC)在铁路预制梁工程中的应用[J].上海铁道科技,2007(2):54-55.

[36] 赵佳男.太原摄乐大桥主桥设计[J].桥梁建设,2021,51(3):116-122.

[37] 李艳哲.成贵铁路宜宾金沙江公铁两用桥主桥施工技术[J].桥梁建设,2021,51(3):9-16.

[38] 刘超,马汝杰,王俊颜,等.超高性能混凝土薄层加固法在槽形梁桥中的应用[J].桥梁建设,2017,47(5):112-116.

第 5 章

高性能钢材

5.1 高性能钢材简介

一般而言,高性能钢材(high performance steel,HPS)是指与传统的钢材相比不仅具有更高的强度,而且具有更好的韧性、可焊性、冷成形性和耐腐蚀性能的新一代钢材[1]。在过去的 30 多年中,冶金以及钢材轧制与热处理工艺有了重大进步,如图 5.1 所示,其中热机械控制工艺(thermo mechanical control process,TMCP)作为一项代表性的技术显著地改善了钢材产品的性能,使得钢材能够根据所希望的力学性能和化学性能来生产[2]。高性能钢材的发展伴随着当今对于轻型结构日益增长的需求,其在北美、欧洲、日本和中国的桥梁及高层建筑中的使用量呈现显著增长的趋势,尤其是在桥梁建造领域。

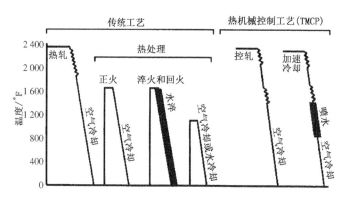

图 5.1 钢材生产工艺

20 世纪 90 年代中期,为了研制适用于成本效益高的钢桥以及强度高、可焊性好、韧性大并具有良好耐候性能和加工性能的高性能钢材,美国联邦公路管理局(FHWA)、美国国家公路与运输协会(AASHTO)、美国钢铁协会(AISI)、美国海军(Navy)、美国试验与材料协会(ASTM)以及制造商、供应商和大学等机构共同努力,成功研制出了 HPS50W、HPS70W、HPS100W(屈服强度分别为 345 MPa、485 MPa、690 MPa)等满足上述标准的新钢材等级,其过程见图 5.2。这些新钢材等级的成本经济性已经在超过 40 个洲的约 200 座具有良好工作性能的 HPS 钢桥上体现。当高性能钢材应用于桥梁时,由于设计时疲劳极限状态往往成为控制因素,因此仅看重其较高的屈服强度有时并不可行。加拿大阿尔伯塔大学的研究成果表明,HPS 母材的疲劳耐久极限相比于传统钢材可能具有潜在优势,但其焊接构造的疲劳性能不一定优于传统钢材[3]。

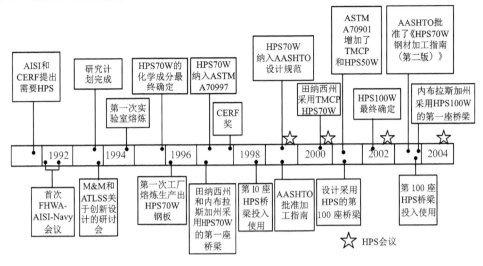

图 5.2　美国 HPS 发展的时间线[4]

日本高性能钢材种类繁多,在强度、延性、抗火性、耐候性、可焊性、韧性、冷加工性能等一项或多项上具有优越性。日本 HPS 的研究同样和桥梁设计密切相关,并称其为桥梁高性能钢材(BHS)。为了将材料、加工、运输、安装和维护等成本降到最低,研究主要集中在提高可焊性和韧性以及改善疲劳和耐候性能上。研制出了低转变温度(LTT)焊接等新的焊接技术以改善疲劳性能,对具有良好耐腐蚀性的适合在日本沿海地区特殊环境下使用的新型镍耐候钢进行了大量的研究工作。

在欧洲,高性能钢材包括高强钢、耐候钢和耐火钢等钢种。欧洲主要致力于建立 HPS 的设计准则,并将其纳入欧洲土木工程技术联合规范中,新的设计过程可以从材料的韧性,或者引入新的弯曲失稳曲线等方面考虑。对于高性能钢材来说,虽然稳定性仍然是极限状态的控制因素,但其弯曲失稳曲线仍得益于 HPS 的材料强度。

我国高性能钢材品种、规格全面,已形成生产应用完整的质量及技术体系,为建筑及基础设施建设产业的发展奠定了良好的基础。目前,我国建筑用钢品种有钢筋、预应力钢材、热轧 H 型钢、钢管、冷弯型钢及涂镀层钢板等。耐火钢、耐候钢、超薄热轧 H 型钢等高性能钢材已经在工程中应用,我国主要建筑用钢的性能如表 5.1 所示[5]。

在《低合金高强度结构钢》(GB/T 1591—2018)[6]中,规定了 8 个强度级别的高强度低合金钢:Q355、Q390、Q420、Q460、Q500、Q550、Q620 和 Q690。通常把 460 MPa 以上的钢材称为高强钢,然而当采用厚钢板时(板厚 $t>40$ mm),高强度低合金钢的屈服强度会出现显著下降。在《建筑结构用钢板》(GB/T 19879—2015)[7]中,将强度等级分为 Q235GJ、Q345GJ、Q390GJ、Q420GJ、Q460GJ、Q500GJ、Q550GJ、Q620GJ 和 Q690GJ。在《桥梁用结构钢》(GB/T 714—2015)中,将强度等级分为 Q345q、Q370q、Q420q、Q460q、Q500q、Q550q、Q620q 和 Q690q。与建筑结构相比,桥梁结构的使用环境更加恶劣,钢结构的防腐涂装维护费用较高,因此耐候钢应运而生。在《耐候结构钢》(GB/T 4171—2008)[8]中,耐候钢主要分为高耐候钢和焊接耐候钢。高耐候钢主要分为 Q265GNH、Q295GNH、Q310GNH、

Q355GNH 四种,焊接耐候钢主要分为 Q235NH、Q295NH、Q355NH、Q415NH、Q460NH、Q500NH、Q550NH 七种。此外,钢材的强度在高温下会大幅度下降,我国耐火钢的相关研究起步较晚,在《耐火耐候结构钢》(GB/T 41324—2022)中给出了 Q235FRW、Q355FRW、Q390FRW、Q420FRW、Q460FRW、Q500FRW、Q550FRW、Q620FRW 和 Q690FRW 共九种牌号的耐火耐候钢。

表 5.1 我国主要建筑用钢性能要求

分类	性能要求	性能需求指标	产品标准
基本性能要求	抗震结构高延性	屈强比≤0.85,伸长率≥20%	GB/T 700、GB/T 1591、GB/T 19879
	良好冲击韧性	冲击功 KV≥34 J	
	焊接性能	CE≤0.50%时 P_{cm}≤0.30%	
	抗层状撕裂性能	Z15、Z25、Z35	GB/T 5313
	高洁净度	$w(S)$≤0.015%,$w(P)$≤0.015%	GB/T 1591、GB/T 19879
	加工性能	180°冷弯	
特殊性能要求	低屈服点	LY100、LY160	GB/T 28905
	高韧性	KV≥70 J 或低温韧性	—
	耐候性能	耐腐蚀性指数不小于 6.0	GB/T 4171
	耐火性能	在 600 ℃下,屈服强度降幅≤1/3、ET	GB/T 28415、GB/T 4261

可见,高性能钢有狭义和广义之分,狭义的高性能钢为集良好强度、延性、韧性、可焊性等力学性能于一体的钢种;而广义的定义则为具有某一种或多种特殊力学性能的钢材,如我国的耐火钢和耐候钢[9]。

5.2 物理与焊接性能

高性能钢材的典型材料特性就是强度高。传统的高强度钢一般是通过增加钢材成分中的碳含量来提高钢材的力学强度,但碳含量增加后,钢材的可焊性会同时降低,导致其加工性能变差。高性能钢材则是降低碳含量,并加入其他合金元素如锰等,提高钢材强度的同时,能够优化其焊接性能。通过相关锻造工艺,例如淬火及回火(Q&T)、热机械控制工艺(TMCP)等技术,可以生产 500 MPa 乃至 800 MPa 的高强度钢材[10]。我国行业规范《高强钢结构设计标准》(JGJ/T 483—2020)[11]规定了高强钢的物理性能指标,Q460、Q460GJ、Q500、Q550GJ、Q620 和 Q690 牌号钢材,密度 ρ 为 7 850 kg/m^3,线膨胀系数 α 为 1.2×10^{-5}/℃。

表 5.2 总结了国外相应规范中以最大合金含量表示的化学组成。必须指出的是,在很多情况下,所给出的数值都是非常保守的上限。实际产品中的真实数值往往低于给出的数值,而且会根据产品的尺寸和厚度有所不同。

表 5.2 国外 HPS 化学组成和最大合金含量对比[4]　　　　　　　　　　单位：%

	钢材等级	加工过程	C	Si	Mn	P	S	Cu	Cr	Ni	Mo	V
美国	HPS70W	Q&T TMCP	≤0.11	0.30~0.50	1.10~1.35	≤0.020	≤0.006	0.25~0.40	0.45~0.70	0.25~0.40	0.02~0.08	0.04~0.08
	HPS100W	Q&T	≤0.11	0.15~0.35	0.95~1.50	≤0.015	≤0.006	0.90~1.20	0.40~0.65	0.65~0.90	0.40~0.65	0.04~0.08
日本	BHS 500	TMCP	≤0.11	≤0.50	≤2.00	≤0.020	≤0.006	0.30~0.50	0.45~0.75	0.05~0.30	—	—
	BHS 700	TMCP	≤0.14	≤0.50	≤2.00	≤0.015	≤0.006	≤0.30	0.45~0.80	0.30~2.00	≤0.60	≤0.05
欧洲	S460M	TMCP	≤0.16	≤0.6	≤1.70	≤0.025	≤0.020	0.55	≤0.30	≤0.80	≤0.20	≤0.12
	S690Q	Q&T	≤0.20	≤0.8	≤1.70	≤0.025	≤0.010	0.50	≤1.50	≤2.0	≤0.70	≤0.12

　　加工性能是钢材最重要的材料属性，其决定了钢材品种是否能够进行大面积的工程生产及其相关经济性。高性能钢材由于掺入了合金元素，其焊接性能得到了改善，这主要是通过控制硫元素的含量来实现的。

　　高性能钢材的碳含量较低且韧性高，这使得焊接时较高的温度输入并不会破坏钢材结构的微观结构，因此可以在较短的预热下进行焊接。一般而言，如果焊接时的预热温度较高，那么会导致钢材的微观结构受到破坏，产生初始损伤。此外，预热不仅费用较高，而且增加加工成本。提高钢材的可焊性，不仅可以降低施工时的预热温度，控制温度输入，减少焊接后处理或者其他严格控制所带来的过高施工成本，而且能够减少焊接过程中的氢致开裂问题。钢材的化学组成需要能够促进母材和焊料的融合，避免裂纹和其他缺陷的产生，这是非常必要的方面。HPS 发展的一个重要问题在于改善可焊性以及降低高预热温度和层间温度、高热量输入、焊后处理等消除焊接中氢致裂纹措施的加工成本。碳当量（CEV）是描述焊接性能的最合适的标准，总的来说，数值越低可焊性越好。国际焊接学会（IIW）的 CEV 值和 P_{cm} 值是最常用的公式。表 5.3 总结了根据表 5.2 中的最大值以及根据相关规范得出的碳当量。表 5.4 给出了国内高性能钢材热机械轧制或热机械轧制加回火状态交货钢材的碳当量及焊接裂纹敏感性指数。

表 5.3　碳当量对比[4]　　　　　　　　　　单位：%

	钢材等级	加工过程	CEV①		P_{cm}②	
			根据表 5.2 中的数据	根据相关规范	根据表 5.2 中的数据	根据相关规范
美国	HPS70W	Q&TTMCP	0.43~0.56	—	0.22~0.27	—
	HPS100W	Q&T	0.54~0.79	—	0.27~0.36	—
日本	BHS500	TMCP	0.56~0.65	—	0.27~0.30	0.20
	BHS700	TMCP	0.73~0.92	—	0.37~0.42	0.30~0.32
欧洲	S460M	TMCP	0.66	0.47	0.35	—
	S690Q	Q&T	1.11	0.65	0.53	—

① $CEV=C+Mn/6+(Cr+Mo+V)/5+(Ni+Cu)/15$
② $P_{cm}=C+Si/30+(Mn+Cu+Cr)/20+Ni/60+Mo/15+V/10+5B$

表5.4 热机械轧制或热机械轧制加回火状态交货钢材的碳当量及焊接裂纹敏感性指数(基于熔炼分析)[6]

牌号		碳当量CEV(质量分数)/% 不大于					焊接裂纹敏感性指数 P_{cm}(质量分数)/% 不大于
		公称厚度或直径/mm					
钢材等级	质量等级	≤16	>16~40	>40~63	>63~120	>120~150	
Q355M	B、C、D、E、F	0.39	0.39	0.40	0.45	0.45	0.20
Q390M	B、C、D、E	0.41	0.43	0.44	0.46	0.46	0.20
Q420M	B、C、D、E	0.43	0.45	0.46	0.47	0.47	0.20
Q460M	C、D、E	0.45	0.46	0.47	0.48	0.48	0.22
Q500M	C、D、E	0.47	0.47	0.47	0.48	0.48	0.25
Q550M	C、D、E	0.47	0.47	0.47	0.48	0.48	0.25
Q620M	C、D、E	0.48	0.48	0.48	0.49	0.49	0.25
Q690M	C、D、E	0.49	0.49	0.49	0.49	0.49	0.25

注:仅适用于棒材。

由于HPS材料,尤其是TMCP钢材,所具有的低碳当量和高韧性对于焊接性能非常有利,其与所有允许高热量输入的普通钢材的焊接均很容易,且很多时候预热可以省略或者在较低温度下进行。有利的焊接性能以及与普通钢材相比板厚较小导致的焊接量减少,极大地降低了加工和焊接成本。

表5.5给出了《低合金高强度结构钢》(GB/T 1591—2018)中以最大合金含量表示的化学组成。对于所有的钢材,控制强度的主要化学元素是碳(C)。相比于传统钢材(0.18%<C<0.25%),HPS的碳含量降到了0.11%~0.18%,而用其他元素来弥补碳含量较低带来的强度损失,例如锰元素(Mn)等。钢材韧性和可焊性的改进主要是通过最高0.006%的较低硫含量得到的。

表5.5 热机械轧制钢的牌号及化学成分[6]

牌号		化学成分(质量分数)/%													
钢级	质量等级	C	Si	Mn	P[a]	S[a]	Nb	V	Ti[b]	Cr	Ni	Cu	Mo	N	B	Als[c]
		不大于														不小于
Q355M	B	0.14[d]	0.50	1.60	0.035	0.035	0.01~0.05	0.01~0.10	0.006~0.05	0.30	0.50	0.40	0.10	0.015	—	0.015
	C				0.030	0.030										
	D				0.030	0.025										
	E				0.025	0.020										
	F				0.020	0.010										
Q390M	B	0.15[d]	0.50	1.70	0.035	0.035	0.01~0.05	0.01~0.12	0.006~0.05	0.30	0.50	0.40	0.10	0.015	—	0.015
	C				0.030	0.030										
	D				0.030	0.025										
	E				0.025	0.020										

(续表)

牌号 钢级	质量等级	化学成分(质量分数)/%													
		C	Si	Mn	P[a]	S[a]	Nb	V	Ti[b]	Cr	Ni	Cu	Mo	N	B	Als[c]
		不大于														不小于
Q420M	B	0.16[d]	0.50	1.70	0.035	0.035	0.01~0.05	0.01~0.12	0.006~0.05	0.30	0.80	0.40	0.20	0.015~0.025	—	0.015
	C				0.030	0.030										
	D				0.030	0.025										
	E				0.025	0.020										
Q460M	C	0.16[d]	0.60	1.70	0.030	0.030	0.01~0.05	0.01~0.12	0.006~0.05	0.30	0.80	0.40	0.20	0.015~0.025	—	0.015
	D				0.030	0.025										
	E				0.025	0.020										
Q500M	C	0.18	0.60	1.80	0.030	0.030	0.01~0.11	0.01~0.12	0.006~0.05	0.60	0.80	0.55	0.20	0.015~0.025	0.004	0.015
	D				0.030	0.025										
	E				0.025	0.020										
Q550M	C	0.18	0.60	2.00	0.030	0.030	0.01~0.11	0.01~0.12	0.006~0.05	0.80	0.80	0.80	0.30	0.015~0.025	0.004	0.015
	D				0.030	0.025										
	E				0.025	0.020										
Q620M	C	0.18	0.60	2.00	0.030	0.030	0.01~0.11	0.01~0.12	0.006~0.05	1.00	0.80	0.80	0.30	0.015~0.025	0.004	0.015
	D				0.030	0.025										
	E				0.025	0.020										
Q690M	C	0.18	0.60	2.00	0.030	0.030	0.01~0.11	0.01~0.12	0.006~0.05	1.00	0.80	0.80	0.30	0.015~0.025	0.004	0.015
	D				0.030	0.025										
	E				0.025	0.020										

钢中应至少含有铝、铌、钒、钛等细化晶粒元素中的一种,单独或组合加入时,应保证其中至少一种合金元素含量不小于表中规定含量的下限

a. 对于型钢和棒材,磷和硫含量可以提高 0.005%
b. 最高可到 0.20%
c. 可用全铝 Alt 替代,此时全铝最小含量为 0.020%,当铜中添加了铌、钒、钛等细化晶粒元素且含量不小于表中规定含量的下限时,铝含量下限值不限
d. 对于型钢和棒材,Q355M、Q390M、Q420M 和 Q460M 的最大碳含量可提高 0.02%

5.3 力学性能

5.3.1 应力-应变关系

钢材的力学性能通常是指钢材试件在标准试验条件下均匀拉伸、冷弯和冲击等单独作用下表现出的各种力学性能。钢材拉伸试验的力学性能可以用试件拉伸应力-应变关系曲线来说明,钢材的拉伸试验通常是用规定形状和尺寸的标准试件,在常温(20±5)℃下以规

定的应力或应变速度施加荷载进行的。材料拉伸试验的试件具体尺寸根据《金属材料 拉伸试验 第1部分：室温试验方法》(GB/T 228.1—2021)[12]确定,如图5.3所示。

目前国内进行了许多高强钢的试验研究,根据材性试验数据,各强度钢材的典型应力-应变(σ-ε)曲线如图5.4所示。从图中可以看出,随着屈服强度的提高,极限应变减小,屈强比提高。

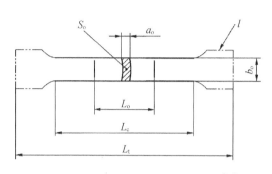

图5.3 金属材料室温拉伸试验试件[12]　　图5.4 高强钢典型应力-应变曲线[13]

班慧勇等[14-15]通过对已有高强度结构钢材力学性能的总结,提出了如图5.5所示的多折线材料本构模型来模拟高强钢在单调荷载作用下的应力-应变关系,具体的参数取值如表5.6所示。

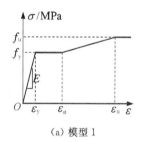 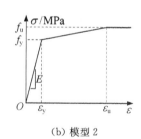

（a）模型1　　　　　　　　（b）模型2

图5.5 不同强度等级高强钢多折线本构模型[14-15]

表5.6 不同强度等级高强钢多折线本构模型参数取值[14-15]

强度等级	f_y/MPa	f_u/MPa	ε_y	ε_{st}/%	ε_u/%
Q460	460	550		2.0	14
Q500	500	610		—	10
Q550	550	670		—	9
Q620	620	710	$\dfrac{f_y}{E}$	—	9
Q690	690	770		—	8
Q800	800	840		—	7
Q890	890	940		—	6
Q960	960	980		—	5.5

《高强钢结构设计标准》(JGJ/T 483—2020)[11]也采用了以上两种具有应变硬化特征的本构模型作为设计依据。其中,f_y 是屈服强度,f_u 是极限抗拉强度,ε_y 是屈服应变,ε_{st} 是硬化应变,ε_u 是极限应变。

模型1:适用于大部分 Q460 钢与部分 Q500 钢,曲线划分为四个阶段,如图 5.5(a) 所示。

第一阶段:弹性阶段。在高强钢真实应力-应变曲线中,弹性阶段分为直线段和曲线段,直线段的终点对应的应力称为比例极限 f_p,曲线段的终点对应的应力称为弹性极限 f_e,此时材料的变形属于弹性变形,即卸载后变形能够完全恢复,没有残余变形。而当 $f_e < \sigma < f_y$ 时,钢材处于弹塑性阶段,变形包括弹性变形和塑性变形,其中塑性变形在卸载后不能恢复。模型1对上述过程进行了简化,在钢材的应力达到屈服强度 f_y 之前,σ-ε 曲线为一条斜率为弹性模量 E 的直线。

第二阶段:屈服阶段。当应力达到屈服强度 f_y 后,随着荷载的增加,应变也不断增大,但应力基本没有变化,变形模量近似为零,应力-应变曲线形成屈服平台。在模型1中表现为从屈服应变 ε_y 到硬化应变 ε_{st} 的一段斜率为零的直线。

第三阶段:强化阶段。经过屈服阶段较大的塑性变形后,钢材内部组织发生了重组,又部分恢复了承受更大载荷的能力,材料出现应变硬化特征。应变达到 ε_{st} 后,随着荷载的增加,应力再次增大,但 σ-ε 曲线的斜率远小于弹性阶段。

第四阶段:颈缩阶段。当钢材应力超过极限抗拉强度 f_u 时,在试件承载能力最弱的横截面处急剧收缩,局部明显变细,出现颈缩现象。随着荷载的增加,试件的伸长量 Δl 迅速增加,应力随之下降,最后在颈缩处断裂。由于该阶段为材料的破坏阶段,对结构的强度设计无意义,因此模型1中将其简化为一段斜率为零的直线。

模型2:适用于少部分 Q460 钢、部分 Q500 钢,以及 Q550、Q620 和 Q690 钢,曲线划分为三个阶段,如图 5.5(b)所示。

第一阶段:弹性阶段。此阶段与模型1的第一阶段相同。

第二阶段:强化阶段。随着荷载的增加,应力再次增大,应力-应变曲线中最高点的应力就是高强钢的极限抗拉强度 f_u。强度等级较高的钢材,其应力-应变关系曲线中往往没有明显的屈服平台,因此规定用其对应于残余应变 $\varepsilon_y = 0.2\%$ 的应力 $\sigma_{0.2}$ 作为钢材的屈服强度。模型2中该阶段的表现为,应变从屈服应变 ε_y 到极限应变 ε_u,σ-ε 曲线为一段倾斜的直线,且斜率远小于弹性阶段。

第三阶段:颈缩阶段。此阶段与模型1的第四阶段相同。

可见,模型1中 σ-ε 曲线具有明显的屈服平台,但模型2才是多数强度等级高强钢对应的本构关系,其 σ-ε 曲线没有明显的屈服平台,与普通钢材有明显差异。

5.3.2 破坏模式

同普通钢材一样,高性能钢材存在两种强度破坏形式,即塑性破坏和脆性破坏。钢材塑性破坏的特征是构件在破坏前会产生明显的塑性变形,并且仅在钢材应力超过屈服强度,达到钢材的极限抗拉强度后才会发生,破坏后的断口呈纤维状,色泽发暗。钢材脆性破坏的特征是破坏前钢材没有塑性变形,或塑性变形很小,平均应力一般低于钢材的屈服强度,破坏往往从应力集中处开始,破坏后的断口平直,呈现出有光泽的晶粒状。与塑性破坏相比较,脆性破坏没有明显征兆,无法及时察觉和补救,因此危险性较大。钢材的塑性和韧性较高,一般发生塑性破坏,但在低温、腐蚀等条件下,仍然可能发生脆性破坏。虽然高性能钢材的低温韧性和抗腐蚀性能优于普通钢材,但在设计、制作及安装过程中仍要注意,避免发生脆性破坏。

WGJ钢材是武汉钢铁集团设计研究院研发的高性能耐火耐候钢材,采用WDW-100E电子万能试验机进行常温拉伸材性试验[16]。图5.6(a)给出了WGJ钢材在单轴拉伸荷载下的典型应力-应变关系曲线。WGJ钢材在标准拉伸试验中发生颈缩,随后迅速发生破坏,破坏形态如图5.6(b)所示。

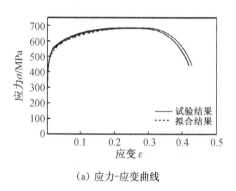
(a) 应力-应变曲线

(b) 拉伸试件破坏形态

图5.6 WGJ钢材试件在单轴拉伸荷载下的典型应力-应变曲线及破坏形态[16]

5.3.3 弹性模量

钢材的弹性模量E是指其应力-应变曲线弹性阶段直线段的斜率,不同强度等级的高性能钢材,其弹性模量的值存在一定波动。Q460、Q500钢材的弹性模量与我国现行的《钢结构设计标准》(GB 50017—2017)[17]的弹性模量取值2.06×10^5 MPa接近,而Q550、Q690的钢材弹性模量偏高,Q690以上强度的钢材弹性模量则偏低。由于样本数据有限,因此上述规律有待进一步研究[13]。

5.3.4 屈强比

屈强比是指钢材屈服强度与极限抗拉强度之比,它是钢材设计强度储备的反映。f_y/f_u越大,强度储备越小;f_y/f_u越小,强度储备越大。但当钢材屈强比过小时,其强度利用率低,不够经济。因此,在要求屈服强度的同时,还应要求钢材具有适当的抗拉强度。一般而言,高强钢材的屈强比都相对较大,往往需要控制屈强比小于规定限值,以保证钢材强度的安全储备。

5.3.5 伸长率

伸长率是指试件拉伸破坏后,标距长度的伸长量Δl与原标距长度l_0之比δ。伸长率与试件标距的长短有关,当试件标距长度与试件直径之比为10时,用δ_{10}表示伸长率;比值为5

时,用 δ_5 表示伸长率。伸长率越大,表示钢材断裂前产生的永久塑性变形越大,吸收能量的能力越强。伸长率大的钢材,对调整构件中局部超屈服应力、结构中塑性内力重分布和减少脆性破坏都有重要的意义。由图 5.4 可知,钢材的强度越高,其伸长率往往就越低。

5.3.6 抗压性能

460 MPa 以上不同强度等级高强钢焊接工字形截面轴压柱的整体稳定性能目前已有了深入的研究,随着钢材强度等级的提高,高强钢焊接工字形截面轴压构件绕强轴和弱轴失稳的整体稳定系数均明显增大[15]。对于绕强轴失稳构件,建议 Q460～Q550 钢材采用我国规范 b 类曲线设计,Q620～Q960 钢材采用 a 类曲线设计;对于绕弱轴失稳构件,建议 Q460～Q800 钢材按 b 类曲线设计,Q890 和 Q960 钢材按 a 类曲线设计。

针对国内集高强度、高延性、耐蚀性和耐火性于一体的新一代复合型高性能钢材,有学者通过 6 个长柱稳定试验对该类钢材焊接工字形截面轴压构件在常温下的稳定承载力和失稳破坏形式进行了研究,如图 5.7、图 5.8 和图 5.9 所示[18]。结论表明,该类轴压构件在室温下的破坏形态为整体弯曲失稳;试验结果与各国规范相比,大部分试件的数据点均在推荐设计曲线之上,这表明现行设计方法总体适用于该类钢材构件在常温下的整体稳定设计。有限元参数分析表明,几何初始缺陷增大能够降低构件常温下的整体稳定承载力,中等长细比构件降幅最为明显;残余应力对整体稳定系数的影响规律与几何初始缺陷基本一致,但影响的程度更大。

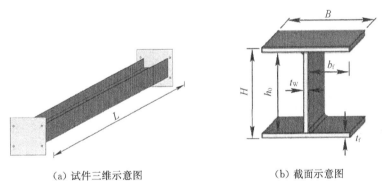

(a)试件三维示意图　　　　(b)截面示意图

图 5.7　焊接工字形截面轴心受压构件尺寸符号示意图[18]

图 5.8　焊接工字形截面构件轴心受压试验加载装置[18]

图 5.9　焊接工字形截面构件轴心受压典型失稳破坏形态[18]

5.3.7　抗弯性能

国内有学者研究了由 HPS 485W 翼板和不同钢种腹板（包括 Q235、Q345 和 HPS 485W）制成的混合工字钢梁的弯曲性能，开展了大量弯曲试验（图 5.10）[19]。试验结果表明，侧向支撑的有效性主要受位置和数量的影响，而位置和数量又反过来影响塑性区域的扩展。构件（翼缘或腹板）的长细比是影响主梁抗弯承载力和延性的主要因素。随着翼板长细比的增加，翼板局部屈曲在非弹性加载阶段发生得更早，因此降低了主梁延性。随着腹板长细比的增加，非弹性阶段的变形减小（图 5.11）。在三点荷载作用下，当局部构件屈曲时，主梁似乎不会失去其承载力。而在四点荷载作用下，翼板局部屈曲取决于卸载阶段。当法兰采用高强度 HPS 485W 钢时，建议腹板强度不低于 345 MPa（Q345 钢）。在几何尺寸相同的情况下，构件的延性随着翼缘强度的增加而降低，这主要受钢材屈服应力与极限应力之比（σ_y/σ_u）的影响。因此，对于使用高强度钢的结构设计，似乎需要更严格的长细比限制。

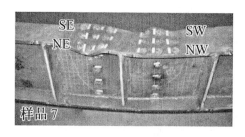
（a）三点弯曲

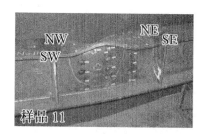
（b）四点弯曲

图 5.10　混合工字钢梁弯曲试验破坏模式[19]

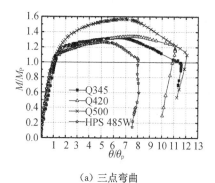
（a）三点弯曲

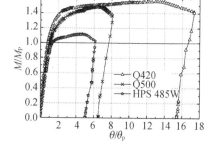
（b）四点弯曲

图 5.11　混合工字钢梁弯曲试验力矩-转角曲线[19]

5.3.8 疲劳性能

GJ 系列钢是国内广泛应用于钢框架建筑结构中的一种新型高性能结构钢,有学者研究了 Q345GJ 钢在循环载荷下的低周疲劳性能和累积损伤行为,其滞回曲线非常饱满,意味着其具有良好的能量耗散能力,并且表现出塑性、包辛格效应和循环硬化等循环特性[20]。

当高性能钢材应用于桥梁时,需要很高的疲劳承载力。然而,在焊接结构中疲劳强度并不取决于钢材强度。因此为了充分利用桥梁中钢材的高强度性能,提高焊接结构的疲劳强度非常重要。

钢结构焊接接头在动载荷作用下容易发生疲劳断裂,因此需要对高强度母材、对接焊缝和交叉角焊缝的疲劳性能进行研究[21]。对于基材,规范 AISC360、BS7608 和 EC3 曲线彼此相似,95%保证率下的 Q460D 和 Q690D 基材的疲劳极限分别约为规范值的 2 倍和 3 倍,显示出良好的疲劳性能。对于 Q460D 对接焊缝试样,焊接接头的 95%保证率的下限曲线一般符合 AISC360 和 EC3 曲线,表明疲劳性能相似;对于 Q690D 的对接焊缝试样,AISC360 和 EC3 曲线的疲劳极限比 95%保证率的试验值低 36.75%;BS7608 曲线低于 AISC360 和 EC3 曲线,在评估对接焊缝试样的疲劳性能时相对保守。对于 Q460D 和 Q690D 的交叉角焊缝试样,95%保证率曲线涵盖了大多数试验数据,有些超过了安全范围,表明安全裕度不足;而 AISC360 曲线涵盖了所有试验数据,适用于分析 Q460 和 Q690 交叉角焊缝试件的疲劳寿命,并具有足够的安全裕量;EC3 和 BS7608 曲线的疲劳极限相对较低,表明在评估高强度钢交叉角焊缝的疲劳性能时,两个规范相对保守。

5.3.9 耐候性能

1) 耐腐蚀性能

HPS 上的内锈层由 α-FeOOH 组成,比预应力混凝土用钢棒(PCS)上的 α-FeOOH 和 Fe_3O_4 的混合物更致密[22]。HPS 上形成的锈提供了更好的保护,因此 HPS 的腐蚀速度比 PCS 慢。HPS 中的铜和铬富集了锈层,提高了锈层的致密性。与原有钢材相比,HPS 的耐腐蚀能力明显提高,因此在结构建造时可以不进行涂装和采取其他的耐腐蚀措施。

对具有两种不同微观结构的 Q690 桥梁钢的腐蚀疲劳行为和性能进行比较研究,发现与完全淬火和回火钢相比,由 TMCP+T 或 IQT 生产的高强度钢具有更好的耐腐蚀疲劳性能[23]。因此,TMCP 是一种很有前途的耐腐蚀疲劳钢生产技术。TMCP+T 钢的腐蚀疲劳性能略优于 IQT 钢,这可能是因为贝氏体板条对裂纹扩展的抑制作用。随着峰值应力的增加,两种钢的腐蚀疲劳寿命对数几乎呈线性减小。IQT 热处理可以在不牺牲屈服强度和腐蚀疲劳性能的情况下大大提高高强度钢的延展性。换句话说,IQT 工艺可以为高强度桥梁钢提供良好的机械和腐蚀疲劳性能组合。

2) 高温下超低循环疲劳性能

与普通钢相比,高强钢的应用可以减少钢材消耗,广泛应用于建筑行业。建筑结构中的高强钢构件不可避免地遭受火灾,火灾引起的高温导致高强钢的使用性能发生重大变化。因此,研究火灾后高强钢的使用性能对评估高强钢结构是否能够继续服务具有重要意义。有学者对火灾后 Q690 高强钢的超低周疲劳(ULCF)性能进行了一系列研究,以评估 Q690

高强钢在火灾后抵抗强震的能力。对Q690高强钢试样在600~900℃下进行热处理,并对冷却后的试样进行不同应变幅度的ULCF试验。试验结果表明,Q690高强钢在火灾后具有良好的消能能力,600℃热处理可以达到回火处理的效果,并改善了Q690高强钢的ULCF性能,然而,600℃以上的热处理对Q690高强钢的ULCF性能有显著的不利影响;疲劳应变振幅和暴露温度对Q690高强钢试样的断裂行为有显著影响,对于原始试样,断裂源的数量随着疲劳应变振幅的增加而增加,当疲劳应变振幅相同时,试样的疲劳弧线随着暴露温度的升高而变得越来越难以区分[24]。

3) 低温断裂韧性

和传统钢材一样,高性能钢材的疲劳承载力取决于节点的焊接构造和应力幅,不受钢材种类和强度的影响。但其断裂韧性比传统桥梁钢材高得多,HPS 70W在-50℃的极限工作温度下仍具有良好的延性,是HPS在控制脆性断裂上的一个重要优势。由于拥有更高的断裂韧性,高性能钢材具有比传统等级的钢材更高的裂纹允许值。

高性能钢材通过掺入其他合金材料,使其断裂韧性能够得到显著改善。与传统钢材相比,高性能钢材的脆性和延性转换在温度很低的条件下才容易发生,并且高性能钢材焊接性能的提升,使得低温条件下钢桥发生脆断的可能性大大降低,说明其在更低温度下仍然具有充分的延性,因此可以将高性能钢材应用于更加寒冷的地区[25]。高性能钢材的强韧性,使得钢材出现裂缝后仍有较大的富余继续承载,不会立即失效毁坏,使得桥梁在失效前具有更多的时间可以进行裂缝的修补和修复,从而降低结构突发性破坏的概率。

5.4 公路高强钢结构桥梁设计方法

5.4.1 设计标准

高强度钢材的材料力学性能与普通钢材不同。一般来说,随着钢材强度的提高,其延性下降,屈服平台的范围缩短甚至消失。这意味着高强度钢材构件、节点及结构体系的受力性能也与普通钢结构有显著差异,现有的基于普通钢结构研究而提出的结构设计方法对高强钢结构不一定适用。基于对高强钢结构基本构件和连接节点的受力性能的大量研究,2020年行业标准《高强钢结构设计标准》(JGJ/T 483—2020)正式发布。该标准将配合我国国家标准《钢结构设计标准》(GB 50017—2017),指导高强钢结构的可靠和合理设计,促进高强度钢材的工程应用。

高强度钢材宜用于由强度控制截面的构件或要求自重轻且强度高的结构构件,《高强钢结构设计标准》介绍了高强度钢材的适用范围、高强钢结构非抗震设计和抗震设计的相关规定。尤其是针对高强度钢材的特点,提出了高强钢结构抗震性能化设计的基本原则。《高强钢结构设计标准》给出了高强度钢材及相关连接材料的型号和标准、选用原则,高强度钢材及与之匹配焊缝的设计用强度指标,高强度螺栓承压型连接中高强度钢材的承压强度设计指标以及高强度螺栓摩擦型连接中高强度钢材摩擦面抗滑移系数的取值,适用于牌号不低于Q460、Q460GJ钢材的工业与民用建筑及一般构筑物的钢结构设计。设计时,应综合考虑结构的重要性、荷载特征、应力状态、板件厚度和工作环境、加工条件以及钢材性价比等要素,合理地选用钢材牌号、质量等级、性能指标和技术要求。直接承受动力荷载、重要的受拉或受弯焊接结构或需验算疲劳的构件选用的高强钢应具有冲击韧性的合格保证,对直接承受动力荷载或需要验算疲劳的结构,以及低温环境下工作的厚板结构,焊接材料应采用低氢型焊条。

公路桥梁钢结构设计计算方法包括总安全系数的容许应力方法、多系数分析后用单一系数表达的容许应力方法和以概率论为基础的极限状态设计方法。《公路钢结构桥梁设计规范》(JTG D64—2015)[26]规定公路钢结构桥梁采用以概率论为基础的极限状态设计方法,按照分项系数的设计表达式并且考虑四种设计状况进行设计计算,分别是考虑承载能力极限状态的设计、考虑正常使用极限状态的设计、抗疲劳设计和耐久性设计。公路钢结构桥梁的耐久性设计,特大桥、大桥、中桥主体结构的设计使用年限应不低于100年,高速公路、一级公路、二级公路上的小桥主体结构的设计使用年限宜不低于100年。

公路桥梁钢结构及连接应按《公路桥涵设计通用规范》(JTG D60—2015)的要求,考虑持久状况进行承载能力极限状态设计计算,采用作用基本组合的效应设计值,即永久作用与可变作用组合的效应设计值。《公路钢结构桥梁设计规范》规定桥梁承载能力极限状态应按下式进行验算:

$$\gamma_0 S_d \leqslant R_d \tag{5.1}$$

式中:γ_0——结构重要性系数,应符合现行《公路桥涵设计通用规范》有关规定;
S_d——作用组合效应设计值;
R_d——结构或结构构件的抗力设计值。

钢结构及其构件的稳定性验算是承载能力极限状态设计计算的重要内容。钢结构及其构件的稳定性验算包括结构构件整体稳定性验算和板件局部稳定性验算,应满足《公路钢结构桥梁设计规范》的要求。公路钢桥上部结构为整体式截面梁时,应进行桥梁横向抗倾覆性能验算,计算要求在基本组合作用下,单向受压支座始终保持受压状态,当整联只采用单向受压支座支撑时,应符合下式要求:

$$\frac{\sum S_{bk,i}}{\sum S_{sk,i}} \geqslant k_{qf} \tag{5.2}$$

式中:$\sum S_{bk,i}$——使上部结构稳定的作用基本组合(分项系数均为1.0)的效应设计值;
$\sum S_{sk,i}$——使上部结构失稳的作用基本组合(分项系数均为1.0)的效应设计值;
k_{qf}——横向抗倾覆稳定性系数,取$k_{qf}=2.5$。

公路桥梁钢结构正常使用极限状态的设计计算包括构件的刚度和结构的最大竖向挠度。轴心受力构件和偏心受力构件的刚度采用长细比来衡量,长细比λ是指构件的计算长度l_0与构件截面回转半径i的比值,即$\lambda = l_0/i$。验算构件长细比时,绕截面的两个主轴(即x轴和y轴)的长细比λ_x和λ_y都不能超过规定的构件容许最大长细比$[\lambda]$,见表5.7。

表 5.7 构件容许最大长细比 [λ]

类别	杆件	长细比
主桁架	受压弦杆、受压腹杆或受压—拉腹杆	100
	仅受拉力的弦杆	130
	仅受拉力的腹杆	180
联结系构件	纵向联结系、支点处横向联结系和制动联结系的受压构件或受压—拉构件	130
	中间横向联结系的受压构件或受压—拉构件	150
	各种联结系的受拉构件	200

计算竖向挠度时,应按结构力学的方法并应采用不计冲击力的汽车车道荷载频遇值(频遇值系数为1.0)。《公路钢结构桥梁设计规范》规定,钢桁架和钢板梁为 $l/500$(l 为计算跨径),斜拉桥主梁为 $l/400$,悬索桥加劲梁为 $l/250$,梁的悬臂端部为 $l_1/300$(l_1 为悬臂长度)。汽车荷载作用下,如果结构同一截面出现正负挠度,那么计算挠度应为正负挠度最大绝对值之和。

5.4.2 轴心受力构件

1) 强度计算

高强钢轴心受力构件的强度计算公式与《钢结构设计标准》保持一致。

(1) 除采用高强螺栓摩擦型连接的构件外,其截面强度计算应符合以下规定:

毛截面屈服

$$\sigma = \frac{N}{A} \leqslant f \tag{5.3}$$

净截面断裂

$$\sigma = \frac{N}{A_n} \leqslant 0.7 f_u \tag{5.4}$$

式中:N ——所计算截面的拉力设计值(N);
f ——钢材的抗拉强度设计值(N/mm^2);
A ——构件的毛截面面积(mm^2);
A_n ——构件的净截面面积,当构件多个截面有孔时,取最不利的截面(mm^2);
f_u ——钢材的抗拉强度最小值(N/mm^2)。

(2) 采用高强螺栓摩擦型连接的构件,其截面强度计算应符合以下规定:

当构件为沿全长都有排列较密螺栓的组合构件时:

$$\sigma = \frac{N}{A_n} \leqslant f \tag{5.5}$$

除上式对应的情形外的净截面强度[毛截面强度按式(5.3)计算]:

$$\sigma = \left(1 - 0.5 \frac{n_1}{n}\right) \frac{N}{A_n} \leqslant 0.7 f_u \tag{5.6}$$

式中：n——在节点或拼接处，构件一端连接的高强度螺栓数目；

n_1——所计算截面(最外列螺栓处)上高强度螺栓数目。

2) 整体稳定性计算

除板件宽厚比超过局部稳定限值的实腹式构件外，轴心受压构件的稳定性应按下式计算：

$$\frac{N}{\varphi A f} \leqslant 1.0 \tag{5.7}$$

式中：φ——轴心受压构件的稳定系数(取截面两主轴稳定系数中的较小者)。

已有研究表明，对于高强钢轴心受压构件，初始缺陷对其承载力的影响比普通钢构件小。因此，基于大量的研究基础，提出了计算高强钢轴心受压构件整体稳定系数的截面分类(表5.8、表5.9)。

表5.8 轴心受压构件的截面分类(板厚 $t<40$ mm)

截面形式		对 x 轴	对 y 轴
轧制等边角钢　　焊接		a类	a类
焊接，翼缘为焰切边	Q460、Q460GJ、Q500、Q500 钢材	b类	b类
	Q620、Q690 钢材	a类	
焊接箱形截面		b类	b类

表5.9 轴心受压构件的截面分类(板厚 $t \geqslant 40$ mm)

截面形式		对 x 轴	对 y 轴
轧制工字形或 H 形截面	40 mm$\leqslant t<$80 mm	b类	c类
	$t \geqslant 80$ mm	c类	d类

(续表)

截面形式		对 x 轴	对 y 轴
焊接工字形截面	翼缘为焰切边	b 类	b 类
焊接工字形截面	翼缘为轧制或剪切边	c 类	d 类
焊接箱形截面	板件宽厚比>20	b 类	b 类
焊接箱形截面	板件宽厚比≤20	c 类	c 类

3）局部稳定性计算

针对高强钢实腹式轴心受压构件,提出了要求不出现局部失稳的板件宽厚比限值,以及屈曲后强度的计算公式。

（1）H 形截面腹板

当 $\lambda \leqslant 50\varepsilon_k$ 时：

$$h_0/t_w \leqslant 42\varepsilon_k \tag{5.8}$$

当 $\lambda > 50\varepsilon_k$ 时：

$$\begin{cases} h_0/t_w \leqslant 21\varepsilon_k + 0.42\lambda & \text{Q460、Q460GJ 钢材} \\ h_0/t_w \leqslant 10\varepsilon_k + 0.64\lambda & \text{Q500 及以上等级钢材} \end{cases} \tag{5.9}$$

式中：λ——构件绕截面两个主轴的较大长细比,大于 120 时取 120;

ε_k——钢号修正系数,其值为 235 与钢材牌号对应的名义屈服强度的比值的平方根;

h_0——腹板的计算高度(mm),对于焊接 H 形截面为腹板净高,对于轧制 H 形截面不应包括翼缘腹板过渡处圆弧段;

t_w——腹板的厚度(mm)。

（2）H 形截面翼缘

当 $\lambda \leqslant 70\varepsilon_k$ 时：

$$b/t_f \leqslant 14\varepsilon_k \tag{5.10}$$

当 $\lambda > 70\varepsilon_k$ 时：

$$\begin{cases} b/t_f \leqslant 7\varepsilon_k + 0.1\lambda & \text{Q460、Q460GJ 钢材} \\ b/t_f \leqslant 3.5\varepsilon_k + 0.15\lambda & \text{Q500 及以上等级钢材} \end{cases} \tag{5.11}$$

式中：λ——构件绕截面两个主轴的较大长细比,大于 120 时取 120;

b、t_f——分别为翼缘板自由外伸宽度和翼缘厚度(mm)。

(3) 箱形截面壁板

当 $\lambda \leqslant 52\varepsilon_k$ 时：

$$b_0/t \leqslant 42\varepsilon_k \tag{5.12}$$

当 $\lambda > 52\varepsilon_k$ 时：

$$\begin{cases} b_0/t \leqslant 29\varepsilon_k + 0.25\lambda & \text{Q460、Q460GJ 钢材} \\ b_0/t \leqslant 23.8\varepsilon_k + 0.35\lambda & \text{Q500 及以上等级钢材} \end{cases} \tag{5.13}$$

式中：λ ——构件绕截面两个主轴的较大长细比，大于 120 时取 120；

b_0、t ——分别为壁板间的净距离和壁板厚度(mm)。

(4) 等边角钢肢件

当 $\lambda \leqslant 80\varepsilon_k$ 时：

$$\omega/t \leqslant 15\varepsilon_k \tag{5.14}$$

当 $\lambda > 80\varepsilon_k$ 时：

$$\omega/t \leqslant 5\varepsilon_k + 0.13\lambda \tag{5.15}$$

式中：λ ——按角钢绕非对称主轴回转半径计算的长细比，大于 120 时取 120；

ω、t ——分别为角钢的平板宽度和厚度(mm)，ω 可取为 $b - 2t$，b 为角钢宽度。

(5) 圆管压杆的外径与壁厚之比不应超过 $100\varepsilon_k^2$

当板件宽厚比超出上述限值时，则认为可能发生局部失稳，需对强度和稳定性按下列公式进行计算。

$$\frac{N}{A_{ne}f} \leqslant 1.0 \tag{5.16}$$

$$\frac{N}{\varphi A_e f} \leqslant 1.0 \tag{5.17}$$

$$A_{ne} = \rho A_n \tag{5.18}$$

$$A_e = \rho A \tag{5.19}$$

式中：A_{ne} ——构件的有效净截面面积(mm²)；

A_e ——构件的有效毛截面面积(mm²)；

A_n ——构件的净截面面积(mm²)；

A ——构件的毛截面面积(mm²)；

φ ——稳定系数，应按 $\lambda\sqrt{\rho}/\varepsilon_k$，可从《高强钢结构设计标准》附录 A 表格中查得；

ρ ——有效截面系数。

5.4.3 受弯构件

1) 强度计算

高强钢受弯构件的强度计算公式与《钢结构设计标准》保持一致，但考虑到 Q500 及其以上等级的高强度钢材往往没有显著的屈服平台,其截面塑性发展系数均偏于安全地取 1.0。

在主平面内受弯的实腹构件,其抗弯强度应按下式计算:

$$\frac{M_x}{\gamma_x W_{nx}} + \frac{M_y}{\gamma_y W_{ny}} \leqslant f \tag{5.20}$$

式中:M_x、M_y—— 同一截面处绕 x 轴和 y 轴的弯矩设计值(N·mm)。

W_{nx}、W_{ny}—— 对 x 轴和 y 轴构件的净截面模量(mm³)。当截面板件宽厚比等级达到受弯构件 S4 级要求时,取全截面模量;当截面板件宽厚比等级为受弯构件 S5 级时,取有效截面模量;截面分类和有效截面计算应符合现行国家标准《钢结构设计标准》的规定。

γ_x、γ_y—— 截面塑性发展系数,Q460 和 Q460GJ 钢材按现行国家标准《钢结构设计标准》的规定取值,其他牌号高强钢均取 1.0。

f —— 钢材的抗弯强度设计值(N/mm²)。

在主平面内受弯的实腹构件,其抗剪强度应按下式计算:

$$\tau = \frac{VS}{It_w} \leqslant f_v \tag{5.21}$$

式中:V —— 计算截面沿腹板平面作用的剪力设计值(N);

S —— 计算剪应力处以上(或以下)毛截面对中性轴的面积矩(mm³);

I —— 构件的毛截面惯性矩(mm⁴);

t_w —— 构件的腹板厚度(mm);

f_v —— 钢材的抗剪强度设计值(N/mm²)。

2)整体稳定性计算

在最大刚度主平面内受弯的构件,当梁腹板满足局部稳定性要求时,其整体稳定性应按下式计算:

$$\frac{M_x}{\varphi_b \gamma_x W_x f} \leqslant 1.0 \tag{5.22}$$

式中:M_x—— 绕强轴作用的最大弯矩设计值(N·mm);

W_x—— 按受压最大纤维确定的毛截面模量(mm³);

φ_b—— 梁的整体稳定性系数。

梁的整体稳定性系数应按下列公式计算:

$$\varphi_b = \frac{1}{[1-(\lambda_{n,b0})^{2n}+(\lambda_{n,b})^{2n}]^{1/n}} \leqslant 1.0 \tag{5.23}$$

$$\lambda_{n,b} = \sqrt{\frac{\gamma_x W_x f_y}{M_{cr}}} \tag{5.24}$$

式中:M_{cr}—— 简支梁、悬臂梁或连续梁的弹性屈曲临界弯矩(N·mm),需符合现行国家标准《钢结构设计标准》的规定;

$\lambda_{n,b0}$——梁腹板受弯计算时的起始正则化长细比；
$\lambda_{n,b}$——梁腹板受弯计算时的正则化长细比；
n——指数。

整体稳定性系数的计算方法与《钢结构设计标准》一致，但针对其中涉及的指数 n，根据 107 根不同跨度、截面尺寸的高强钢工字形简支梁的数值分析结果提出了新的计算公式。相同条件下《高强钢结构设计标准》中高强钢受弯构件指数 n 的值要高于《钢结构设计标准》中的受弯构件指数 n 的值。

表 5.10 指数 n 和起始正则化长细比 $\lambda_{n,b0}$

截面类型	n	$\lambda_{n,b0}$	
		简支梁	承受线性变化弯矩的悬臂梁和连续梁
焊接截面	$n = 2\sqrt[3]{(6-5\varepsilon'_k)\dfrac{b_1}{h_m}+1.5(1-\varepsilon'_k)}$	0.3	$0.55 - 0.25\dfrac{M_2}{M_1}$

注：表中 b_1 为工字形截面受压翼缘的宽度；h_m 为上下翼缘中面的距离；M_1、M_2 为区段的端弯矩，使构件产生同向曲率（无反弯点）时取同号，使构件产生反向曲率（有反弯点）时取异号，且 $|M_1| \geqslant |M_2|$；ε'_k 为 460 与钢材牌号中屈服点数值比值的平方根。

3) 局部稳定性计算

对于局部稳定性计算，由于目前缺乏相关研究，板件宽厚比的限值仍与《钢结构设计标准》一致。受弯构件翼缘宽厚比应符合下列规定：

(1) 工字形截面

$$b/t_f \leqslant 15\varepsilon_k \quad (5.25)$$

(2) 箱形截面

$$b_0/t \leqslant 46\varepsilon_k \quad (5.26)$$

式中：b——工字形截面的翼缘板外伸宽度(mm)；
b_0——箱形截面壁板间的净距离(mm)；
t_f——工字形截面的翼缘厚度(mm)；
t——箱形截面的壁板厚度(mm)。

5.4.4 拉弯和压弯构件

1) 强度计算

高强钢拉弯和压弯构件的强度计算公式与《钢结构设计标准》保持一致，其中截面塑性发展系数的取值同受弯构件。弯矩作用在两个主平面内的拉弯构件和压弯构件，其截面强度应按下式计算：

(1) 圆形截面压弯构件

$$\frac{N}{A_n} + \frac{\sqrt{M_x^2 + M_y^2}}{\gamma_m W_n} \leqslant f \quad (5.27)$$

式中：γ_m——圆形构件的截面塑性发展系数，Q460 和 Q460GJ 钢材按现行国家标准《钢结构设计标准》的规定取值，其他牌号高强钢均取 1.0；

A_n——构件的净截面面积(mm^2)；

W_n——构件的净截面模量(mm^3)。

(2) 除圆形截面外的压弯构件

$$\frac{N}{A_n} \pm \frac{M_x}{\gamma_x W_{nx}} \pm \frac{M_y}{\gamma_y W_{ny}} \leqslant f \tag{5.28}$$

式中：γ_x、γ_y——与截面模量相应的截面塑性发展系数，Q460 和 Q460GJ 钢材按现行国家标准《钢结构设计标准》的规定取值，其他牌号高强钢均取 1.0。

2) 整体稳定性计算

验算整体稳定性时，在《钢结构设计标准》的计算公式基础上，引入了一个与轴压比相关的修正系数，以考虑弯矩作用较大且长细比较小的高强钢构件残余应力的有利影响。

弯矩作用在对称轴平面内的实腹式压弯构件，x 轴为对称轴，其弯矩作用平面内的稳定性应符合下列规定。

(1) 弯矩作用平面内的稳定性应按下列公式计算：

$$\frac{N}{\varphi_x A f} + \frac{\psi \beta_{mx} M_x}{\gamma_x W_{1x} f \left(1 - 0.8 \frac{N}{N'_{Ex}}\right)} \leqslant 1.0$$

$$N'_{Ex} = \frac{\pi^2 EA}{1.1 \lambda_x^2} \tag{5.29}$$

式中：N——所计算构件段范围内的轴心压力设计值(N)；

φ_x——弯矩作用平面内轴心受压构件稳定系数；

M_x——所计算构件段范围内的最大弯矩设计值(N·mm)；

ψ——修正系数，当 $\frac{N}{\varphi_x A f} \geqslant 0.2$ 时，取 0.9，当 $\frac{N}{\varphi_x A f} < 0.2$ 时，$\psi = 1 - \frac{0.5N}{\varphi_x A f}$，对于 Q460 和 Q460GJ 钢材，取 1.0；

W_{1x}——弯矩作用平面内对受压最大纤维的毛截面模量(mm^3)；

β_{mx}——等效弯矩系数，应按现行国家标准《钢结构设计标准》的规定取值。

(2) 对于单轴对称压弯构件，当弯矩作用在对称平面内且使翼缘受压时，除按上式计算外，还应按下式计算：

$$\left| \frac{N}{Af} - \frac{\beta_{mx} M_x}{\gamma_x W_{2x} f \left(1 - 1.25 \frac{N}{N'_{Ex}}\right)} \right| \leqslant 1.0 \tag{5.30}$$

式中：W_{2x}——无翼缘端的毛截面模量(mm^3)。

弯矩作用在对称轴平面内的实腹式压弯构件，其弯矩作用平面外的稳定性应按下式计算：

$$\frac{N}{\varphi_y Af} + \eta \frac{M_x}{\varphi_b \gamma_x W_{1x} f} \leqslant 1.0 \qquad (5.31)$$

式中：φ_y ——弯矩作用平面外轴心受压构件稳定系数；

φ_b ——梁的整体稳定系数；

M_x ——所计算构件段范围内的最大弯矩设计值(N·mm)；

η —— 截面影响系数，闭口截面 $\eta = 0.7$，其他截面 $\eta = 1.0$。

3）局部稳定性计算

对于局部稳定性计算，由于目前缺乏相关研究，板件宽厚比的限值和相关计算公式仍与《钢结构设计标准》一致。受弯构件翼缘宽厚比应符合下列规定：

（1）H 形截面腹板

$$h_0/t_w \leqslant (45 + 25\alpha_0^{1.66})\varepsilon_k \qquad (5.32)$$

$$\alpha_0 = \frac{\sigma_{\max} - \sigma_{\min}}{\sigma_{\max}} \qquad (5.33)$$

（2）H 形截面翼缘

$$b/t_f \leqslant 15\varepsilon_k \qquad (5.34)$$

（3）箱形截面壁板

$$b_0/t \leqslant 46\varepsilon_k \qquad (5.35)$$

（4）T 形截面腹板

$$h_0/t_w \leqslant 25\varepsilon_k \sqrt{\frac{t}{2t_w}} \qquad (5.36)$$

（5）圆管

$$D/t \leqslant 100\varepsilon_k^2 \qquad (5.37)$$

式中：b ——H 形截面的翼缘板外伸宽度(mm)；

b_0 ——箱形截面壁板间的净距离(mm)；

h_0 ——H 形或 T 形截面的腹板计算高度(mm)，对于焊接 H 形或 T 形截面为腹板净高，对于轧制 H 形或 T 形截面不应包括翼缘腹板过渡处圆弧段；

t_f ——H 形截面的翼缘厚度(mm)；

t_w ——H 形或 T 形截面的腹板厚度(mm)；

t ——箱形或圆管截面壁板的厚度，T 形截面的翼缘厚度(mm)；

D ——圆管截面的外径(mm)；

$\sigma_{\max}$ ——腹板计算高度边缘的最大压应力(N/mm^2)，计算时不考虑构件的稳定系数和截面塑性发展系数；

$\sigma_{\min}$ ——腹板计算高度另一边缘相应的应力(N/mm^2)，压应力取正值，拉应力取负值。

应采用下列公式计算其承载力：

强度计算

$$\frac{N}{A_{\rm ne}} \pm \frac{M_x + Ne}{\gamma_x W_{\rm nex}} \leqslant f \qquad (5.38)$$

平面内稳定计算

$$\frac{N}{\varphi_x A_{\rm e} f} \pm \frac{\varphi \beta_{\rm mx} M_x + Ne}{\gamma_x W_{\rm elx} f \left(1 - 0.8 \dfrac{N}{N'_{\rm Ex}}\right)} \leqslant 1.0 \qquad (5.39)$$

平面外稳定计算

$$\frac{N}{\varphi_y A_{\rm e} f} + \eta \frac{M_x + Ne}{\varphi_{\rm b} \gamma_x W_{\rm elx} f} \leqslant 1.0 \qquad (5.40)$$

式中：$A_{\rm ne}$、$A_{\rm e}$——分别为有效净截面面积和有效毛截面面积(mm^2)；

$W_{\rm nex}$——有效截面的净截面模量(mm^3)；

$W_{\rm elx}$——有效截面对较大受压纤维的毛截面模量(mm^3)；

e——有效截面形心至原截面形心的距离(mm)。

5.4.5 连接和节点

高强钢结构可采用焊缝连接和螺栓连接，但不应同时采用螺栓连接和焊缝连接，不同牌号的结构钢材连接时可按屈服强度低的钢材匹配焊接材料。针对焊接长接头和螺栓长接头，分别提出了设计承载力的折减系数计算方法。

1）焊缝连接

采用角焊缝的搭接焊接接头中，当焊缝计算长度 $l_{\rm w}$ 超过 $60h_{\rm f}$ 时，焊缝的受剪承载力设计值应乘折减系数 $\alpha_{\rm f}$。$\alpha_{\rm f}$ 应按下式计算，焊缝计算长度 $l_{\rm w}$ 不宜超过 $150h_{\rm f}$，其中 $h_{\rm f}$ 为角焊缝的焊脚尺寸。

$$\alpha_{\rm f} = \left(1.2 - \frac{l_{\rm w}}{300 h_{\rm f}}\right) \frac{460}{f_{\rm y}} \quad 且 \quad \alpha_{\rm f} \leqslant 0.7 \left(\frac{460}{f_{\rm y}}\right) \qquad (5.41)$$

2）高强度螺栓连接

在构件接头的一端，当螺栓沿轴向受力方向的连接长度 l_1 大于 $15d$（d 为螺栓直径）时，应将螺栓的承载力设计值乘折减系数 $\alpha_{\rm f}$。$\alpha_{\rm f}$ 应按下式计算：

$$\alpha_{\rm f} = \left(1.1 - \frac{l_1}{150 d_0}\right) \frac{460}{f_{\rm y}} \quad 且 \quad \alpha_{\rm f} \leqslant 0.7 \left(\frac{460}{f_{\rm y}}\right) \qquad (5.42)$$

式中：d_0——螺栓孔直径(mm)。

3）销轴连接

销轴连接应按现行国家标准《钢结构设计标准》的规定进行受剪、承压以及同时受弯受剪组合受力计算，采用 Q460 和 Q460GJ 钢材时应按现行国家标准《钢结构设计标准》的规定计算销轴的抗弯强度，采用 Q500 及其以上等级钢材时应按下式计算销轴的抗弯强度：

$$\sigma_b = \frac{32M}{1.3\pi d^3} \leqslant f^b \tag{5.43}$$

式中：d ——销轴直径(mm)；

f^b ——销轴的抗弯强度设计值(N/mm^2)。

4) 框架连接节点

考虑高强钢结构在节点处的工作应力高,局部变形大,节点域剪切变形会对整体结构变形有更大的贡献,因此,规定高强钢结构的设计宜考虑节点刚度的影响,同时规定了框架节点的最低承载力要求。

(1) 对高强钢结构进行整体计算时,宜考虑高强钢构件节点区变形的影响;当节点区有加强措施或其他明确依据时,也可以不考虑。

(2) 梁柱节点域承载力设计值对应的弯矩值不应小于被连接构件受弯承载力设计值的50%。

5.4.6 抗疲劳设计

1) 一般规定

《钢结构设计标准》规定钢结构疲劳设计应采用基于名义应力的容许应力幅法,名义应力应按弹性状态计算,容许应力幅应按构件和连接类别、应力循环次数以及计算部位的板件厚度确定。对于非焊接的构件和连接,其应力循环中不出现拉应力的部位可不计算疲劳强度。《钢结构通用规范》(GB 55006—2021)中规定,直接承受动力荷载重复作用的钢结构构件及其连接,当应力变化的循环次数 n 大于或等于 5×10^4 次时,应进行疲劳计算。对于需要进行疲劳验算的构件,其所用钢材应具有冲击韧性的合格保证。高强度螺栓承压型连接不应用于直接承受动力荷载重复作用且需要进行疲劳计算的构件连接。栓焊并用连接应按全部剪力由焊缝承担的原则,对焊缝进行疲劳验算。

2) 公路桥梁结构

对于大多数公路桥梁结构,汽车荷载是导致疲劳破坏的主要因素,《公路钢结构桥梁设计规范》(JTG D64—2015)规定承受汽车荷载的结构构件与连接,应按疲劳细节类别进行疲劳验算。结构疲劳细节是指钢结构本身、构件的连接和节点,在设计上或制作上可能会出现应力集中和残余应力的情况,进而可能导致在疲劳荷载作用下出现疲劳裂纹甚至疲劳破坏的典型结构构造细节。疲劳细节类别对应于 2×10^6 次常幅疲劳循环的疲劳强度参考值,最高值为160 MPa,依次降低,最小值为35 MPa。

《公路钢结构桥梁设计规范》中共给出了Ⅰ~Ⅲ三种疲劳荷载计算模型,考虑了行驶在良好路面状态上时形成的动力效应。但当验算伸缩缝附近构件时,疲劳荷载应乘额外的放大系数,放大系数 $\Delta\phi$ 应按式(5.44)取值。

$$\Delta\phi = \begin{cases} 0.3\left(1 - \dfrac{D}{6}\right) & D \leqslant 6 \\ 0 & D > 6 \end{cases} \tag{5.44}$$

式中：D ——验算截面到伸缩缝的距离(m)。

(1) 疲劳荷载计算模型 Ⅰ

疲劳荷载计算模型 Ⅰ 对应于无限寿命设计方法,这种方法考虑的是构件永不出现疲劳破坏的情况,采用等效的车道荷载,集中荷载为 $0.7P_k$,均布荷载为 $0.3q_k$。P_k 和 q_k 按公路—Ⅰ级车道荷载标准取值;应考虑多车道的影响,现行《公路桥涵设计通用规范》规定横向车道布载系数应按表 5.11 选用。

表 5.11 横向车道布载系数

横向布载车道/条	1	2	3	4	5	6	7	8
横向车道布载系数	1.20	1.00	0.78	0.67	0.60	0.55	0.52	0.50

采用疲劳荷载计算模型 Ⅰ 时,按下列公式进行抗疲劳验算。

$$\gamma_{Ff}\Delta\sigma_p \leqslant \frac{k_s \Delta\sigma_D}{\gamma_{Mf}} \tag{5.45}$$

$$\gamma_{Ff}\Delta\tau_p \leqslant \frac{\Delta\tau_L}{\gamma_{Mf}} \tag{5.46}$$

$$\Delta\sigma_p = (1+\Delta\phi)(\sigma_{p\,max} - \sigma_{p\,min}) \tag{5.47}$$

$$\Delta\tau_p = (1+\Delta\phi)(\tau_{p\,max} - \tau_{p\,min}) \tag{5.48}$$

式中:γ_{Ff}——疲劳荷载分项系数,取 1.0;

$\Delta\sigma_p$、$\Delta\tau_p$——分别为按疲劳荷载模型 Ⅰ 计算得到的正应力幅(MPa)和剪应力幅(MPa);

$\sigma_{p\,max}$、$\sigma_{p\,min}$——分别为在疲劳荷载模型 Ⅰ 上按最不利情况加载于影响线得到的最大和最小正应力(MPa);

$\tau_{p\,max}$、$\tau_{p\,min}$——分别为在疲劳荷载模型 Ⅰ 上按最不利情况加载于影响线得到的最大和最小剪应力(MPa);

k_s——尺寸效应折减系数,按《公路钢结构桥梁设计规范》附录 C 表 C.0.1~表 C.0.9 中给出的公式计算;未说明时,取 $k_s=1.0$;

γ_{Mf}——疲劳抗力分项系数,重要构件取 1.35,次要构件取 1.15;

$\Delta\sigma_D$——正应力常幅疲劳极限(MPa),根据《公路钢结构桥梁设计规范》附录 C 中对应的细节类别按正应力幅疲劳强度曲线取用;

$\Delta\tau_L$——剪应力幅疲劳截止限(MPa),根据《公路钢结构桥梁设计规范》附录 C 中对应的细节类别按剪应力幅疲劳强度曲线取用;

《公路钢结构桥梁设计规范》给出的正应力幅疲劳强度曲线由双对数坐标系下的三段直线构成。这是因为实际结构在荷载作用下算得的应力历程是复杂的,是由一个应力谱表达的,如果这个应力谱中的所有应力幅均低于细节类别的单幅疲劳极限,那么该应力谱不会给结构带来疲劳损伤;如果应力谱中有少部分的应力幅超过了细节类别的常幅疲劳极限,那么就会出现整个应力谱的等效应力幅低于细节类别的常幅疲劳极限但构件仍出现疲劳损伤的情况。为了考虑这种情况,在常幅疲劳极限下方增加了一段斜线。

正应力幅疲劳强度曲线的方程为:

$$\Delta\sigma_R^m N_R = \Delta\sigma_C^m \times 2 \times 10^6 \quad (N_R \leqslant 5 \times 10^6, m=3) \tag{5.49}$$

$$\Delta\sigma_R^m N_R = \Delta\sigma_D^m \times 2 \times 10^6 \quad (5 \times 10^6 < N_R \leqslant 10^8, m=5) \tag{5.50}$$

$$\Delta\sigma_R = \Delta\sigma_L = \left(\frac{5}{100}\right)^{0.2} \Delta\sigma_D = 0.549\Delta\sigma_D \quad (N_R > 10^8) \tag{5.51}$$

其中,$\Delta\sigma_D = \left(\frac{2}{5}\right)^{\frac{1}{3}} \Delta\sigma_C = 0.737\Delta\sigma_C$,$N_R$ 为疲劳循环次数,$\Delta\sigma_R$ 为对应 N_R 次循环疲劳强度的参考值,m 为 $\lg\Delta\sigma_R - \lg N$ 曲线斜率倒数的绝对值。

剪应力幅疲劳强度曲线的方程为

$$\Delta\tau_R^m N_R = \Delta\tau_C^m \times 2 \times 10^6 \quad (N_R \leqslant 10^8, m=5) \tag{5.52}$$

$$\Delta\tau_R = \Delta\tau_L = \left(\frac{2}{100}\right)^{0.2} \Delta\tau_C = 0.457\Delta\tau_C \quad (N_R > 10^8) \tag{5.53}$$

其中,N_R 为疲劳循环次数,$\Delta\tau_R$ 为对应 N_R 次循环疲劳强度的参考值,m 为 $\lg\Delta\tau_R - \lg N$ 曲线斜率倒数的绝对值。

《结构设计原理》(第4版)一书中给出了根据《公路钢结构桥梁设计规范》规定的疲劳细节类别 $\Delta\sigma_C$ 和提供的计算公式,得到了相应的常幅疲劳极限 $\Delta\sigma_D$ 和截止限 $\Delta\sigma_L$、$\Delta\tau_L$(表5.12)。

表5.12 疲劳细节类别对应的常幅疲劳极限和截止限

疲劳细节类别(2×10^6 次)		常幅疲劳极限(5×10^6 次)	截止限(1×10^8 次)	
$\Delta\sigma_C$ /MPa	$\Delta\tau_C$ /MPa	$\Delta\sigma_D$ /MPa	$\Delta\sigma_L$ /MPa	$\Delta\tau_L$ /MPa
160	—	118	65	—
140	—	103	57	—
125	—	92	51	—
110	—	81	45	—
100	100	74	40	46
90	—	66	36	—
80	80	59	32	37
70	—	52	28	—
60	—	44	24	—
55	—	41	22	—
50	—	37	20	—
45	—	32	18	—
40	—	29	16	—
30	—	29	14	—

当构件和连接不满足疲劳荷载模型Ⅰ验算要求时,应按疲劳荷载计算模型Ⅱ验算。

(2) 疲劳荷载计算模型Ⅱ

疲劳荷载计算模型Ⅱ采用双车车辆模型，单车轴重与轴距布置见图5.12，两辆车轴重与轴距相同，相互之间的中心距不小于40 m。疲劳荷载计算模型Ⅱ虽然仅按单车道加载，但是已在损伤等效系数中考虑了多车道效应。采用疲劳荷载计算模型Ⅱ时，按下列公式进行抗疲劳验算。

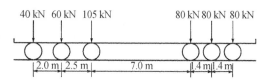

图5.12 疲劳荷载计算模型Ⅱ

$$\gamma_{Ff}\Delta\sigma_{E2} \leqslant \frac{k_s\Delta\sigma_C}{\gamma_{Mf}} \quad (5.54)$$

$$\gamma_{Ff}\Delta\tau_{E2} \leqslant \frac{\Delta\tau_C}{\gamma_{Mf}} \quad (5.55)$$

$$\Delta\sigma_{E2} = (1+\Delta\phi)\gamma(\sigma_{p\max}-\sigma_{p\min}) \quad (5.56)$$

$$\Delta\tau_{E2} = (1+\Delta\phi)\gamma(\tau_{p\max}-\tau_{p\min}) \quad (5.57)$$

式中：$\Delta\sigma_{E2}$、$\Delta\tau_{E2}$——分别为按2×10^6次常幅疲劳循环换算得到的等效常值正应力幅(MPa)和剪应力幅(MPa)；

$\Delta\sigma_C$、$\Delta\tau_C$——疲劳细节类别(MPa)，对应于2×10^6次常幅疲劳循环的疲劳应力强度；根据《公路钢结构桥梁设计规范》附录C、正应力幅疲劳强度曲线和剪应力幅疲劳强度曲线取用；

γ——损伤等效系数，$\gamma=\gamma_1\cdot\gamma_2\cdot\gamma_3\cdot\gamma_4$，且$\gamma\leqslant\gamma_{\max}$，其中$\gamma_1$、$\gamma_2$、$\gamma_3$、$\gamma_4$、$\gamma_{\max}$按《公路钢结构桥梁设计规范》附录D计算。

(3) 疲劳荷载计算模型Ⅲ

疲劳荷载计算模型Ⅲ采用单车模型，是在欧洲疲劳荷载计算模型3的基础上修改车轮着地面积得到的，桥面系构件应采用该模型进行验算，模型车轴重与轴距布置如图5.13所示。采用疲劳荷载计算模型Ⅲ时，应同时采用式(5.54)～式(5.58)进行抗疲劳验算，该模型同样通过损伤等效系数考虑多车道效应。

$$\left(\frac{\gamma_{Ff}\Delta\sigma_{E2}}{k_s\Delta\sigma_C/\gamma_{Mf}}\right)^3+\left(\frac{\gamma_{Ff}\Delta\tau_{E2}}{\Delta\tau_C/\gamma_{Mf}}\right)^5 \leqslant 1.0 \quad (5.58)$$

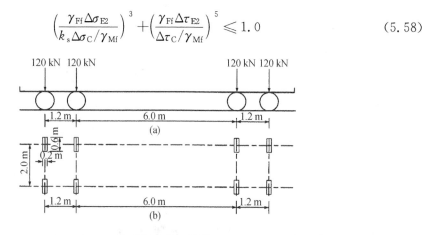

图5.13 疲劳荷载计算模型Ⅲ

采用疲劳荷载计算模型Ⅲ计算正交异性板疲劳应力时,应考虑车轮在车道上的横向位置概率。正交异性板各疲劳细节对车载不敏感,而仅对轮载敏感,且由于正交异性板各疲劳细节的有效影响面范围狭小,变化幅度大,因此疲劳细节还对轮载的横向位置十分敏感。

首先建立正交异性板的局部有限元模型,计算各疲劳细节的影响面;然后找出疲劳影响线上应力数值最大的点,该点所对应的影响线为加载区域1(位置概率为0.5),加载区域1向两侧横向偏移0.1 m对应的影响线分别为加载区域2和3(位置概率均为0.18),加载区域1向两侧横向偏移0.2 m对应的影响线分别为加载区域4和5(位置概率均为0.07);将疲劳荷载计算模型Ⅲ的轮载分别加载于加载区域1~5,并分别算出对应的$\sigma_{p\max,i}$和$\sigma_{p\min,i}$,其中i为区域编号。按轮载落入各区域的概率算得$\Delta\sigma_{E2}$。

$$\Delta\sigma_{E2}=(1+\Delta\phi)\gamma^3\sqrt{0.5w_1^3+0.18w_2^3+0.18w_3^3+0.07w_4^3+0.07w_5^3} \quad (5.59)$$

$$w_i=\sigma_{p\max,i}-\sigma_{p\min,i} \quad i=1,2,3,4,5 \quad (5.60)$$

(4) 连接构件

焊缝处由于残余应力很高,应力比对焊缝疲劳的影响不大。但对于栓接、铆接连接以及消除残余应力的焊接接头,应力比对疲劳寿命有明显影响,这种影响在构件承受拉压循环应力时较为明显。《公路钢结构桥梁设计规范》规定,对于非焊接结构和消除残余应力后的焊接构件,当疲劳荷载产生的正应力循环为拉-压循环时,$\sigma_{p\min}$应按$\frac{3}{5}$折减,其正应力幅$\Delta\sigma_p$按式(5.61)计算。

$$\Delta\sigma_p=\sigma_{p\max}+0.6|\sigma_{p\min}| \quad (5.61)$$

5.4.7 钢板梁

1) 构造

钢板梁是公路钢桥中最常用的基本构件,除了用于钢桁梁桥桥面系中的纵梁和横梁外,还用于钢板梁桥的主梁,以及大跨径悬索桥的箱型加劲梁和斜拉桥主梁(钢箱梁)。钢板梁是由三块钢板焊接或通过角钢和高强度螺栓连接而成的工字形截面梁,构造简单,制造方便,适用于中小跨度的桥梁。从用钢量来说,跨度超过40 m时,采用钢板梁不经济,宜采用钢桁梁。钢板梁桥的主要承重结构是多片工字形截面的钢板梁,称为钢桥的主梁。在主梁上面铺设有桥面,与钢桁架梁类似,在主梁之间设有纵向联结系和横向联结系,将主梁联结成一个空间整体受力结构。主梁承受汽车荷载及桥梁上部结构重力,并通过支座将力传递至墩台和基础。为了保证钢板梁腹板的局部稳定,通常在钢板梁腹板的两侧设置横向加劲肋或纵向加劲肋,在钢板梁的支座或集中荷载作用的位置专门设置支撑加劲肋。

(1) 翼缘

翼缘截面应符合下列要求。

焊接板梁受压翼缘的伸出肢宽不宜大于40 cm,也不应大于其厚度的$12\sqrt{345/f_y}$倍,受拉翼缘的伸出肢宽不应大于其厚度的$16\sqrt{345/f_y}$倍。翼缘板的面外惯性矩宜满足下式要求:

$$0.1 \leqslant \frac{I_{yc}}{I_{yt}} \leqslant 10 \tag{5.62}$$

式中：I_{yc}、I_{yt}——受压翼缘和受拉翼缘对竖轴的惯性矩。

当用外贴翼缘钢板时，其纵向截断点应延至理论截断点以外，延伸部分的焊缝长度按该板截面强度的 50% 计算确定，并将板端沿板宽方向做成不大于 1∶2 的斜角。组成翼缘截面的板不宜超过两块。当纵向加劲肋连续时，应将其计入有效截面中。

将桥面板作为主梁结构的一部分进行设计时，应分别对作为主梁的截面内力和桥面板的截面内力进行验算。

（2）腹板

① 设计焊接板梁加劲肋时，在构造上应满足下列要求：

与腹板对接焊缝平行的加劲肋，应设在距对接焊缝不小于 10 倍腹板厚度或不小于 100 mm 的位置。与腹板对接焊缝相交的加劲肋，加劲肋及其焊缝应连续通过腹板焊缝。纵向加劲肋与横向加劲肋相交时，横向加劲肋宜连续通过。横向加劲肋与梁的翼缘板焊接时，应将加劲肋切出不大于 5 倍腹板厚度的斜角。纵向加劲肋与横向加劲肋的相交处，宜焊接或栓接。

② 支撑加劲肋设计应满足下列要求：

板梁在支撑处及外力集中处应设置成对的竖向加劲肋。在外力集中处，加劲肋应与上翼缘焊连，且对焊接梁不得与受拉翼缘直接焊连。支撑加劲肋应按压杆设计。对由两块板或角钢组成的加劲肋，承压截面为加劲肋及填板的截面加每侧由加劲肋中轴算起不大于 12 倍板厚的腹板截面；对由四块板或角钢组成的加劲肋，承压截面为四块加劲肋及填板截面所包围的腹板面积（铆接梁仅为加劲角钢和填板），另加上不大于 24 倍板厚的腹板截面。验算中构件的长度 l 应取加劲肋长度的 1/2，同时应验算伸出肢与贴紧翼缘部分的支撑压力。端部加劲肋伸出的宽度应为厚度的 12.5 倍。在对端加劲肋受压状态的检算中，加劲肋与腹板为焊接连接构造的情况下，可取腹板厚度的 24 倍的范围作为由腹板与端加劲肋组成的立柱的有效截面积。在验算中构件的长度 l 应取加劲肋长度的 1/2。线支撑的情况，可采用与端加劲肋的下翼缘相接部分外边缘间的宽度 b 和它的厚度的乘积作为有效承压面积。刚度较大的面支撑的情况，可按下式计算：

$$\text{有效承压面积} = \begin{pmatrix}\text{与加劲肋下翼缘} \\ \text{相连部分的面积}\end{pmatrix} + \begin{pmatrix}24 t_w \text{ 或支座上摆} \\ \text{宽度中的较小值}\end{pmatrix} \times t_w \tag{5.63}$$

式中：t_w——腹板厚度（mm）。

（3）纵横向联结系

翼缘的上下平面内宜设纵向联结系，以承受水平荷载和偏心荷载等产生的扭矩作用。钢板梁间应设置横向联结系，宜与梁的上下翼缘连接，间距不宜大于受压翼缘宽度的 30 倍，支撑处必须设置端横梁，下承式钢板梁桥的横梁宜设置肋板与腹板加劲肋连接。

2）截面的强度破坏

设一双轴对称工字形等截面简支钢板梁，在 1/3 梁长与 2/3 梁长位置处分别作用一个集中荷载 P，两集中荷载之间梁段的剪力为零（忽略梁自重），而弯矩为常数，属于"纯弯曲"

段,将其作为主要研究对象,并设弯矩使梁截面绕强轴转动。当弯矩较小时,整个截面上的正应力都小于材料的屈服点,截面处于弹性受力状态,假如不考虑残余应力的影响,这种状态可以保持到截面最外"纤维"的应力达到屈服点为止。之后弯矩继续增大,截面外侧及其附近的应力相继达到和保持在屈服点的水准上,主轴附近则保持一个弹性核。应力达到屈服点的区域被称为塑性区,塑性区的应变在保持应力不变的情况下继续发展,截面弯曲刚度仅靠弹性核提供。当弯矩增大使弹性核变得非常小时,相邻两截面在弯矩作用方向几乎可以自由转动。此时,这种情况可以看作截面达到了抗弯承载力的极限,截面最外边缘及其附近的应力,实际上可能超过屈服点,截面进入强化状态,截面的承载力可能略增大一些,但此时因绝大部分材料已进入塑性,截面曲率变得很大,对工程设计而言,可利用意义不大。

实际工程中,钢板梁的截面上都有剪力,例如受均布荷载作用时,梁端支座截面的剪力最大,若其最大剪应力达到材料剪切屈服值,也可视为强度破坏。有时,最大弯矩截面上会同时受到剪力和局部压力的作用,在这种多种应力同时存在的情况下,钢板梁的截面抗弯强度与只受弯矩相比,会有所降低。此外,在反复荷载作用下,梁的受拉区还可能产生疲劳裂纹,发生疲劳破坏。

因此,钢板梁应验算抗弯强度(弯曲正应力)和抗剪强度(剪应力),必要时还要验算折算强度和疲劳强度。验算中采用边缘屈服准则,即截面上边缘纤维的应力达到钢材的屈服点时,就认为构件的截面已达到强度极限,截面上的弯矩称为屈服弯矩。这时除边缘屈服以外,其余区域应力仍在屈服点以下,采用这一准则,对截面只需进行弹性分析。

(1) 抗弯强度

单向弯曲梁的抗弯强度应满足:

$$\sigma = \frac{M_x}{W_{x,\text{eff}}} \leqslant f_d \tag{5.64}$$

双向弯曲梁的抗弯强度应满足:

$$\sigma = \frac{M_x}{W_{x,\text{eff}}} + \frac{M_y}{W_{y,\text{eff}}} \leqslant f_d \tag{5.65}$$

式中:M_x、M_y——计算截面的弯矩计算值(N·mm);

$W_{x,\text{eff}}$、$W_{y,\text{eff}}$——分别为有效截面相对于 x 轴和 y 轴的截面模量(mm^3)。有效截面为受拉翼缘考虑剪力滞影响以及受压翼缘同时考虑剪力滞和局部稳定影响后的截面。

为了既保证安全又节省钢材,梁截面上的最大弯曲应力 σ 应接近并不超过其抗弯强度设计值 f_d,否则应重新选择截面尺寸并进行验算。

(2) 抗剪强度

钢板梁在剪力作用下,其抗剪强度应满足:

$$\tau = \frac{V S_{\text{eff}}}{I_{\text{eff}} t_w} \leqslant f_{vd} \tag{5.66}$$

式中:V——计算截面的剪力计算值(N);

S_{eff}、I_{eff}——分别为计算剪应力处以上有效截面对中性轴的面积矩(mm^3)和惯性矩(mm^4);

t_w——构件的腹板厚度(mm);

f_{vd}——钢材的抗剪强度设计值(MPa)。

(3) 折算强度

钢板梁中的截面,通常同时承受弯矩和剪力。在同一个截面上,弯曲正应力最大值的点和剪应力最大值的点一般不在同一位置,根据边缘屈服准则,正应力和剪应力的强度极限可以分别独立考虑。但是截面上有些部位可能同时存在较大的弯曲应力和较大的剪应力,有时还有局部压应力或拉应力。在这种复合应力状态下,可根据材料力学第四强度理论判定这些点的折算应力是否达到屈服,计算公式如下:

$$\sqrt{\sigma^2 + \sigma_c^2 - \sigma\sigma_c + 3\tau^2} \leqslant f_y \tag{5.67}$$

式中:σ——弯曲正应力,以拉为正,以压为负(MPa);

σ_c——局部压应力或局部拉应力,与弯曲正应力的方向相垂直,局部应力以拉为正,以压为负(MPa);

τ——剪应力(MPa)。

应用式(5.67)时,所有的应力应当发生在截面上同一位置。

在工程设计中,采用以下公式验算钢板梁的折算强度:

$$\sqrt{\left(\frac{\sigma}{f_d}\right)^2 + \left(\frac{\tau}{f_{vd}}\right)^2} \leqslant 1 \tag{5.68}$$

式中的σ、τ分别为验算截面上同一点的正应力和剪应力。

3) 刚度

为了保证正常使用,钢板梁必须具有足够的刚度,钢板梁由不计冲击力的汽车车道荷载频遇值(频遇值系数为1.0)所引起的最大挠度w与计算跨径l之比不得超过规定的挠度限值$w/l = 1/500$。

5.4.8 钢箱梁

1) 正交异性钢桥面板

① 正交异性钢桥面板最小板厚应符合下列规定:

行车道部分的钢桥面板顶板板厚不应小于14 mm,加劲肋的最小板厚不应小于8 mm;人行道部分的钢桥面板顶板板厚不应小于10 mm。

进行正交异性钢桥面板承载能力极限状态设计时,桥面上汽车局部荷载作用的冲击系数应采用0.4。

② 纵向加劲肋应满足下列要求:

宜等间距布置,不等间距布置时,最大间距不宜超过最小间距的1.2倍。应连续通过横向加劲肋或横隔板,加劲肋与顶板焊缝的过焊孔宜采用堆焊填实,焊缝应平顺。闭口加劲肋的几何尺寸应满足下列规定:

$$\frac{t_r a^3}{t_f^3 h'} \leqslant 400 \tag{5.69}$$

式中：t_f——顶板厚度(mm)；

t_r——加劲肋腹板厚度(mm)；

h'——加劲肋腹板斜向厚度(mm)；

a——加劲肋腹板最大间距(mm)。

闭口纵向加劲肋与顶板焊接熔透深度不得小于纵向加劲肋厚度的80%，焊缝有效喉高不得小于纵向加劲肋的厚度，闭口纵向加劲肋应完全封闭。

③ 横向加劲肋间距应满足下列要求：

对于闭口纵向加劲肋，横向加劲肋或横隔板的间距不宜大于4 m；对于开口纵向加劲肋，横向加劲肋或横隔板的间距不宜大于3 m。

在车辆荷载作用下，正交异性桥面顶板的挠度与跨径之比 w/l 不应大于1/700。

2）翼缘板

箱梁悬臂部分不设加劲肋时，受压翼缘的伸出肢宽不宜大于其厚度的12倍，受拉翼缘的伸出肢宽不宜大于其厚度的16倍。受压翼缘加劲肋间距不宜大于翼缘板厚度的40倍，应力很小和由构造控制设计的情况下可以放宽到80倍，受拉翼缘加劲肋间距应小于翼缘板厚度的80倍。受压翼缘悬臂部分的板端外缘加劲肋应为刚性加劲肋，纵横向加劲肋宜按刚性加劲肋设计。

3）腹板

以受弯剪为主的腹板及其加劲肋设计应满足5.4.3节的要求，

以受压为主的腹板及其加劲肋设计应满足5.4.2节的要求。

纵向腹板应避开行车轮迹带，宜设置在车道中部或车道线处。

4）横隔板

支点处横隔板应符合下列规定：

支点处必须设置横隔板，形心宜通过支座反力的合力作用点。横隔板支座处应成对设置竖向加劲肋，加劲肋应按5.4.2节的规定验算横隔板和加劲肋的强度，其中相关公式中的腹板用横隔板代替。横隔板与底板的焊缝应完全熔透，人孔宜设置在支座范围以外的部分。

非支点处横隔板应有足够的刚度和强度，横隔板与顶底板和腹板可采用角焊缝连接。

5.4.9 钢桁梁

1）杆件

主桁杆件的计算应符合下列规定：

构件节点可假定为铰接进行计算，当主桁杆件截面高度与其节点中心间距之比，非整体节点的简支桁梁大于1/10，连续梁支点附件的杆件及整体节点钢桁梁杆件大于1/15时，应计算其节点刚性的影响；由该节点刚性引起的次力矩应乘0.8，与轴向力一并进行承载能力极限状态的强度验算。

作为桥门架腿杆的主桁斜杆或竖杆，应计算桥门架受横向力时产生的轴向力和弯矩。计算时应视桥门架为下端固定的框架。风力作用使桥门架斜腿所产生的轴向力的水平分力,应计入下弦杆杆力之内。多腹杆系桁架中的竖杆兼作横向联结系的组成杆件时,在桁高中部的连接部分应满足横向联结系平面内所需的抗弯刚度要求。

2）节点板

节点板与杆件的接触面全部密贴。在支撑处,节点板宜低于桁梁下弦10~15 mm,下缘应磨光并与支撑垫板顶紧。

主桁拼接板的总净截面面积应较被拼接杆件的净截面面积大10%,被拼接的两弦杆的截面不等时,拼接板应按截面较大的弦杆来计算。

节点板在受压斜腹杆作用下,其不设加劲肋的自由边长度b_g与厚度之比不应大于$50\sqrt{345/f_y}$。式中,f_y为节点板的屈服强度。

拼接式节点板构造应满足下列要求：

焊接H形截面杆件,当采用高强度螺栓或铆钉固接于节点板上时,应栓接或铆接于翼缘板。拼接用高强度螺栓或铆钉的数量应考虑腹板面积。此时杆件腹板伸入节点板中的长度,不应小于腹板宽度的1.5倍。连接杆件的高强度螺栓或铆钉应和杆件的轴线相对称。

按轴向力和节点刚性弯矩共同作用进行验算时,应验算仅受轴向力作用下杆件的受力。

直接承受荷载的弦杆,当在节点外作用有竖向荷载时,除作为架的杆件承受轴向力外,尚应同时作为杆件计算竖向荷载所产生的弯矩,此时应考虑该弦杆的节点刚性作用。由节点间竖向荷载产生的弯矩可近似地假定为$0.7M$,M为跨径等于节间长度的简支梁跨中最大弯矩。

整体节点构造(图5.14)应满足下列要求：

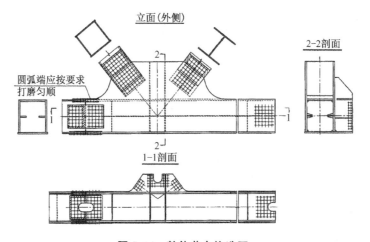

图5.14 整体节点构造图

节点板圆弧半径宜大于1/2弦杆高度。

节点板与弦杆竖板对接焊缝宜在弧端以外100 mm以上(图5.15),该对接焊缝与相邻横隔板的间距也应在100 mm以上。

节点内应设置横隔板,当存在横梁时应与横梁腹板相对应。

3）联结系

钢梁应设置上下平面纵向联结系。纵向联结系不宜采用三角形或菱形架。当桥面置于

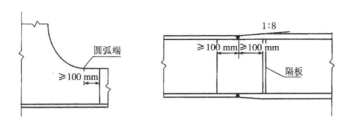

图 5.15 对接焊缝与隔板、圆弧端间距

纵横梁体系上时,平面内可不设纵向联结系。上承式桁梁应在两端及跨间设横向联结系。下承式桁梁应在两端设桥门架,跨间设门架式横向联结系,其间距不宜超过两个节间。开口式桁架应在每个横梁竖向平面内设置半框架。当桥面板置于纵横梁体系上时,应考虑桥面板与桁架最大温差效应及纵向水平力的影响。直接承受汽车荷载的横梁,其下翼缘宜在距离节点板 10 cm 处切断。

5.5 工程应用

从世界范围来看,高性能钢材主要应用在高层建筑和桥梁结构方面。随着高性能钢材的推广和发展,其也逐渐应用于大跨度空间结构、钢管混凝土结构和减隔震结构中。

5.5.1 建筑结构

1986 年,日本大林株式会社高新技术研究中心建成,其为世界上首例使用 780 MPa 钢管的建筑(图 5.16)。2000 年,德国索尼中心正式开放,其大楼屋顶桁架采用了 S460 和 S690 级高强钢,大大减轻了构件截面和结构自重(图 5.17)。2008 年,我国国家体育场"鸟巢"建成,第一次将板厚达 110 mm 的 Q460E/Z35 应用在桁架柱中受力最大的部位,有效控制构件的最大壁厚,减小焊接工作量(图 5.18)。2012 年,日本新日铁住金技术开发本部尼崎研究开发中心建成,其在内力较大的底层一楼采用 1 000 MPa 高强钢,同时配备屈曲约束支撑代替高强钢耗能(图 5.19)。

图 5.16 大林株式会社高新技术研究中心

图 5.17 德国索尼中心

图 5.18 中国国家体育场"鸟巢"

图 5.19 日本新日铁住金技术开发本部

5.5.2 桥梁结构

在桥梁领域,HPS 的应用通常会使结构构件更小、结构自重更轻,使得设计的钢桥既经久耐用又节约成本。1999 年,美国达门大道桥(Damen Avenue Bridge)建成,拱肋采用直径为 1.2 m、壁厚为 25 mm 的高焊接性能钢管,是高性能钢材在新型桥梁结构体系中的较早应用(图 5.20)。2000 年,德国一座五跨连续公路桥,内森巴赫山谷大桥(Nesenbachtal Valley Bridge)完工,其主要采用 S335 钢材建造,但在支撑处采用了 S690 高强度钢材(图 5.21)。2005 年,正式通车的法国米约大桥(Millau Bridge)为满足美观的要求,采用了强度等级为 S469ML(名义屈服强度为 460 MPa)的高强度钢材制作轻钢桥面(图 5.22)。2006 年,日本东京港临海大桥(Tokyo Gate Bridge)的建造中首次应用了 BHS500 高性能钢材,结构的制作费用因此降低了 12%,结构的自重降低了 3%(图 5.23)。我国 2020 年建成的沪苏通长江公铁大桥主跨达到 1 092 m,是四线铁路公铁两用大桥,桥梁用钢采用 Q500qE、Q420qE、Q370qE 的组合方式,有效减轻了主梁自重(图 5.24)。

图 5.20 美国达门大道桥

图 5.21 德国内森巴赫山谷大桥

图 5.22　法国米约大桥

图 5.23　日本东京港临海大桥

图 5.24　中国沪苏通长江公铁大桥

5.6　本章小结

本章重点阐述了高性能钢材的物理力学性能与高强钢结构的设计方法,归纳总结如下:

(1) 高性能钢材的可焊性可以显著降低预热温度、控制温度输入,同时也能够降低焊接后处理的工序以及其他控制要求,同时也可以消除焊接过程中的氢致开裂问题。

(2) 高强钢弹性模量与普通钢材接近,但大多数强度等级的高强钢应力-应变曲线没有明显的屈服平台,与普通钢材有明显差异。钢材的强度越高,往往屈强比越大,伸长率越小。

(3) 随着钢材强度等级的提高,高强钢焊接工字形截面轴压构件绕强轴和弱轴失稳的整体稳定系数均明显增加。翼板与腹板为不同钢种的混合工字钢梁,在几何尺寸相同的情况下,构件的延性随着翼缘强度的增加而降低,这主要受钢材屈强比的影响。

(4) 在焊接结构中,95%保证率下的国产高强钢基材 Q460D 和 Q690D 的疲劳极限分别约为规范 AISC360、BS7608 和 EC3 曲线值的 2 倍和 3 倍,显示出良好的疲劳性能,对接焊缝和交叉角焊缝的疲劳性能也满足上述规范要求。

(5) 由于高强钢锈层的致密性,其抗腐蚀性要好于普通钢材。与传统钢材相比,高性能钢材在更低温度下仍然具有充分的延性,拥有更好的断裂韧性。

参考文献

[1] 王欣南,徐莲净.国外高性能钢桥梁成本分析[J].中外公路,2014,34(2):202-205.

[2] 刘岚,严文敏.高性能钢材[J].国外桥梁,1997(1):50-55,58.

[3] Chen H T, Grondin G Y, Driver R G. Characterization of fatigue properties of ASTM A709 high performance steel[J]. Journal of Constructional Steel Research, 2007, 63(6): 838-848.

[4] IABSE.高性能钢材在钢结构中的应用[M].施刚,译.北京:中国建筑工业出版社,2010.

[5] 吕尚霖,陈洁,刘冬,等.高性能化建筑钢材的进展概述[J].热加工工艺,2020,49(14):11-15,19.

[6] 国家市场监督管理总局,中国国家标准化管理委员会.低合金高强度结构钢:GB/T 1591—2018[S].北京:中国质检出版社,2018.

[7] 国家质量监督检验检疫总局,中国国家标准化管理委员会.建筑结构用钢板:GB/T 19879—2015[S].北京:中国标准出版社,2016.

[8] 国家质量监督检验检疫总局,中国国家标准化管理委员会.耐候结构钢:GB/T 4171—2008[S].北京:中国标准出版社,2009.

[9] 贾良玖,董洋.高性能钢在结构工程中的研究和应用进展[J].工业建筑,2016,46(7):1-9.

[10] 汪兰,潘瑾.高性能钢材的力学特色及其在桥梁设计中的应用[J].黑龙江交通科技,2017,40(12):150-151.

[11] 中华人民共和国住房和城乡建设部.高强钢结构设计标准:JGJ/T 483—2020[S].北京:中国建筑工业出版社,2020.

[12] 国家市场监督管理总局,中国国家标准化管理委员会.金属材料 拉伸试验 第1部分:室温试验方法:GB/T 228.1—2021[S].北京:中国标准出版社,2021.

[13] 朱希.高强度结构钢材材料设计指标研究[D].北京:清华大学,2015.

[14] 班慧勇,施刚,石永久.高强钢焊接箱形轴压构件整体稳定设计方法研究[J].建筑结构学报,2014,35(5):57-64.

[15] 班慧勇,施刚,石永久.不同等级高强钢焊接工形轴压柱整体稳定性能及设计方法研究[J].土木工程学报,2014,47(11):19-28.

[16] 徐咏雷,石永久,吴一然.WGJ高性能钢材受弯构件整体稳定性能试验[J].天津大学学报(自然科学与工程技术版),2018,51(9):957-966.

[17] 中华人民共和国住房和城乡建设部.钢结构设计标准:GB 50017—2017[S].北京:中国建筑工业出版社,2017.

[18] 班慧勇,赵平宇,周国浩,等.复合型高性能钢材轴压构件整体稳定性能研究[J].土木工程学报,2021,54(9):39-55.

[19] Wang C S, Duan L, Chen Y F, et al. Flexural behavior and ductility of hybrid high performance steel I-girders[J]. Journal of Constructional Steel Research, 2016, 125: 1-14.

[20] Shen L, Ding M, Feng C, et al. Experimental study on the cumulative damage constitutive model of high-performance steel Q345GJ under cyclic loading[J]. Journal of Constructional Steel Research, 2021, 181: 106620.

[21] Guo H C, Wan J H, Liu Y H, et al. Experimental study on fatigue performance of high strength steel welded joints[J]. Thin-Walled Structures, 2018, 131: 45-54.

[22] Chen A H, Xu J Q, Li R, et al. Corrosion resistance of high performance weathering steel for bridge building applications[J]. Journal of Iron and Steel Research, International, 2012, 19(6): 59-63.

[23] Wang J, Sun L Y, Ma H C, et al. Comparative study on mechanical and corrosion fatigue properties of high-strength bridge steels produced by TMCP and intercritical quenching & tempering process[J]. Materials Science and Engineering: A, 2022, 853: 143771.

[24] Hua J M, Wang F, Xue X Y, et al. Ultra-low cycle fatigue performance of Q690 high-strength steel after exposure to elevated temperatures[J]. Journal of Building Engineering, 2022, 57: 104832.

[25] Gao J, Ju X C, Zuo Z K, et al. Experimental investigation on the low temperature fracture performance of Q690 steel for application to long-span high-speed railway bridges in Tibet harsh environment[J]. Structures, 2022, 44: 503-513.

[26] 中华人民共和国交通运输部. 公路钢结构桥梁设计规范: JTG D64—2015[S]. 北京: 人民交通出版社, 2015.

第6章 形状记忆合金

6.1 形状记忆合金简介

形状记忆合金(shape memory alloy,SMA)(图 6.1)作为一种新型智能材料,具有独特的超弹性(superelasticity,SE)、形状记忆效应(shape memory effect,SME)、阻尼特性和优异的物理化学性能与生物相容性,被广泛应用于工程、医疗与能源等相关领域。

6.1.1 形状记忆合金的产生和发展

1932年,美国科学家奥兰德(Ölander)在对金镉合金进行试验时无意中发现了"形状记忆效应",即改变合金形状后,当加热到一定温度后,合金可以恢复到原来的状态[1]。但在当时,这种现象被认

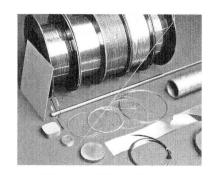

图 6.1 形状记忆合金

为是金镉合金的特殊现象,只有在其为单晶时才会出现,且因其价格昂贵,没有引起研究人员的广泛关注。

形状记忆合金作为一种新型的功能合金,从 1963 年开始就得到人们的广泛认可,后来发展成为一个独立的学科领域。美国马里兰州白橡市海军军械实验室的研究员布勒(Buehler)博士和他的研究团队意外发现镍钛(Ni-Ti)合金试件在不同温度下敲击发出的声音明显不同[2]。这种现象表明镍钛合金的声学阻尼特性与温度有关。进一步的研究结果表明,镍钛合金具有良好的形状记忆效应,其抗拉强度在 1 000 MPa 以上,同时还具有良好的疲劳强度和耐蚀性。

而早在提出形状记忆效应概念之前,1938 年 Greninger 和 Mooradian[3]就发现铜锌(Cu-Zn)合金中的马氏体随温度升降而呈现伸缩现象,即热弹性马氏体相变。在 20 世纪 50 年代后期,库尔久莫夫(Kurdyumov)在 Cu-14.7Al-1.5Ni 合金中发现并证实了这种相变。铜基材料的形状记忆效应主要是在 70 年代后被发现的。尽管铜基合金的某些性能不如镍钛合金,但由于其易于加工和成本低(仅为镍钛合金的 1/10),因此仍受到许多研究人员的青睐。

除了镍钛合金和铜基合金外,随着研究的逐步深入,形状记忆效应在许多铁基合金中被发现,并从 20 世纪 70 年代开始陆续开发出以铁-锰-硅合金为代表的铁基形状记忆合金。

在过去的几十年中,由于形状记忆合金所展现出的独特的变形恢复能力,人们对其兴趣

大大增加,它的研究应用经历了从"概念化热潮""应用化热潮"到"产业化热潮"的发展过程。

6.1.2 形状记忆合金的基本分类

目前发展的形状记忆合金有50多种,根据其合金主要组成成分和相变特征,具有较完全形状记忆效应的合金主要可以分为三大基本系列,即镍钛基、铜基和铁基,如表6.1所示。

表6.1 部分SMA材料特性[4]

基底	合金组分	相变温度区间/℃	最大可恢复应变/%	特点
镍钛基	Ni-Ti	<100	6~8	SME、超弹性、低应力循环稳定性;生物相容性好,耐磨耐腐蚀;相变温度低,难以进行高温环境应用;经济效益高
	Ni-Ti-Zr	100~250	1.6~3.7	SME、超弹性;成本低,高温SME效果好;无R相变
	Ni-Ti-Hf-Pd	200~240	2~3	SME、双向形状记忆效应(TWSME);高温高压(180 ℃,700 MPa)下仍有约2%的可恢复应变;双向训练后高温下有约0.7%的TWSME应变
	Ni-Ti-Cu-Al	250~350	4~6	超弹性;高温高压(100 ℃,600 MPa)下仍有5.2%的可恢复应变;滞回宽度大
铜基	Cu-Al-Ni	100~400	3~5	高温性能好、成本低;SME及超弹性表现差
	Cu-Al-Nb	150~350	5.5~7.6	可恢复应变大
	Cu-Al-Ti	250~400	—	SME、超弹性;高温疲劳性能较差
铁基	Fe-Mn-Si系	20~150	2~4	SME;马氏体相变起始温度为室温;成本低
	Fe-Ni-Co系	0~250	2~5	塑性好、易加工;软磁合金;最大超弹性应变可达13%
	Fe-Mn-Al系	−196~240		−196~240 ℃温度范围内,诱导马氏体转变所需的应力对温度依赖性低;超弹性应变为7.1%~10%

6.1.3 形状记忆合金的物理化学性能

不同基底材料及不同材料配比均会导致形状记忆合金具有较大的性能差异,如表6.1所示,尤其体现在相变温度、可恢复应变上。以下对三种基体的形状记忆合金的基本物理化学性能进行简单介绍。

1) 镍钛基形状记忆合金

镍钛基形状记忆合金具有良好的力学性能,耐磨损、抗腐蚀,具有较强的抗疲劳性、低应力水平下的循环稳定性和出色的生物相容性,已被广泛用作医用传感器、阻尼器、夹具与植入设备等,是如今用量最多的形状记忆材料,也是目前唯一用作生物医学材料的形状记忆合金。表6.2给出了镍钛基形状记忆合金的有关性能。

表 6.2 镍钛基形状记忆合金有关性能[5]

熔点/℃	密度/(kg/m³)	抗拉强度/MPa	形状记忆效应类别	相变温度 M_s/℃	相变温度 A_s/℃	形变恢复率/%
1 300	6 500	700~900	单程	−80~80	−70~90	重复使用次数少≤8% 重复使用次数多≤3%
			全程	−40~0	−10~40	≤2%

镍钛基形状记忆合金的两个独特特性,即超弹性和形状记忆效应,源自高对称性奥氏体相和低对称性马氏体相之间的固-固无扩散转变。镍钛基合金中存在三种金属化合物:Ti_2Ni、$TiNi$ 和 $TiNi_2$。$TiNi$ 的高温相为具有 CsCl 结构的体心立方晶体(B_2),低温相为复杂的单斜晶体(B_{19})。镍钛基合金具有良好的热成型性能,在固溶后降温到 400 ℃时进行时效处理,能提高滑移变形的临界应力,引起 R 相变,通过淬火即可得到马氏体。但由于 Ni-Ti 的相变温度低于 100 ℃,因此其在高温下的应用较为有限。为此,近年来通过合金元素掺杂等方法开发了一系列改进型镍钛基合金,进一步提高了镍钛基形状记忆合金的记忆效应和加工性能,拓宽了其应用范围。例如,Ni-Ti-Nb 合金的 M_s 为 200~500 ℃,而 Ni-Ti-Pt 合金的 M_s 为 200~1 000 ℃[5]。

2) 铜基形状记忆合金

在已发现的形状记忆材料中铜基合金占的比例最多,该合金具有导热性好、电阻小、转变温度范围宽、热滞后小、价格低廉等优点,且具有良好的加工成型性能。铜基形状记忆合金主要包括铜锌基、铜铝镍基和铜铝基等,其中铜锌铝(Cu-Zn-Al)形状记忆合金的性能最好并且容易制造,已得到实际应用。表 6.3 列出了具有代表性的铜基形状记忆合金的成分组成和性能。

表 6.3 铜基形状记忆合金有关性能[5]

合金系	合金	组分(质量分数)	熔点/℃	密度/(kg/m³)	相变温度 M_s/℃
铜锌基	Cu-Zn-Al	25.9% Zn,4.04% Al	957	7 940	40
铜铝镍基	Cu-Al-Ni	13.89% Al,3.47% Ni	1 060	7 150	40
	Cu-Al-Ni-Ti	13.5% Al,3.48% Ni,0.99% Ti	1 045	7 060	26
铜铝基	Cu-Al-Be	9.02% Al,0.77% Be	1 033	7 420	36

铜基形状记忆合金的母相均为体心立方结构,特称为 β 相合金,只有热弹性马氏体相变,相转变比较单一。铜基形状记忆合金的导热率较高且对周围温度的变化很敏感,但电阻率较镍钛基合金要小一个数量级,其力学性能都随温度变化而有较大差异。铜基合金的形状记忆效应明显弱于镍钛基合金,而且形状记忆稳定性差,表现出记忆性能衰退现象。这种衰退可能是马氏体转变过程中产生范性协调和局部马氏体变体产生"稳定化"所致。为了改善铜基合金的循环特性,提高其记忆性能,可加入适量稀土和 Ti、Mn、V、B 等元素,以细化晶粒,提高滑移形变抗力;也可采用粉末冶金和快速凝固法等以获得微晶铜基形状记忆合金。通过变性处理,可得到有利的组织结构,提高记忆性能,避免铜基形状记忆合金热弹性

马氏体的"稳定化"。

3）铁基形状记忆合金

铁基形状记忆合金成分简单、极易制造,可直接利用现有的工艺进行冶炼和加工,适合用作结构材料,并可在高温下使用,是很有前途的廉价形状记忆合金。根据马氏体晶体结构,铁基形状记忆合金分为三类:由面心立方 γ→体心正方(四角)α′马氏体(薄片状)驱动,如 Fe-Ni-C、Fe-Ni-Co-Ti 和 Fe-Pt(母相有序);由面心立方 γ→密排六方 ε 马氏体驱动呈现形状记忆效应,如 Fe-Cr-Ni 和 Fe-Mn-Si;由面心立方 γ→面心正方(四角)马氏体(薄片状)驱动,如 Fe-Pd 和 Fe-Pt。部分铁基形状记忆合金的成分组成和性能如表 6.4 所示。

表 6.4 铁基形状记忆合金有关性能[5]

马氏体晶体结构	合金	组分(质量分数)	相变特征	形状记忆恢复率/%	相变温度 M_s/℃
b.c.t(α′)	Fe-Pt	~25at% Pt(原子百分数)	热弹性	40~80	7
	Fe-Ni-Co-Ti	33% Ni,10% Co,4% Ti	热弹性	80~100	~−120
	Fe-Ni-C	31% Ni,0.4% C	非热弹性	50~85	−200~−120
	Fe-Cr-Ni	19% Cr,10% Ni	非热弹性	25	—
h.c.p(ε)	Fe-Mn-Si	30% Mn,1% Si	非热弹性	30~100	−70~120
	Fe-Mn-Si	28%~33% Mn,4%~6% Si	非热弹性	30~100	−70~120
	Fe-Mn-Si-Cr	28% Mn,6% Si,5% Cr	非热弹性	100	300
f.c.t	Fe-Pt	~25at% Pt(原子百分数)	热弹性	—	—
	Fe-Pd	~30at% Pd(原子百分数)	热弹性	40~80	−90~30

铁基合金的形状记忆效应,既可通过热弹性马氏体相变来获得,又可通过应力诱发 ε-马氏体相变(非热弹性马氏体)来获得。例如,铁-锰-硅(Fe-Mn-Si)合金经淬火处理所得的马氏体为热非弹性马氏体,属应力诱导型记忆合金。这类形状记忆合金依靠变形加工时所形成的应力诱发马氏体,其室温形状是通过在高于 M_s 温度的变形来成型的,在以后加热时通过马氏体发生 ε-γ 逆相变转变成母相状态而回复原形,实现形状记忆。与镍钛基及铜基形状记忆合金相比,大部分铁基合金的形状记忆效应只是单向性的,形状回复温度较高,回复应力较小。可以通过元素掺杂方法,提高弹性模量和逆相变量,改善形状记忆效应。

常见的几种形状记忆合金的基本物理化学性能如表 6.5 所示。

表 6.5 常见形状记忆合金的基本物理化学性能[5]

性质	单位	Ni-Ti	Cu-Zn-Al	Cu-Al-Ni	Fe-Mn-Si
熔点	℃	1 240~1 310	950~1 020	1 000~1 050	1 320
密度	kg/m³	6 400~6 500	7 800~8 000	7 100~7 200	7 200
电阻率	10^{-5} Ω·m	0.5~1.10	0.07~0.12	0.1~0.14	1.1~1.2

(续表)

性质	单位	Ni-Ti	Cu-Zn-Al	Cu-Al-Ni	Fe-Mn-Si
热导率	W/(m·℃)	10～18	120(20 ℃)	75	—
热膨胀系数	10^{-6}/℃	10(奥氏体) 6.6(马氏体)	16～18(马氏体)	—16～18(马氏体)	—15～16.5
比热容	J/(kg·℃)	470～620	390	400～480	540
电压温度系数	10^{-6}V·C	5～8(奥氏体) 9～13(马氏体)	—	—	—
相变热	J/kg	3 200	7 000～9 000	7 000～9 000	—
E-模数	GPa	98	70～100	80～100	—
屈服强度	MPa	200～800(奥氏体) 150～300(马氏体)	150～300	150～300	35
抗拉强度 (马氏体)	MPa	800～1 100	700～800	1 000～1 200	700
延伸率 (马氏体)	%(应变)	40～50	10～15	8～10	25
疲劳极限	MPa	350	270	350	—
晶粒大小	μm	1～10	50～100	25～60	—
转变温度	℃	—50～100	—200～170	—200～170	—20～230
滞后大小 (A_s-A_f)	℃	30	10～20	20～30	80～100
最大单程 形状记忆	%(应变)	8	5	6	5
最大双程 形状记忆	%(应变)	—	—	—	—
$N=10^2$	—	6	1	1.2	—
$N=10^5$	—	2	0.8	0.8	—
$N=10^7$	—	0.5	0.5	0.5	—

6.2 形状记忆合金的一般性质

6.2.1 马氏体相变

具有热弹性马氏体相变是形状记忆合金产生形状记忆效应和超弹性等特性的根本原因。SMA存在两种不同的温度依存性晶相。第一种晶相被命名为具有B_{19}单斜晶结构的马氏体(martensite, M),该相是低温相,此时合金柔软,容易变形;第二种晶相是母相[奥氏体(austenite,A)],具有体心立方 B_2 晶体结构,该晶相为高温相并且具有较高对称性。Ni-Ti 形状记忆合金在马氏体相中的力学性能与其在奥氏体相中的性能完全不同[6],如表 6.6 所示。

表 6.6 镍钛合金 NiTiNOL 两相的力学性能

	奥氏体	马氏体
极限抗拉强度/MPa	800～1 500	300～1 100
拉伸屈服强度/MPa	100～800	50～300
弹性模量/GPa	70～110	21～69
失效伸长率/%	1～20	<80

奥氏体与马氏体之间的转变过程(相变)可以用两种方法引发。

第一种方法称为温度诱发相变($M^t \leftrightarrow A$)(零载),其中形状记忆合金从奥氏体(高温)在冷却到低于特定温度时的晶体结构可以转变为马氏体,该情况下得到的马氏体称为孪晶马氏体(twinned martensite,用 M^t 表示),这种从奥氏体(A)向孪晶马氏体(M^t)的转变称为正相变;另外,在加热时,形状记忆合金的晶体结构可以从马氏体(低温)转变为奥氏体(高温),这种从马氏体向奥氏体的转变称为逆相变。在温度诱发相变的情况下,SMA 的正相变或逆相变都不会产生宏观形状的变化[7]。SMA 的温度诱发相变由四个相变特征温度控制。在低温且无负载的情况下,SMA 的正相变从马氏体相变开始温度(M_s)开始并在马氏体相变结束温度(M_f)结束,在此温度下 SMA 完全从奥氏体转变为孪晶马氏体;以相同的方式,在加热且无负载的情况下,SMA 的逆相变从奥氏体相变开始温度(A_s)开始并在奥氏体相变结束温度(A_f)结束,此时,SMA 从孪晶马氏体相完全转变为奥氏体(图 6.2)。

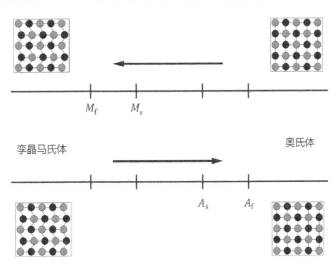

图 6.2 形状记忆合金温度诱导相变装载晶体结构转变示意图[7]

第二种方法称为应力诱发相变($M^d \leftrightarrow A$)。在这种方法中,当材料处于奥氏体(A)并且温度高于奥氏体相变结束温度($T > A_f$)时,相变发生在外部载荷的作用下,当施加的载荷必须高至某一量级时,通常会发生这种转变,这种转变的最终结果是形成完全的退孪马氏体(de-twinned martensite,用 M^d 表示),同时引起宏观形状改变[7-9]。

6.2.2 形状记忆效应

形状记忆效应(SME)是指在较低温度($M_s < T < A_s$)阶段(马氏体)施加外部载荷以引起 SMA 变形,然后再撤去所施加的外部载荷,通过施加热作用并将 SMA 温度升高到特定温度($T > A_f$),SMA 可以恢复到其原始形状的性能。

在拉各达斯(Lagoudas)给出的组合应力-应变-温度关系图中,SMA 经过热-机加卸载和加热路径后,SME 得到了很好的解释,如图 6.3 所示[7]。如上节所述,温度诱发相变(零载),其中 SMA 正相变从奥氏体(母相,A)开始(如图中的点 A 所示),随着冷却,SMA 的温度逐渐低于正相变温度(M_s 和 M_f),晶体结构逐渐转变为孪晶马氏体($A \to M^t$),直到图 6.3 中的点 B,材料完全转化为孪晶马氏体(M^t)。在点 B 之后,当 SMA 承受的外界荷载水平高于 σ_s($M^t \to M^d$ 相变开始临界应力)时,材料开始从孪晶马氏体(M^t)转变为晶体结构更为有利的退孪马氏体(M^d),直到最终应力水平达到 σ_f($M^t \to M^d$ 相变结束临界应力)后,退孪过程($M^t \to M^d$)结束,该过程又称为马氏体重取向,如图 6.3 中的点 C 所示。从点 C 到点 D 是退孪过程的卸载部分,在加热和零载的条件下,如果 SMA 经受高于 A_s 的温度($T > A_s$),那么开始逆向变,如图 6.3 中的点 E 所示。当温度达到 A_f 时($T > A_f$),从退孪马氏体全部转变为奥氏体($M^d \to A$),如图 6.3 中的点 F 所示。图 6.4 给出了 SMA 中的形状恢复过程。

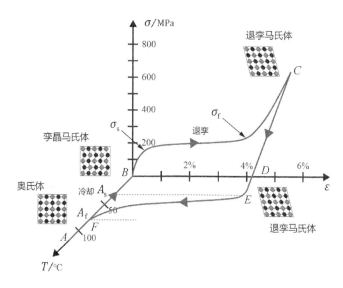

图 6.3 典型形状记忆效应的应力-应变-温度曲线示意图[7]

形状记忆效应可以分为单程记忆效应、双程记忆效应和全程记忆效应。形状记忆合金在较低的温度下变形,加热后可恢复变形前的形状,这种只在加热过程中存在的形状记忆现象称为单程记忆效应;某些合金加热时恢复高温相形状,冷却时又能恢复低温相形状,称为双程记忆效应;加热时恢复高温相形状,冷却时变为形状相同而取向相反的低温相形状,称为全程记忆效应。

一直以来,形状记忆效应机理理论都是需要研究的问题。随着计算机模拟技术的发展,使用计算机模拟技术(分子动力学、从头算)可以更快速、直观地研究材料的组织与性能[10]。

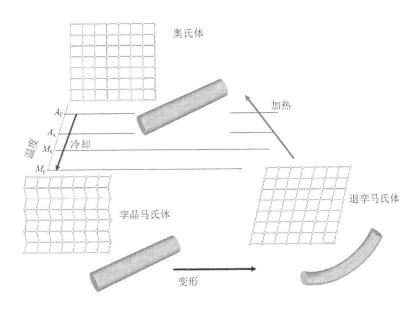

图 6.4　SMA 中的形状恢复过程

6.2.3　超弹性效应

超弹性效应(SE)(或称伪弹性)是指在较高温度相[即奥氏体($T > A_f$)]状态下,施加外部载荷以引起变形,导致应力诱发相变,卸载时由于发生应力诱发相变的逆相变,SMA 形变自动恢复的性能[7-9]。超弹性效应的过程在图 6.5 所示的应力-应变关系中进行了解释。在加载阶段中,当荷载应力水平超过马氏体相变开始应力($\sigma > \sigma^{M_s}$)时,SMA 开始从奥氏体转变为马氏体(A→M^d);当荷载应力水平超过马氏体相变结束应力($\sigma > \sigma^{M_f}$)时,SMA 完全转变为马氏体。卸载阶段过程相似,当应力水平低于奥氏体相变开始应力($\sigma < \sigma^{A_s}$)时,SMA 开始从马氏体转变为奥氏体(M^d→A);当应力水平低于奥氏体相变结束应力($\sigma < \sigma^{A_f}$)时,SMA 完全转变为奥氏体。

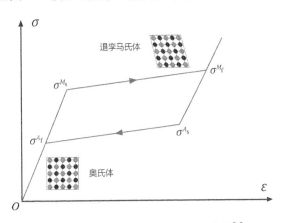

图 6.5　典型超弹性应力-应变曲线示意图[7]

6.3 形状记忆合金的技术性能

6.3.1 基本性能

1) 单轴拉伸性能

形状记忆合金的单轴拉伸性能是其重要性能。形状记忆合金材料单轴拉伸基本力学性能的测试一般采用万能试验机,试验过程采用等应变速率控制。在单轴拉伸基本力学性能试验和受限回复分析中,初始残余应变是计算受限回复应力的重要参数,为了提高测量初始残余应变的精度,应采用标距合适的引伸计测量试件的拉伸变形。

如图 6.6 所示,当温度低于奥氏体相变开始温度时($M_s < T < A_s$),SMA 表现出形状记忆效应。在未拉伸时,其内部主要为孪晶马氏体(M^t),对其拉伸得到的弹性模量为 E_M。拉伸过程中发生图中 $M^t \to M^d$ 相变,图中 σ_s、σ_f 分别表示相变开始和结束时的应力,拉伸至断裂时对应的应力和应变分别为抗拉极限 σ_b、ε_b。拉伸到 $M^t \to M^d$ 相变结束后进行卸载,卸载后残余的应变为最大相变应变(ε_{max})。在未拉伸至强化段之前,总应变($\Delta\varepsilon$)主要由弹性应变增量($\Delta\varepsilon^{el}$)和相变应变增量($\Delta\varepsilon^{tr}$)两方面所贡献。

因此,形状记忆合金单轴拉伸试验一般选取以下四个参数作为评价其单轴拉伸力学性能的指标:

① 相变开始时的应力 σ_s,指 SMA 试件的屈服应力;
② 相变结束时的应力 σ_f,指 SMA 试件进入强化段的应力;
③ 最大相变应变 ε_{max},用于表征 SMA 试件的自复位能力;
④ 弹性应变增量 $\Delta\varepsilon^{el}$,用于计算 SMA 试件的弹性模量 E_M。

如图 6.7 所示,以 SMA 丝材为例,形状记忆合金试件从试验加载到拉断,整个应力-应变曲线可分为四个阶段:

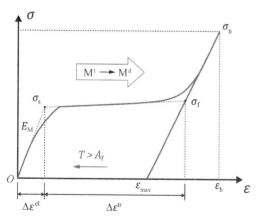

图 6.6 形状记忆合金在温度小于 A_s 时的应力-应变曲线示意图($M_s < T < A_s$)

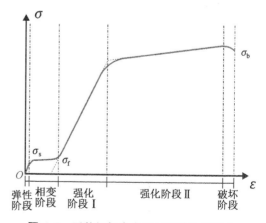

图 6.7 形状记忆合金丝材单轴拉伸应力-应变全曲线示意图

(1) 弹性阶段

从开始加载到应力达到相变开始应力 σ_s 之前,形状记忆合金试件的应力-应变曲线呈直线,应力与应变的比值为一常数(即 SMA 丝材的马氏体弹性模量 E_M),SMA 处于弹性阶段,此时卸除拉力后理论上变形可以完全恢复。

(2) 相变阶段

随着拉伸荷载的增加,SMA 丝材受拉的应力超过相变开始应力 σ_s,触发 SMA 发生 $M^t \rightarrow M^d$ 相变,此时 SMA 的应力基本不增加而应变持续增加,相变开始应力 σ_s 一般以屈服下限为依据。与一般钢筋所不同的是,相变阶段不同于屈服阶段,形状记忆效应型 SMA 丝材在相变阶段卸载会有残余变形产生,但是这种残余变形是可恢复的。

(3) 强化阶段

当 SMA 丝材的拉伸应力超过相变结束应力 σ_f 时,材料恢复了部分抵抗变形的能力,应力-应变曲线表现为明显的上升曲线。SMA 丝材的强化阶段又可分为两部分,强化段Ⅰ的范围为 $7\% < \varepsilon < 15\%$,所对应的应力范围为 $100 \text{ MPa} < \sigma < 600 \text{ MPa}$,该阶段曲线的斜率与弹性阶段曲线的斜率大致相同;强化段Ⅱ的范围为 $15\% < \varepsilon < 70\%$,所对应的应力范围为 $600 \text{ MPa} < \sigma < 900 \text{ MPa}$,该阶段曲线的斜率相对于强化段Ⅰ明显放缓,从曲线上可以看出强化段Ⅰ与强化段Ⅱ之间有一个明显的拐点。

(4) 破坏阶段

过了应力-应变曲线的最高点后,SMA 试件薄弱处的截面发生局部颈缩,变形持续增加,应力随之稳定下降直至破坏。

相对于普通钢筋,SMA 材料以其高延性而闻名。考虑到 SMA 丝材拉伸过程后期,特别是到了破坏阶段,SMA 丝材发生局部颈缩而产生滑移,SMA 丝材的总应变一般可达到 0.7 左右,远大于普通钢筋的总应变。

2) 相变温度

SMA 相变温度是 SMA 在零应力状态下,在加热和冷却过程中发生孪晶马氏体和奥氏体相变($A \rightarrow M^t$、$M^t \rightarrow A$)的开始和结束温度。4 个相变温度分别标记为 M_s、M_f、A_s 和 A_f。如图 6.5 所示,用 SMA 中奥氏体体积分数来表征相变过程,在高温至低温过程中,奥氏体逐渐转变为孪晶马氏体(发生 $A \rightarrow M^t$ 相变)。这一相变过程的开始温度记为 M_s,结束温度记为 M_f;在低温升至高温过程中,孪晶马氏体逐渐转变为奥氏体(发生 $M^t \rightarrow A$ 相变),这一相变过程的开始温度记为 A_s,结束温度记为 A_f。

SMA 相变温度测试方法原理如下:SMA 在相变过程中,包括电阻率、比热容、弹性模量等在内的多种材料参数均会发生变化,通过测量这些参数的变化特征就可以获取相变温度。测量方法有差示扫描量热(DSC)法、电阻法等,其中最常见的热分析方法是 DSC 法,DSC 技术广泛用于测量奥氏体相变温度和马氏体相变温度。

DSC 技术的原理是测试期间保持加热或冷却速率恒定,从而测量给定样品的热能率。基于该原理的 DSC 类型称为功率补偿型 DSC,该仪器称为差示扫描量热仪,因为它能够同时测量两个样品的响应。第一个样品是置于与差示扫描量热仪配套的小坩埚内的 SMA 样品,第二个样品是一个空的小坩埚。差示扫描量热仪监测第一个样品和第二个样品对供应的热量的响应能量,并从第一个样本中减去第二个样本的结果,所得到的净值就是 DSC 的结果,这是SMA样本的净响应。DSC的典型曲线如图6.8所示。

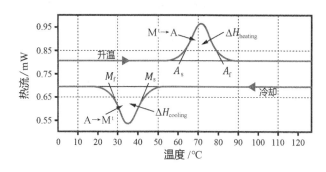

图6.8 差示扫描量热(DSC)法的典型曲线[7]

该图给出了用于确定相变温度值的方法(A_s, A_f, M_s, M_f)。为了确定相变温度的值,在一侧将两条切线绘制到曲线的直线部分,并且将两条切线的交点投影在水平x轴上以确定相变温度的值。

3) 热力学性能

在研究形状记忆合金的受限回复性能时,为使其发生奥氏体相变($A \rightarrow M^d$)以产生驱动力,需要选取合适的加热方法。目前,国内外对形状记忆合金加热方法的研究相对较少,常见的加热方法有通电加热和加热炉加热,并且这两种方法各自存在一定的适用范围,这在一定程度上限制了它们的应用范围。

(1) 通电加热

在研究使用SMA丝材对钢筋混凝土梁的智能控制时,大多数国内外学者所采用的方法是对SMA丝材直接通电加热,典型的试验装置模型图如图6.9所示。Deng等[11]对比了两种不同通电加热模式下SMA丝材约束混凝土梁的变形,如图6.10所示。其中,第一种采用电流随通电时间线性增加的模式,当电流稳定在一定数值后保持不变,并持续激励;第二种模式为开始时给一个强度较大电流,之后电流随时间呈阶梯状缓慢增加,当电流达到一定数值后,持续激励使之保持不变。试验的结果表明,梁的变形幅度与通电模式有关,第一种通电模式所产生的约束回复效应使得梁的最终上拱度较大,而相对应的第二种通电模式导致梁最终的上拱度较小。

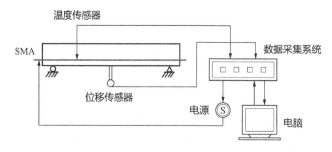

图6.9 典型的通电加热试验装置模型图

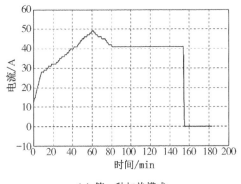
(a)第一种加热模式

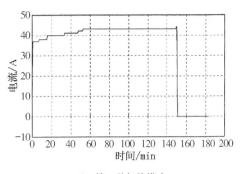
(b)第二种加热模式

图 6.10 两种通电模式对比图[11]

通电加热法有如下不足之处：① 适用于截面尺寸较小的 SMA 丝束、绞线等情况,其在应用于截面尺寸较大的 SMA 棒材时,因材料的电阻较小,通电加热达到目标温度所需加热时间过长、电流过大,通常很难满足要求,同时很不安全,不利于实际工程应用；② 只适用于非金属材料结构,例如混凝土结构,而应用于钢结构中则面临着接触导电的现象,不仅无法实现加热目的,而且钢结构带电工作十分危险；③ 使用通电加热法,SMA 中产生的热量有很大一部分不能够充分利用,而是扩散到外界,这极大地降低了能量转化的效率。

(2) 加热炉加热

由于 SMA 螺栓、板件等结构件横截面尺寸较大,电阻较小,且一般用在金属结构中,因此不适合采用直接通电加热方法,往往采用加热炉进行加热。例如,马奎将 SMA 棒材制成螺栓,由于加载后 SMA 螺栓存在残余变形,对其加热观测 SMA 的受限回复性能,进而为后续被动修复提供一定的闭合回复力,创造更有利的条件[12]。该试验研究采用一台带有加热炉的万能试验机进行试验,通过改变温控加热炉的功率来调节升降温速率以满足试验要求。

加热炉加热法存在如下不足：① 直接采用加热炉加热,对 SMA 周围的结构材料会产生较大影响,且有一定危险性；② 在实际工程结构中,一些 SMA 筋材或丝材往往布置在结构内部,比较隐蔽,无法进行全长度范围内的加热炉加热。

4) 受限回复性能

SMA 形状记忆效应的驱动原理如图 6.11 所示。根据其工作原理,在低温($M_s < T < A_s$)状态下,SMA 被拉伸后卸载产生残余变形；接着对 SMA 丝材的两端进行固定,当需要驱动时,对 SMA 进行通电加热至高于奥氏体相变结束温度($T > A_f$),SMA 发生相变后会产生收缩回复。由于已经约束了 SMA 的两端位移,因此此时其因受限会产生回复力,同时克服约束负载做功。简言之,即利用 SMA 的形状记忆效应,可以将电能、热能转化为机械能,以位移或者力的形式输出,从而

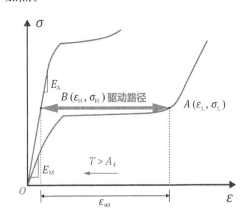

图 6.11 SMA 形状记忆效应的驱动原理

改变结构的连接、刚度、阻尼等特性,实现对结构的主动控制和结构的"智能化"。

到目前为止,Sadiq 等[13]和 Xu 等[14]的研究已经证实 4% 预应变的 SMA 丝材可以产生约 100 MPa 的回复应力。Ogisu 等[15]使用 2% 预应变的 SMA 片材获得了大致相同的回复应力。Lecce 等[16]把 SMA 加热至特定的相变温度并约束后,它们能够产生高达 800 MPa 的回复应力。

在 SMA 受限回复试验分析中,除了温度以外,初始预应变水平是影响受限回复应力的重要参数,因此,试验一般选取以下两个参数作为 SMA 受限回复性能的评价指标:

① 目标预应变程度下 SMA 试件所能达到的最高应力水平(σ_{max})。

② 目标预应变程度下 SMA 试件达到最高应力水平所对应的温度(T_σ)。

如图 6.12 所示,以 Ni-Ti 合金丝材为例,随着温度的升高,SMA 丝材发生奥氏体相变($M^d \to A$),产生很大的回复应力,并且其回复应力将会随温度的升高而迅速增加,而当温度大于其相变结束温度($T > A_f$)之后,回复应力值的变化趋于平缓,此时的应力增加是温度载荷引发的热应力。此外,SMA 的最大回复应力将会随预应变水平的增加而增加。回复应力-温度曲线可分为三个阶段:

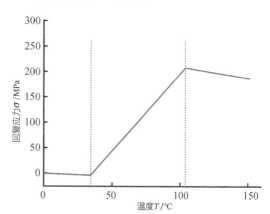

图 6.12 典型 Ni-Ti 合金丝材回复应力随温度的变化曲线

(1) 相变前阶段

此时 SMA 丝材尚未发生奥氏体相变($M^d \to A$),由于选取的是 SMA 丝材而非棒材,并且 SMA 丝材本身不能承担受压的力,因此 SMA 即使自身发生热膨胀也无法对万能试验机的力学传感器产生压力,故此阶段 SMA 基本未产生受限回复应力,在曲线上表现为近似水平线(有初始应力水平是因为施加了一个非常小的拉力使 SMA 丝材保持绷直的状态)。

(2) 相变阶段

继续升温,SMA 发生奥氏体相变($M^d \to A$),SMA 开始收缩,相应的应变开始减小,当 SMA 相变所导致的应变减小量大于 SMA 自身的热胀冷缩效应造成的放松量时,丝材开始产生回复应力。随着温度的升高,丝材产生的回复应力逐渐增大,应力状态下奥氏体相变结束温度 A_f^s 与无应力状态下的马氏体逆相变结束温度 A_f 存在差异。

(3) 相变后阶段

当 SMA 丝材的温度大于应力状态下奥氏体相变结束温度 A_f^s 时,奥氏体相变结束,回复应力达到最大值,此时再继续升温,由于 SMA 自身的热膨胀效应使丝材有所放松,因此回复应力相应地有所减小。

6.3.2 驱动回复性能理论

1) 驱动性能研究进展

SMA 作为土木方向相对先进的智能驱动材料,其材料本身优势很大。但是,对 SMA 驱动性能的理论研究目前尚未十分成熟,远达不到能够应用于工程实际的要求。

在试验结果的基础上,Maji 等[17]指出 SMA 产生回复力会随温度的不断升高而增大。同时 Maji 等也综合考虑了钢筋混凝土(RC)梁在升温后开裂和形状记忆合金丝材的弹性模量随温度动态变化的影响。此外,在不计热量损失的情况下,RC 梁温度$[T(t)]$还同时与热量的输入$(W=I^2R)$及热量在 RC 梁中的传递有关,研究人员回归出可以解释实测的 RC 梁的温度$[T(t)]$与通电时间(t)呈指数变化的经验公式:

$$T(t)=\frac{I^2R(1-\mathrm{e}^{-Ct/p})}{C}+T_0 \tag{6.1}$$

其中,p 表示混凝土梁的热能密度,C 为梁表面的热量对流损失常数,T_0 为初始温度,I 表示电流,R 为表示 SMA 电阻,T 是 SMA 温度,t 表示通电时间。

Tsai 和 Chen[18]综合了能量理论和 Hamilton 理论,细致研究了形状记忆合金层合梁的动力稳定特性,并进行了理论推导后得出了梁的动态方程:

$$\boldsymbol{M} \cdot \ddot{\boldsymbol{q}} + (\boldsymbol{K}+\boldsymbol{K}_\mathrm{f}-P \cdot \boldsymbol{K}_\mathrm{g}) \cdot \boldsymbol{q} = \boldsymbol{0} \tag{6.2}$$

其中,$\boldsymbol{M}$ 为质量矩阵,$\boldsymbol{q}$ 为位移向量,$\boldsymbol{K}$、$\boldsymbol{K}_\mathrm{f}$、$\boldsymbol{K}_\mathrm{g}$ 均为刚度矩阵,P 为荷载。

在进一步地研究后,他们还假设:对于受轴向荷载作用的 SMA 层合梁,其轴向力 $P(t)$ 是时间(t)的函数,其函数关系表示如下:

$$P(t)=\alpha P_\mathrm{cr}+\beta P_\mathrm{cr}\cos\theta t \tag{6.3}$$

其中,P_cr 表示静态屈曲载荷,α 表示静载系数,β 表示动载系数,θ 表示轴向力激励频率,t 表示时间,则将式(6.3)代入式(6.2)可得到下式:

$$\boldsymbol{M} \cdot \ddot{\boldsymbol{q}} + (\boldsymbol{K}+\boldsymbol{K}_\mathrm{f}-\alpha P_\mathrm{cr} \cdot \boldsymbol{K}_\mathrm{g}-\beta P_\mathrm{cr}\cos\theta t \cdot \boldsymbol{K}_\mathrm{g}) \cdot \boldsymbol{q} = \boldsymbol{0}$$

形状记忆合金层合梁的位移函数可以通过解 Mathieu 函数得到。

在假定 SMA 丝材与钢筋混凝土(RC)梁之间不会产生相对滑移并且 RC 梁截面满足平截面假定的前提下,刘群[19]给出了 SMA 增强 RC 纯弯梁的热力学本构方程的微分形式,表示如下:

$$(A+B) \cdot \mathrm{d}k + C \cdot \mathrm{d}T = S \cdot \mathrm{d}M \tag{6.4}$$

式中:

$$A = D(\xi) \cdot (h_\mathrm{a}+e) - \frac{1}{2g}(1-\Omega \cdot \Phi) \cdot E_\mathrm{c}\left(\frac{h}{2}-e\right)^2$$

$$B = \frac{E_\mathrm{c}k\left[D(\xi)+\frac{1}{6g}(1-\Omega \cdot \Phi)E_\mathrm{c}\left(\frac{h}{2}-e\right)\right]\left(\frac{h}{2}-e\right)^2(3h_\mathrm{a}+h+e)}{b\left[E_\mathrm{c}k\left(\frac{h}{2}-e\right)^2+E_\mathrm{c}k(h_\mathrm{a}+e)\left(\frac{h}{2}-e\right)-\sigma_\mathrm{a}g\right]}$$

$$C = \Theta - \Omega \cdot \Psi$$

$$S = \frac{k\left[D(\xi)+\frac{E_\mathrm{c}}{g}(1-\Omega \cdot \Phi)E_\mathrm{c}\left(\frac{h}{2}-e\right)\right]}{b\left[E_\mathrm{c}k\left(\frac{h}{2}-e\right)^2+E_\mathrm{c}k(h_\mathrm{a}+e)\left(\frac{h}{2}-e\right)-\sigma_\mathrm{a}g\right]}$$

$$\Phi = \frac{\partial \xi}{\partial \sigma_a}$$

$$\Psi = \frac{\partial \xi}{\partial T}$$

其中,b 表示 RC 梁宽度,h 为梁高,e 表示 RC 梁的中心与形心之间的距离,E_c 表示 RC 梁的弹性模量,D 表示 SMA 的杨氏模量,ξ 表示马氏体体积分数,g 为将 SMA 丝材总面积换算成宽为 b 的 SMA 合金层的等效高度,M 表示弯矩,h_a 为合金中心至梁中心面距离,σ_a 为合金应力。

2) 回复力性能研究进展

在受限回复条件下,Ni-Ti 合金棒材的回复应力在 400 MPa 以上,反过来所产生的回复应力将导致 Ni-Ti 合金棒材发生一定的塑性变形。因此,提高 SMA 母相的屈服应力,将有助于其获得更高水平的回复力。根据以往的研究,SMA 的热处理工艺将会显著影响其回复力水平;同时,SMA 的回复力也受外界约束条件和试验参数的影响,其中影响最大的是预应变水平,通常 SMA 的最大回复力出现在某一个最佳预应变水平上,这表示预应变水平过大或过小都会使得 SMA 不能充分回复。为了更好地控制 SMA 使其能够产生最大回复力,研究人员提出了一些数学模型可以用于定量描述 SMA 在不同因素影响下的回复力大小,相关研究进展简要介绍如下。

Vokoun 和 Stalmans[20]进行了三个系列的 SMA 回复力试验研究,他们将 SMA 的应变表示为:

$$\varepsilon = \varepsilon_0 + \alpha \Delta T + \beta \frac{\Delta F}{S} \tag{6.5}$$

其中,ε 为合金的应变,ε_0 为合金的初始应变,α 为合金的热膨胀系数,ΔT 为温度差,β 为合金的刚度系数,ΔF 为 SMA 的受力变化,S 为 SMA 的横截面积。

试验讨论了三个参数——初始应变(ε_0)、热膨胀系数(α)和刚度系数(β)对其回复力的影响。研究结果表明,SMA 回复应力随温度增长的速率($d\sigma/dT$)随着预应变水平(ε_0)的升高而加快,同时最大回复应力也随着 ε_0 的增大而增大;此外,SMA 的最大回复应力也随着热膨胀系数(α)和刚度系数(β)的增大而增大。

Šittner 等[21]进行了 $Ti_{50}Ni_{45}Cu_5$ 型形状记忆合金的回复力性能的试验与理论研究。试验分为如下三个工况:①马氏体相下拉伸后卸载工况;②自由应力状态下升温至设定预应变工况;③受限状态下升温工况。在试验的基础上,他们将合金的宏观拉伸应变分为三部分:弹性应变(ε^{el})、热应变(ε^{th})和相变应变(ε^{tr}),即:

$$\varepsilon = \varepsilon^{el} + \varepsilon^{th} + \varepsilon^{tr} = \frac{\sigma}{E} + \alpha(T - T_s) + \xi\gamma_m \cdot \tanh\left(k_1 \cdot \frac{\sigma}{\sigma^{re} - k_2}\right) \tag{6.6}$$

其中,ε 为合金的应变,E 为合金的弹性模量,α 为合金的热膨胀系数,γ_m 表示最大相变应变,σ^{re} 表示合金的重定向应力(由 $T < M_s$ 条件下合金拉伸试验测定),T_s 表示 $\varepsilon=0$ 时的温度,k_1、k_2 是默认的常数。

进一步地,Šittner 等还编制了计算机分析程序来模拟 SMA 的 σ-ε-T 三者曲线关系。

郑雁军等[22]对 Ti-Ni 及 Ti-Ni-Cu 合金的回复力性能进行了试验与理论研究,并通过对 Cluasius-Clpayeorn 方程进行修正,分析了回复力和相变之间的关系。研究结果表明：① 二元与三元合金在一定温度范围内的最大回复力随着预应变的增大而增大,但当预应变达到或超过其最大可恢复变形极限时最大回复力反而减小；② Ti-Ni 合金的回复力随温度增长的速率随着预应变的增加而增加,而 Ti-Ni-Cu 合金的回复力随温度增长的速率随着预应变的增加而减小；③ Ti-Ni 合金的冷变形应变越大,相变温度区间越小,其回复力随温度增长的速率就越大,而 Ti-Ni-Cu 合金则相反,冷变形越大,相变温度区间越大,其回复力随温度增长的速率越小。

6.4 形状记忆合金的本构模型研究进展

由于 SMA 材料特殊的物理力学性能,其本构关系的描述难度很大。直到 Müller[23]在 1979 年构造了超弹性体相变模型之后,学术界才开始大规模地展开对 SMA 本构关系的研究。在过去的 30 多年中,各国学者从不同维度构建了各种类型的本构模型,主要可分为以下三类：微观热动力学本构模型、细观力学本构模型和宏观唯象本构模型。

微观热动力学本构模型利用微观热动力学原理,描述材料微尺度力学行为,包括马氏体形核与生长、马氏体晶界的移动等。由于是从微观角度来表达材料相变机理,因此该类模型能够在物理层面上较为全面地描述 SMA 的各种宏观力学行为：例如,Falk[24]基于 Landau 的理论,提出了考虑 SME 的 Helmholtz 自由能表达式,详细地讨论了模型对 SMA 材料性能的描述能力,建立了 Falk 本构模型；除此之外,其他学者也做了大量研究工作。但是,该类模型的计算精度较差,所需的材料参数非常多,因此更适合于 SMA 本构理论的基础研究。

细观力学本构模型以细观力学为基础,描述单个晶粒的力学行为,并通过某种平均化方法将单个晶粒的力学行为扩展到代表性体积元(representative volume element,RVE),从而实现对 SMA 宏观力学性能的描述。基于细观力学原理,Patoor 等[25]首先研究了 SMA 的本构行为,并采用平均化方法得到了其宏观本构模型的描述,但该模型仅限于描述相变过程；Sun 和 Hwang[26]结合了晶体学唯象理论与 Mori-Tanaka 自恰方法,推导得出马氏体变体之间的交互能表达式和单位体积单晶体自由能的解析表达式,从而得到了能够同时描述 SMA 形状记忆效应(SME)和超弹性效应(SE)的细观力学本构模型；除此之外,Gao、Huang 和 Marketz 等诸多学者也开展了这方面的系列研究,取得了很大进展[27-30]。但是,由于该类模型的内变量较多,计算三维结构时,计算量非常大,因此不利于实际工程应用。

宏观唯象本构模型侧重于研究 SMA 的宏观力学行为,而非从微观机理上揭示 SMA 的力学行为机理。由于引入了较少的材料参数和内变量,因此该类模型可以相对简单、高效地对 SMA 的形状记忆效应和超弹性等各种力学行为进行模拟,非常适合于工程中的智能结构或者驱动器设计。20 世纪 80 年代以来,宏观唯象本构模型一直都是本构模型研究中的热点。近二十年来,宏观唯象理论模型有了很大进展,主要可以分为以下几类：基于自由能驱动力概念建立的 Tanaka-Liang-Brinson 系列本构模型[31-35]；描述 SMA 超弹性和单、双程形状记忆效应的 Auricchio 模型[36-38]；基于自由能和耗散势概念建立的 Boyd-Lagoudas 模型[7,39]；带有塑性理论特点的 Graesser-Cozzarelli 模型[40]；从纯动力学理论出发建立的 Ivshin-Pence 模型[41]。

在桥梁建筑领域，对于 SMA 本构模型的研究和应用一般基于宏观唯象本构模型，在应用尺度上已经足够精确。在实际中，应用较多的模型有：Tanaka-Liang-Brinson 系列本构模型，Auricchio 模型还有 Boyd-Lagoudas 模型。本书将对这些典型的宏观唯象本构模型进行详细介绍。

6.4.1　Tanaka-Liang-Brinson 系列模型

1) Tanaka 模型

1982 年，Tanaka 根据 SMA 在相变过程中自由能应达到最小值的原理建立了 SMA 的本构关系模型，并用能量平衡方程和 Clausius-Duhem 非平衡热力学原理来描述 SMA 的超弹性和形状记忆效应。能量平衡方程和 Clausius-Duhem 不等式可表达为：

$$\rho \dot{U} - \hat{\sigma} L + \frac{\partial q_{\text{sur}}}{\partial x} - \rho q = 0 \tag{6.7}$$

$$\rho \dot{S} - \rho \frac{q}{T} + \frac{\partial}{\partial x}\left(\frac{q_{\text{sur}}}{T}\right) \geqslant 0 \tag{6.8}$$

其中，$\dot{U}$ 是内能密度；$\hat{\sigma}$ 是 Cauchy 应力；L 是速率梯度；q_{sur} 是热流；q 是热源密度；$\dot{S}$ 是熵密度；ρ 是当前构形密度；T 表示温度；x 表示材料坐标。

将式(6.7)和式(6.8)改写为初始构形下的表达式，即：

$$\rho_0 \dot{U} - \hat{\sigma} \cdot \dot{\varepsilon} + f^{-1} \frac{\rho_0}{\rho} \frac{\partial q_{\text{sur}}}{\partial x} - \rho_0 q = 0 \tag{6.9}$$

$$\rho_0 \dot{S} - \rho_0 \frac{q}{T} + f^{-1} \frac{\rho_0}{\rho T} \frac{\partial q_{\text{sur}}}{\partial x} - f^{-1} \frac{\rho_0 q_{\text{sur}}}{\rho T} \frac{\partial T}{\partial x} \geqslant 0 \tag{6.10}$$

其中，ρ_0 为初始构形密度；f 为变形梯度；$\hat{\sigma}$、$\dot{\varepsilon}$ 分别为第二类 Piola-Kirchhoff 应力和 Green 应变。

Tanaka 引入 ε、ξ 和 T 这三个变量来描述 SMA 的一般状态，即模型中 SMA 材料的热力学性能全部由 SMA 的应变 ε、马氏体体积分数 ξ 和温度 T 来描述。当 $\xi=0$ 时，表示此时的 SMA 完全处于奥氏体状态；当 $\xi=1$ 时，表示 SMA 完全处于马氏体状态。引入 Helmholtz 自由能 Ψ，得到方程式：

$$\left(\sigma - \rho_0 \frac{\partial \Psi}{\partial \varepsilon}\right)\dot{\varepsilon} - \left(S + \frac{\partial \Psi}{\partial T}\right)\dot{T} - \frac{\partial \Psi}{\partial \xi}\dot{\xi} - \frac{1}{\rho_0 T} \frac{\rho}{\rho_0} q f^{-1} \frac{\partial T}{\partial x} \geqslant 0 \tag{6.11}$$

为了使上述方程在所有过程下都成立，则 $\dot{\varepsilon}$ 的系数应为 0，则有：

$$\sigma = \rho_0 \frac{\partial \Psi}{\partial \varepsilon} = \sigma(\varepsilon, \xi, T) \tag{6.12}$$

根据式(6.12)可以得到关于 SMA 的本构方程：

$$\dot{\sigma} = \frac{\partial \sigma}{\partial \varepsilon}\dot{\varepsilon} + \frac{\partial \sigma}{\partial \xi}\dot{\xi} + \frac{\partial \sigma}{\partial T}\dot{T} = D(\varepsilon,\xi,T)\dot{\varepsilon} + \Omega(\varepsilon,\xi,T)\dot{\xi} + \Theta(\varepsilon,\xi,T)\dot{T} \quad (6.13)$$

其中，$D(\varepsilon,\xi,T)$ 为弹性模量，$\Omega(\varepsilon,\xi,T)$ 为相变模量，$\Theta(\varepsilon,\xi,T)$ 为热弹性模量。

Magee 关于铁系合金马氏体相变的一维核动力学方程为：

$$\begin{cases} \dfrac{\mathrm{d}\xi}{1-\xi} = a^{\mathrm{M}}\mathrm{d}T \\ a^{\mathrm{M}} = -\bar{V}Q\,\dfrac{\mathrm{d}\Delta G}{\mathrm{d}T} \end{cases} \quad (6.14)$$

其中，$\bar{V}$ 表示新马氏体的平均体积分数；Q 为常数；ΔG 表示发生马氏体相变所需自由能驱动力。假定 a^{M} 为常数，对温度从 M_{s} 到 T 积分，可以得到马氏体体积分数 ξ 的表达式：

$$\xi = 1 - \exp[a^{\mathrm{M}}(M_{\mathrm{s}} - T)], \quad M_{\mathrm{f}} \leqslant T \leqslant M_{\mathrm{s}} \quad (6.15)$$

Tanaka 本构模型采用马氏体体积分数（ξ）作为内变量，假定在相变过程中，马氏体体积分数（ξ）与应变（ε）和温度（T）呈指数关系，即为指数型硬化函数；另外，在一维情况下，Tanaka 等认为，SMA 的临界应力（σ_{cr}）与相变临界温度（T_{cr}）呈线性关系，如图 6.13 所示。其中，C_{M} 和 C_{A} 分别称为马氏体和奥氏体的影响系数，其几何意义为 C_{M} 和 C_{A} 分别表示正、逆相变过程中相变临界应力与温度之间关系曲线的斜率，可通过试验结果确定直线的斜率。

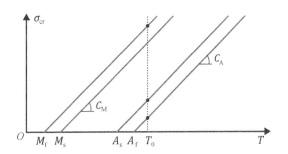

图 6.13 相变应力-温度关系曲线

类似地，由图所示的关系曲线，从积分式(6.15)可以得出，在温度 $T > M_{\mathrm{f}}$ 时，描述马氏体体积分数（ξ）变化规律的相变演化方程。

由奥氏体向马氏体转变的马氏体正相变过程：

$$\xi_{\mathrm{A} \to \mathrm{M}} = 1 - \exp[a^{\mathrm{M}}(M_{\mathrm{s}} - T) + b^{\mathrm{M}}\sigma], \quad M_{\mathrm{f}} \leqslant T \leqslant M_{\mathrm{s}} \quad (6.16)$$

由马氏体向奥氏体转变的马氏体逆相变（奥氏体相变）过程：

$$\xi_{\mathrm{M} \to \mathrm{A}} = 1 - \exp[a^{\mathrm{A}}(A_{\mathrm{s}} - T) + b^{\mathrm{A}}\sigma], \quad A_{\mathrm{s}} \leqslant T \leqslant A_{\mathrm{f}} \quad (6.17)$$

其中，M_{s} 和 M_{f} 分别为马氏体相变开始和结束的温度；A_{s} 和 A_{f} 分别为马氏体逆相变开始和结束的温度；a^{M}、a^{A}、b^{M}、b^{A} 是积分常数，假定在 $\xi = 0.99$ 时，马氏体相变完成，在 $\xi = 0.01$ 时，奥氏体相变完成，则可按下式计算确定出式(6.16)和式(6.17)中的四个积分常数：

$$\begin{cases} a^{\mathrm{M}} = \dfrac{\ln 0.01}{M_{\mathrm{f}} - M_{\mathrm{s}}}, & b^{\mathrm{M}} = \dfrac{a^{\mathrm{M}}}{C_{\mathrm{M}}} \\ a^{\mathrm{A}} = \dfrac{\ln 0.01}{A_{\mathrm{s}} - A_{\mathrm{f}}}, & b^{\mathrm{A}} = \dfrac{a^{\mathrm{A}}}{C_{\mathrm{A}}} \end{cases} \quad (6.18)$$

这样，本构方程式(6.13)和指数型相变方程式(6.16)、式(6.17)、式(6.18)一起构成了 Tanaka 本构模型。

2) Liang-Rogers 模型

Liang 等[32-33]的一维本构模型，用余弦型的相变演化方程代替 Tanaka 指数型的相变演化方程，并且假设 SMA 材料的弹性模量(D)、相变模量(Ω)和热弹性模量(Θ)为常数，可以通过试验确定这些常数。对式(6.13)进行积分得到了全量型的一维本构方程，如下所示：

$$\sigma - \sigma_0 = D(\varepsilon - \varepsilon_0) + \Omega(\xi - \xi_0) + \Theta(T - T_0) \tag{6.19}$$

其中，$\sigma_0, \varepsilon_0, \xi_0, T_0$ 分别代表了 SMA 材料的初始状态，其余参数含义参照 Tanaka 的模型。

根据初始状态($\sigma_0 = \varepsilon_0 = \xi_0 = 0$)和结束状态($\sigma = 0, \varepsilon = \varepsilon_L, \xi = 1$)在 $T = T_0(M_s < T < A_s)$ 的情况，由式(6.19)可以得到：

$$\Omega = -\varepsilon_L D \tag{6.20}$$

其中，ε_L 表示 SMA 的最大残余应变，可以通过奥氏体转变为马氏体单变体过程的拉伸试验确定($T < A_s$)；状态由 $\xi = 0$ 到 $\xi = 1$，在卸载时，得到最大残余应变。

与 Tanaka 模型不同，Liang-Rogers 模型改进了 SMA 相变方程，提出采用余弦形式来表示 ξ 与 σ, T 之间的关系。

在没有应力的情况下，SMA 材料初始状态为奥氏体，发生马氏体正相变过程时，马氏体体积分数可表示为：

$$\xi_{A \to M} = \frac{1}{2} \cos[a^M(T - M_f)] + \frac{1}{2} \tag{6.21}$$

SMA 材料初始状态为马氏体，发生马氏体逆相变(奥氏体相变)过程时，马氏体体积分数可表示为：

$$\xi_{M \to A} = \frac{1}{2} \cos[a^A(T - A_s)] + \frac{1}{2} \tag{6.22}$$

其中，a^M 和 a^A 为材料常数，可表示为：

$$\begin{cases} a^M = \dfrac{\pi}{M_f - M_s} \\ a^A = \dfrac{\pi}{A_s - A_f} \end{cases} \tag{6.23}$$

若 SMA 初始状态为马氏体与奥氏体混合，在没有应力的情况下，当发生马氏体相变时，马氏体含量从初始含量 ξ_0 逐渐增加，直至 SMA 完全转变为马氏体，此时马氏体含量为 100%，余弦型的相变演化方程可表示为：

$$\xi_{A \to M} = \frac{1 - \xi_0}{2} \cos[a^M(T - M_f)] + \frac{1 + \xi_0}{2} \tag{6.24}$$

当发生马氏体逆相变时，马氏体含量从初始含量 ξ_0 逐渐减少，直至 SMA 完全转变为奥氏体，此时马氏体含量为 0，相变过程可表示为：

$$\xi_{M \to A} = \frac{\xi_0}{2} \cos[a^A(T - A_s)] + \frac{\xi_0}{2} \tag{6.25}$$

当马氏体初始含量为 0 时，式(6.24)即可简化为式(6.21)；当马氏体初始含量为 1 时，式(6.25)即可简化为式(6.22)。

当存在应力时，SMA 的相变过程将受到应力的影响，由式(6.24)和式(6.25)可得：

$$\xi_{A \to M} = \frac{1 - \xi_0}{2} \cos[a^M(T - M_f) + b^M \sigma] + \frac{1 + \xi_0}{2} \tag{6.26}$$

$$\xi_{M \to A} = \frac{\xi_0}{2} \cos[a^A(T - A_s) + b^A \sigma] + \frac{\xi_0}{2} \tag{6.27}$$

其中，b^M 和 b^A 是材料常数，类似地表示如下：

$$\begin{cases} b^M = \dfrac{a^M}{C_M} \\ b^A = \dfrac{a^A}{C_A} \end{cases} \tag{6.28}$$

其中，C_M 和 C_A 分别称为马氏体和奥氏体的影响系数(与 Tanaka 模型中的意义相同)，其几何意义为 C_M 和 C_A 分别表示关系曲线的斜率，可通过试验结果确定直线的斜率。

式(6.26)和式(6.27)中余弦函数的变量取值区间为 $[0, \pi]$，因此应力的取值范围需分别满足下面的要求：

$$C_M(T - M_s) \leqslant \sigma \leqslant C_M(T - M_f) \tag{6.29}$$

$$C_A(T - A_f) \leqslant \sigma \leqslant C_A(T - A_s) \tag{6.30}$$

Tanaka 模型与 Liang-Rogers 模型共同的缺陷在于不能描述 SMA 处于完全孪晶马氏体状态时 ($T < M_f$) 的力学行为。例如，在 Liang-Rogers 模型中，在温度 $T < M_f$ 时，并假定初始状态($\sigma_0 = \varepsilon_0 = 0, \xi_0 = 1$)，且保持温度不变($T_0 = T$)，则在任意时刻有 $\xi = 1$。此时，式(6.13)变为：

$$\sigma = D\varepsilon \tag{6.31}$$

上式显然表示一个线性的应力-应变关系，它不能描述 SMA 的形状记忆效应，也不能描述 SMA 的马氏体择优取向过程。

3) Brinson 模型

在上述两个模型的工作基础上，为克服它们不能描述 SMA 马氏体择优取向过程的缺陷，Brinson 等[34-35]将马氏体体积分数(ξ)分成两部分，即：

$$\xi = \xi_T + \xi_s \tag{6.32}$$

其中，ξ_T 表示温度诱发马氏体体积分数，ξ_s 表示应力诱发马氏体体积分数。

通过上述方法，Brinson 解决了 Tanaka 模型和 Liang-Rogers 模型的缺陷，使本构模型在描述 SMA 力学性能时，不再受初始状态的影响，并推导出了相应的本构方程。根据式(6.12)可得：

$$d\sigma = \frac{\partial \sigma}{\partial \varepsilon}d\varepsilon + \frac{\partial \sigma}{\partial \xi_T}d\xi_T + \frac{\partial \sigma}{\partial \xi_s}d\xi_s + \frac{\partial \sigma}{\partial T}dT \tag{6.33}$$

再对上式积分可得：

$$\sigma - \sigma_0 = D(\varepsilon - \varepsilon_0) + \Omega_T(\xi_T - \xi_{T0}) + \Omega_s(\xi_s - \xi_{s0}) + \Theta(T - T_0) \tag{6.34}$$

其中，Ω_s 和 Ω_T 分别表示应力诱发马氏体的相变张量和温度诱发马氏体的相变张量；σ_0,ε_0,ξ_{s0},ξ_{T0},T_0 表示 SMA 材料的初始状态。

假设温度始终保持不变，即 $T = T_0 (M_s < T < A_s)$，若材料的初始状态为完全奥氏体，则 $\xi_{s0} = 0$,$\xi_{T0} = 0$，初始应力和应变分别为 $\sigma_0 = 0$,$\varepsilon_0 = 0$。对 SMA 材料进行拉伸，使其完全转化为应力诱发的马氏体，卸载后 $\sigma = 0$,$\varepsilon = \varepsilon_L$,$\xi_s = 1$,$\xi_T = 0$。由式(6.34)可得：

$$\Omega_s = -\varepsilon_L D \tag{6.35}$$

其中，ε_L 称为材料最大残余应变，与 Liang-Rogers 模型中的定义相同，为材料常数，在此不再赘述。

同理，设温度始终保持不变，即 $T = T_0 (T < A_s)$，若 SMA 的初始状态为完全马氏体，则 $\xi_{s0} = 0$,$\xi_{T0} = 1$，初始应力和应变分别为 $\sigma_0 = 0$,$\varepsilon_0 = 0$。对 SMA 材料进行拉伸，使其完全转化为应力诱发的马氏体，卸载后 $\sigma = 0$,$\varepsilon = \varepsilon_L$,$\xi_s = 1$,$\xi_T = 0$。由式(6.34)、式(6.35)可得：

$$\Omega_T \equiv 0 \tag{6.36}$$

由式(6.34)、式(6.35)、式(6.36)可得，马氏体体积分数 ξ 分为 ξ_s 和 ξ_T 两部分后，SMA 的本构关系可以表示为：

$$\sigma - \sigma_0 = D(\varepsilon - \varepsilon_0) + \Omega(\xi_s - \xi_{s0}) + \Theta(T - T_0) \tag{6.37}$$

式中：用 Ω 代替 Ω_s。

在一维情况下，Brinson 根据大量试验资料和理论分析结果，得到了 SMA 马氏体相变、马氏体逆相变、马氏体孪晶转变临界应力同相变温度的关系，如图 6.14 所示。马氏体的孪晶转变即为 SMA 中温度诱发的马氏体向应力诱发的马氏体转变的过程。同时，Brinson 给出了 SMA 向应力诱发的马氏体转变的方程和 SMA 发生马氏体逆相变的方程。根据所处的区域不同（D_1、D_2 和 D_3），给出了 SMA 相变的边界条件及其控制方程，SMA 向应力诱发的马氏体转变可分为以下几种情况：

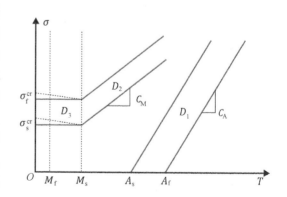

图 6.14 Brinson 本构中的相变应力-温度关系

(1) 向非孪晶马氏体转变

① 当 $T > M_s$ 时，且满足 $\sigma_s^{cr} + C_M(T - M_s) < \sigma < \sigma_f^{cr} + C_M(T - M_s)$，此时材料的应力-温度关系位于图 6.14 中的 D_2 区域，其相变控制方程为：

$$\begin{cases} \xi_s = \dfrac{1-\xi_{s0}}{2}\cos\left\{\dfrac{\pi}{\sigma_s^{cr}-\sigma_f^{cr}}[\sigma-\sigma_f^{cr}-C_M(T-M_s)]\right\}+\dfrac{1+\xi_{s0}}{2} \\ \xi_T = \xi_{T0}\dfrac{\xi_{T0}}{1-\xi_{s0}}(\xi_s-\xi_{s0}) \end{cases} \quad (6.38)$$

其中，σ_s^{cr}、σ_f^{cr} 分别表示相变开始和结束时的应力极限。

② 当 $T<M_s$ 时，且满足 $\sigma_s^{cr}<\sigma<\sigma_f^{cr}$，此时材料的应力-温度关系位于图6.14中的 D_3 区域，其相变控制方程为：

$$\begin{cases} \xi_s = \dfrac{1-\xi_{s0}}{2}\cos\left[\dfrac{\pi}{\sigma_s^{cr}-\sigma_f^{cr}}(\sigma-\sigma_f^{cr})\right]+\dfrac{1+\xi_{s0}}{2} \\ \xi_T = \xi_{T0}\dfrac{\xi_{T0}}{1-\xi_{s0}}(\xi_s-\xi_{s0})+\Delta_{T\xi} \end{cases} \quad (6.39)$$

其中，

$$\Delta_{T\xi} = \begin{cases} \dfrac{1-\xi_{s0}}{2}\{\cos[a_M(T-M_f)]+1\}, & M_f<\sigma<M_s, T<T_0 \\ 0, & 其他 \end{cases} \quad (6.40)$$

(2) 向奥氏体转变（马氏体逆向变）

当 SMA 发生马氏体逆相变时，$T>A_s$ 时，且满足 $C_A(T-A_f)<\sigma<C_A(T-A_s)$，则马氏体体积分数（$\xi$）、应力诱发和温度诱发的马氏体体积分数（$\xi_s$ 和 ξ_T）分别表示如下：

$$\begin{cases} \xi = \dfrac{\xi_0}{2}\left\{\cos\left[a^A\left(T-A_s-\dfrac{\sigma}{C_A}\right)\right]+1\right\} \\ \xi_s = \xi_{s0}-\dfrac{\xi_{s0}}{\xi_0}(\xi_0-\xi) \\ \xi_T = \xi_{T0}-\dfrac{\xi_{T0}}{\xi_0}(\xi_0-\xi) \end{cases} \quad (6.41)$$

Brinson 模型弥补了 Tanaka 模型和 Liang-Rogers 模型的缺陷，通过 Brinson 的改进，SMA 一维本构模型的计算精度大幅度提高，能准确描述 SMA 的 5 个相变过程，因而在工程领域应用广泛，但它的不足是不能考虑加载频率这个因素。

6.4.2 Boyd-Lagoudas 模型

随着 SMA 支架等复杂三维结构构件的出现，简单的一维本构模型已经不能满足应用的需求，这促进了 SMA 三维本构模型的快速发展。针对上述问题，很多学者开展了三维 SMA 本构模型的研究，最具代表性的唯象本构模型是 Boyd 和 Lagoudas 于 1996 年提出的 Boyd-Lagoudas 统一宏观唯象本构模型[39,42]。

Boyd 和 Lagoudas 在上述工作的基础上，假定 SMA 的形状记忆效应类似于各向同性材料的屈服条件，基于 Tanaka 等的一维本构模型的热力学框架，建立了 SMA 的 Gibbs 自由能方程，在自由能中采用相变硬化函数对材料相变过程中的界面能（或称交互能）进行描述。根据试验结果发展了以马氏体体积分数为内变量的相变应变流动法则,同时发展了J_2型相变函数,用以判断 SMA 相变的开始与结束。根据以上工作,建立了形状记忆合金的三维本构模型。

Boyd 和 Lagoudas 关于 SMA 的统一宏观唯象本构模型如下式所示,即 SMA 在变形过程中产生的应变主要由弹性应变、热膨胀应变和相变引起的应变三部分构成,假设 SMA 的 Gibbs 自由能(G)为:

$$G(\boldsymbol{\sigma}, T, \xi, \boldsymbol{\varepsilon}^{\mathrm{t}}) = -\frac{1}{2}\frac{1}{\rho}\boldsymbol{\sigma}:\boldsymbol{S}:\boldsymbol{\sigma} - \frac{1}{\rho}\boldsymbol{\sigma}:[\boldsymbol{\alpha}(T-T_0) + \boldsymbol{\varepsilon}^{\mathrm{t}}] + c\left[(T-T_0) - T\ln\left(\frac{T}{T_0}\right)\right] - s_0 T + \mu_0 + f(\xi) \tag{6.42}$$

式中:$\boldsymbol{\sigma}$,$\boldsymbol{\varepsilon}^{\mathrm{t}}$,$\xi$,$T$ 和 T_0 分别表示真实应力张量、相变应变张量、马氏体体积分数、温度以及参考温度;$\boldsymbol{S}$,$\boldsymbol{\alpha}$,ρ,c,s_0 和 μ_0 分别表示等效柔度张量、等效热膨胀系数张量、密度、等效比热容、参考温度下的等效比熵和参考温度下的等效内能;$f(\xi)$ 表示相变硬化函数,其意义表示马氏体与奥氏体、马氏体变体之间相互转化而产生的应变能。

以上各等效材料特性参数的具体表达式如式(6.43),式中物理量右上角处的 A 与 M 分别表示为奥氏体和马氏体:

$$\begin{cases} \boldsymbol{S} = \boldsymbol{S}^{\mathrm{A}} + \xi(\boldsymbol{S}^{\mathrm{M}} - \boldsymbol{S}^{\mathrm{A}}) \\ \boldsymbol{\alpha} = \boldsymbol{\alpha}^{\mathrm{A}} + \xi(\boldsymbol{\alpha}^{\mathrm{M}} - \boldsymbol{\alpha}^{\mathrm{A}}) \\ c = c^{\mathrm{A}} + \xi(c^{\mathrm{M}} - c^{\mathrm{A}}) \\ s_0 = s_0^{\mathrm{A}} + \xi(s_0^{\mathrm{M}} - s_0^{\mathrm{A}}) \\ \mu_0 = \mu_0^{\mathrm{A}} + \xi(\mu_0^{\mathrm{M}} - \mu_0^{\mathrm{A}}) \end{cases} \tag{6.43}$$

根据 Gibbs 自由能的表达式可以推导得到 SMA 的应力-应变关系及约束条件,如式(6.44)和式(6.45):

$$\boldsymbol{\varepsilon} = -\rho\frac{\partial G}{\partial \boldsymbol{\sigma}} = \boldsymbol{S}:\boldsymbol{\sigma} + \boldsymbol{\alpha}(T-T_0) + \boldsymbol{\varepsilon}^{\mathrm{t}} \tag{6.44}$$

$$\boldsymbol{\sigma}:\dot{\boldsymbol{\varepsilon}}^{\mathrm{t}} - \rho\frac{\partial G}{\partial \xi}\cdot\dot{\xi} = 0 \tag{6.45}$$

假定相变过程中忽略马氏体变体的重定向过程,材料任何微观状态的改变都只是 SMA 马氏体体积分数(ξ)变化的结果。根据此假定,则在相变过程中,SMA 的相变应变($\boldsymbol{\varepsilon}^{\mathrm{t}}$)和马氏体体积分数($\xi$)的演化方程可表示为:

$$\dot{\boldsymbol{\varepsilon}}^{\mathrm{t}} = \boldsymbol{\Lambda}\cdot\dot{\xi} \tag{6.46}$$

其中,$\boldsymbol{\Lambda}$ 为相变转换张量,意义为相变应变的方向。相变转换张量有两种不同的形式,第一种为:

$$\boldsymbol{\Lambda} = \begin{cases} \dfrac{3}{2}H\dfrac{\boldsymbol{\sigma}'}{\sigma}, & \dot{\xi} \geqslant 0 \\ H\dfrac{\boldsymbol{\varepsilon}^{\mathrm{t-r}}}{\varepsilon^{\mathrm{t-r}}}, & \dot{\xi} < 0 \end{cases} \tag{6.47}$$

其中，H 是单轴最大相变应变，$\pmb{\varepsilon}^{t-r}$ 是逆向变转换应变，并且满足：

$$\begin{cases} \bar{\sigma}^m = \sqrt{\dfrac{3}{2}} \parallel \pmb{\sigma}^{m'} \parallel \\ \pmb{\sigma}^{m'} = \pmb{\sigma}^m - \dfrac{1}{3}\mathrm{tr}(\pmb{\sigma}^m)\pmb{I} \\ \bar{\varepsilon}^{t-r} = \sqrt{\dfrac{2}{3}} \parallel \pmb{\varepsilon}^{t-r} \parallel \end{cases} \tag{6.48}$$

式(6.47)所描述的相变转换张量的第一种形式适用于线性加载工况(如单轴加载)，对于更复杂的荷载工况，相变转换张量 $\pmb{\Lambda}$（独立于相变应变方向）满足第二种形式，如下式所示：

$$\pmb{\Lambda} = \frac{3}{2} H \frac{\pmb{\sigma}'}{\bar{\sigma}} \tag{6.49}$$

相变转换张量 $\pmb{\Lambda}$ 的第一种形式[式(6.47)]更普遍地用于模拟计算，而第二种形式[式(6.49)]常用于具有收敛性的问题。

将式(6.46)代入式(6.45)中，再与式(6.42)联立，可得到与马氏体体积分数(ξ)共轭的热驱动力(π)的表达式：

$$\begin{aligned} \pi(\pmb{\sigma}, T, \xi) &= \pmb{\sigma}:\pmb{\Lambda} - \rho\frac{\partial G}{\partial \xi} = \pmb{\sigma}:\pmb{\Lambda} + \frac{1}{2}\frac{1}{\rho}\pmb{\sigma}:\Delta \pmb{S}:\pmb{\sigma} + \Delta \pmb{\alpha}:\pmb{\sigma}(T-T_0) - \\ &\quad \rho\Delta c\left[(T-T_0) - T\ln\frac{T}{T_0}\right] + \rho\Delta s_0 T - \rho\Delta\mu_0 - \frac{\partial f}{\partial \xi} \end{aligned} \tag{6.50}$$

其中，Δ 表示马氏体相与奥氏体相之间的数量差异，如下式所示：

$$\begin{cases} \Delta \pmb{S} = \pmb{S}^M - \pmb{S}^A \\ \Delta \pmb{\alpha} = \pmb{\alpha}^M - \pmb{\alpha}^A \\ \Delta c = c^M - c^A \\ \Delta s_0 = s_0^M - s_0^A \\ \Delta \mu_0 = \mu_0^M - \mu_0^A \end{cases} \tag{6.51}$$

根据以上关于 SMA 相变的假设和边界条件，引入相变函数 Φ，其表达式为：

$$\Phi = \begin{cases} \pi - Y^*, & \dot{\xi} \geqslant 0 \\ -\pi - Y^*, & \dot{\xi} < 0 \end{cases} \tag{6.52}$$

其中，Y^* 表示相变临界屈服值。同时给出了 Kuhn-Tucker 条件下马氏体体积分数演化的约束条件：

$$\begin{aligned} &\dot{\xi} \geqslant 0, \quad \Phi(\pmb{\sigma}, T, \xi) \leqslant 0, \quad \Phi\dot{\xi} = 0 \\ &\dot{\xi} < 0, \quad \Phi(\pmb{\sigma}, T, \xi) > 0, \quad \Phi\dot{\xi} = 0 \end{aligned} \tag{6.53}$$

如前文所述，按照相变过程的假设不同，SMA 统一宏观唯象本构模型能够使用不同的相变硬化函数 $f(\xi)$ 来表征。Tanaka 指数形式理论模型，Rogers-Liang 余弦型模型以及

Boyd-Lagoudas 多项式模型的相变硬化函数 $f(\xi)$ 分别如式(6.54)、式(6.55)、式(6.56)所示：

$$f(\xi)=\begin{cases} \dfrac{\Delta s_0}{a_e^M}[(1-\xi)\ln(1-\xi)+\xi]+(\mu_1^e+\mu_2^e)\xi, & \dot{\xi}>0 \\ -\dfrac{\Delta s_0}{a_e^A}\xi[\ln\xi-1]+(\mu_1^e+\mu_2^e)\xi, & \dot{\xi}<0 \end{cases} \quad (6.54)$$

$$f(\xi)=\begin{cases} \int_0^\xi -\dfrac{\Delta s_0}{a_c^M}[\pi-\arccos(2\tilde{\xi}-1)]\mathrm{d}\tilde{\xi}+(\mu_1^c+\mu_2^c)\xi, & \dot{\xi}>0 \\ \int_0^\xi -\dfrac{\Delta s_0}{a_c^A}[\pi-\arccos(2\tilde{\xi}-1)]\mathrm{d}\tilde{\xi}+(\mu_1^c-\mu_2^c)\xi, & \dot{\xi}<0 \end{cases} \quad (6.55)$$

$$f(\xi)=\begin{cases} \dfrac{1}{2}\rho b^M \xi^2+(\mu_1^p+\mu_2^p)\xi, & \dot{\xi}>0 \\ \dfrac{1}{2}\rho b^A \xi^2+(\mu_1^p-\mu_2^p)\xi, & \dot{\xi}<0 \end{cases} \quad (6.56)$$

其中，$a_e^M, a_e^A, \mu_1^e, \mu_2^e, a_c^M, a_c^A, \mu_1^c, \mu_2^c, b^M, b^A, \mu_1^p$ 和 μ_2^p 为相变硬化函数中发生正、逆相变时所需的材料参数。

奥氏体和马氏体弹性模量 E^A 和 E^M 可通过单轴超弹性拉伸试验得到，E^A 是通过测量刚开始加载时的应力-应变曲线的斜率来确定的，E^M 是通过测量刚开始卸载时的应力-应变曲线的斜率来确定的(图 6.15)；热膨胀系数可通过标准试验得到，可在较低温度下($T<M_{0s}$)试验得到马氏体热膨胀系数 α^M，在较高温度下($T>A_{0f}$)试验得到奥氏体热膨胀系数 α^A。零应力下的相变温度 M_{0s}, M_{0f}, A_{0s} 和 A_{0f} 可以通过差示扫描量热(differential scanning calorimeter, DSC)试验来确定；最大相变应变 H 可以通过超弹性拉伸试验得到的，如图 6.15 所示；应力影响系数 $\rho\Delta s^A$ 和 $\rho\Delta s^M$ 可以通过 SMA 应力影响系数图(图 6.16)和超弹性拉伸试验来确定。这些参数可以由式(6.57)计算：

$$\begin{cases} C_A=-\dfrac{\rho\Delta s^A}{H}=\dfrac{\sigma^A}{T_{\text{test}}-A_{0s}} \\ C_M=-\dfrac{\rho\Delta s^M}{H}=\dfrac{\sigma^M}{T_{\text{test}}-M_{0s}} \end{cases} \quad (6.57)$$

其中，T_{test} 为超弹性拉伸试验时的温度，σ^M 和 σ^A 的定义如图 6.15 所示。

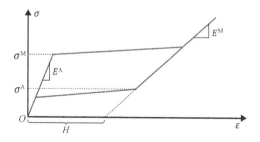

图 6.15 SMA 单轴超弹性试验示意图

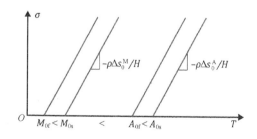

图 6.16 SMA 应力影响系数示意图

6.4.3 Auricchio 模型

选取马氏体体积分数和相变应变作为内变量，Auricchio 等[36-38]建立了一种新型 SMA 本构模型。该模型考虑了奥氏体向马氏体的转变(A→M)、马氏体向奥氏体的转变(M→A)和马氏体重取向($M^t→M^d$)三种相变过程，可以较好地表示 SMA 的超弹性特性，但是该模型只能考虑单程形状记忆效应。Auricchio 假定材料是各向同性的，马氏体体积分数(ξ_M)和奥氏体体积分数(ξ_A)，满足下式：

$$\begin{cases} \xi_M + \xi_A = 1 \\ \dot{\xi}_M + \dot{\xi}_A = 0 \end{cases} \tag{6.58}$$

在马氏体重取向($M^t→M^d$)过程中，马氏体体积分数不变。在奥氏体向马氏体的转变(A→M)和马氏体向奥氏体的转变(M→A)两种相变过程中，马氏体和奥氏体体积分数的变化率分别满足：

$$\begin{cases} \dot{\xi}_M = \dot{\xi}_M^{AM} + \dot{\xi}_M^{MA} \\ \dot{\xi}_A = \dot{\xi}_A^{AM} + \dot{\xi}_A^{MA} \end{cases} \tag{6.59}$$

其中，AM、MA 分别表示奥氏体向马氏体的转变和马氏体向奥氏体的转变。

(1) 奥氏体向马氏体的转变(A→M)

引入 Drucke-Prager 加载函数：

$$\begin{cases} F^{AM}(\boldsymbol{\tau}, T) = \|\boldsymbol{t}\| + 3\alpha p - C^{AM}T \\ \boldsymbol{t} = \boldsymbol{\tau} - \text{tr}(\boldsymbol{\tau})\boldsymbol{I}/3 \end{cases} \tag{6.60}$$

其中，t 为应力偏量，tr(·) 为矩阵的迹，I 为 2 阶恒等张量，τ 为剪应力张量，α、C^{AM} 均为材料参数，p 为压力，$\|\cdot\|$ 为欧几里得范数。

相变开始和结束的加载公式可表示为：

$$\begin{cases} F_s^{AM} = F^{AM} - R_s^{AM} \\ F_f^{AM} = F^{AM} - R_f^{AM} \\ R_s^{AM} = \sigma_s^{AM}\left(\sqrt{\dfrac{2}{3}} + \alpha\right) - C^{AM}T_s^{AM} \\ R_f^{AM} = \sigma_f^{AM}\left(\sqrt{\dfrac{2}{3}} + \alpha\right) - C^{AM}T_f^{AM} \end{cases} \tag{6.61}$$

其中，σ_s^{AM}、σ_f^{AM}、T_s^{AM}、T_f^{AM} 为材料参数，且相变发生应满足的条件为：

$$F_s^{AM} > 0, F_f^{AM} < 0, \dot{F}_s^{AM} > 0 \tag{6.62}$$

Auricchio 利用指数形式和线性关系式来表示马氏体体积分数变化率：

$$\begin{cases} \dot{\xi}_s^{AM} = H^{AM}\beta^{AM}(1-\xi_M)\dfrac{\dot{F}^{AM}}{(F_f^{AM})^2} \\ \dot{\xi}_s^{AM} = -H^{AM}(1-\xi_M)\dfrac{\dot{F}^{AM}}{F_f^{AM}} \end{cases} \tag{6.63}$$

其中，β^{AM} 为相变的速率，标量参数 H^{AM} 的定义为：

$$H^{AM} = \begin{cases} 1, & F_s^{AM} > 0, F_f^{AM} < 0, \dot{F}_s^{AM} > 0 \\ 0, & 其他 \end{cases} \tag{6.64}$$

(2) 马氏体向奥氏体的转变（M→A）

类似地，引入 Drucke-Prager 加载函数：

$$F^{MA}(\boldsymbol{\tau}, T) = \|t\| + 3\alpha p - C^{MA}T \tag{6.65}$$

其中，α、C^{MA} 为材料参数。

相变开始和结束的加载公式可表示为：

$$\begin{cases} F_s^{MA} = F^{MA} - R_s^{MA} \\ F_f^{MA} = F^{MA} - R_f^{MA} \\ R_s^{MA} = \sigma_s^{MA}\left(\sqrt{\dfrac{2}{3}} + \alpha\right) - C^{MA}T_s^{MA} \\ R_f^{MA} = \sigma_f^{MA}\left(\sqrt{\dfrac{2}{3}} + \alpha\right) - C^{MA}T_f^{MA} \end{cases} \tag{6.66}$$

其中，σ_s^{MA}、σ_f^{MA}、T_s^{MA}、T_f^{MA} 为材料参数，且相变发生应满足的条件为：

$$F_s^{MA} > 0, F_f^{MA} < 0, \dot{F}_s^{MA} > 0 \tag{6.67}$$

Auricchio 利用指数形式和线性关系式来表示马氏体体积分数变化率：

$$\begin{cases} \dot{\xi}_s^{MA} = H^{MA}\beta^{MA}(1-\xi_M)\dfrac{\dot{F}^{MA}}{(F_f^{MA})^2} \\ \dot{\xi}_s^{MA} = -H^{MA}(1-\xi_M)\dfrac{\dot{F}^{MA}}{F_f^{MA}} \end{cases} \tag{6.68}$$

其中，β^{AM} 为相变的速率，标量参数 H^{MA} 的定义为：

$$H^{MA} = \begin{cases} 1, & F_s^{MA} > 0, F_f^{MA} < 0, \dot{F}_s^{MA} > 0 \\ 0, & 其他 \end{cases} \tag{6.69}$$

(3) 马氏体重取向（$M^t \to M^d$）

引入 Drucke-Prager 加载函数：

$$\begin{cases} F^{MM}(\boldsymbol{\tau}, T) = \|t\| + 3\alpha p - C^{MM}T \\ F_s^{MM} = F^{MM} - R_s^{MM} \\ R_s^{MM} = \sigma_s^{MM}\left(\sqrt{\dfrac{2}{3}} + \alpha\right) - C^{MM}T_s^{MM} \end{cases} \tag{6.70}$$

其中，σ_s^{MM}、C_s^{MM}、T_s^{MM} 为材料参数，且相变发生应满足的条件为：

$$F_s^{MM} > 0 \tag{6.71}$$

Auricchio 提出的宏观唯象模型描述了 SMA 材料的超弹性和单、双程形状记忆效应，易与有限元法相结合，是当前广泛应用的 SMA 本构模型之一。值得指出的是，目前 ANSYS、

MARC 等大型有限元软件都是在 Auricchio 模型基础上建立其各自的形状记忆合金本构关系的有限元表达式,但是都只能模拟超弹性效应,不能模拟温度回复效应。

6.5 工程应用

智能材料和结构在工程应用中发挥了越来越重要的作用。形状记忆合金是最重要的智能材料之一,其独特的超弹性效应和形状记忆效应,使得它具有在特定温度下能够恢复形变的能力,这使得 SMA 已经广泛应用于航空航天、生物医学等众多工程领域,同时,近年来 SMA 也被引入土木工程领域。相比于其他智能材料,SMA 的主要优点是:高强度、优异的耐腐蚀性、生物相容性、高功率质量比、大变形恢复能力,并且当 SMA 被加热至特定的相变温度并受到约束时,能够产生高达 800 MPa 的回复应力,可用于不同应用。

目前,SMA 在结构工程中的主要应用是地震荷载作用下的桥梁和建筑结构物的振动控制(高阻尼能力),各国学者在 SMA 主动和被动振动控制领域已经有了大量研究。

SMA 在土木工程领域应用的另外一个重要发展是用来修复混凝土和钢结构,包括开发出使用 SMA 丝材在混凝土构件中提供预应力、利用 SMA 丝材的形状记忆效应(SME)为钢筋混凝土(RC)柱提供外部约束、使用 SMA 丝材控制混凝土结构中形成的裂缝、使用 CFRP 板和 SMA 丝材加固开裂混凝土梁以及使用超弹性 SMA 棒材增强钢梁柱连接处的转动性能等多种提升混凝土和钢结构使用性能和智能修复的新方法。

6.5.1 用于结构被动控制

SMA 用于结构被动控制主要可以分为耗能和隔震两部分,相应的 SMA 被动控制器包括阻尼器、隔震装置等。早在 20 世纪 90 年代,就有学者在研究中指出,具有超弹性效应和高阻尼性的形状记忆合金是制作阻尼耗能器的理想材料;同时也有研究发现,处于形状记忆阶段的阻尼增强装置能显著降低桥梁结构的地震响应。

1) 在振动控制方向中的应用

在振动控制领域,Adachi 等[43-44]提出使用 SMA 制造阻尼装置,该阻尼装置能够通过其伪屈服效应吸收地震能量并减小桥梁结构在地震作用下的损伤。此外,即使在有残余位移的情况下,该装置也可以利用其 SME(或称自定心作用、自复位作用)使得桥梁回复到原始位置。在他们的研究工作中,研究人员在马氏体相和奥氏体相状态下测试了所提出的阻尼装置,以确定其力-位移关系,并验证 SME 和 SE 阶段的阻尼增强效应。另外,为了确认不同地震类型激励下的效果,该研究进行了一系列振动台试验。研究发现在 SME 阶段所设计的 SMA 阻尼装置的性能更加高效。具有自修复(自定心)功能的智能地震保护系统的示意图如图 6.17 所示。

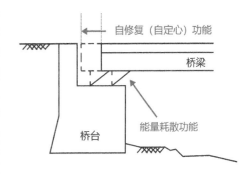

图 6.17 智能地震保护系统示意图[43-44]

2) 在结构抗震方向中的应用

在约束混凝土柱的领域,Andrawes 和 Shin[45]创造性地提出了一种主动约束技术,以增强 RC 桥墩地震期间的延性能力并减轻结构损伤的程度。这种约束技术依靠限制 SMA 箍筋形状恢复而产生的高回复应力,并将其应用于约束 RC 桥墩。该研究使用二维分析模型,以评估反复荷载作用下和地震动激励下的 SMA 箍筋加固单柱墩的抗震性能;作为对比,研究人员同时分析了另一个使用 CFRP 布进行常规加固的单柱墩的抗震性能。该研究中使用的单柱墩的简图以及理想化的力学模型如图 6.18 所示。研究结果表明,与使用 CFRP 布加固单柱墩相比,使用 SMA 箍筋约束单柱墩可以有效地减轻桥墩的损伤程度并使得桥墩最大应变降低了 273%;此外,使用 SMA 箍筋约束单柱墩可以有效减少桥墩的侧向位移。单柱墩骨架曲线的分析结果和试验结果的比较如图 6.19 所示。

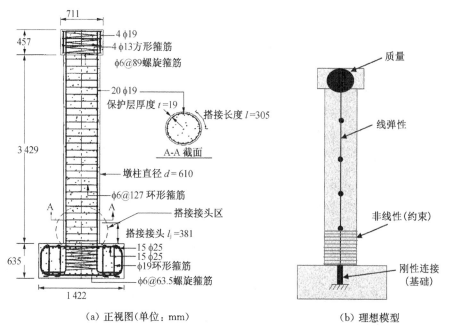

图 6.18 单柱墩的简图以及理想化的力学模型[45]

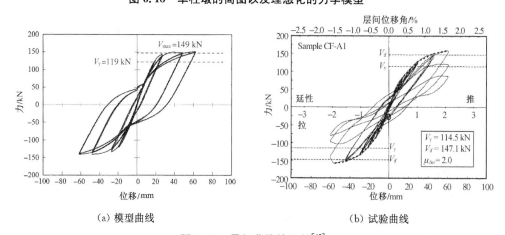

图 6.19 骨架曲线的比较[45]

类似地,通过理论分析和试验验证,Andrawes 等[46]提出了一种使用 SMA 螺旋箍筋主动加固钢筋混凝土(RC)桥墩的抗震性能的新方法,所提出的方法如图 6.20 所示。在这项研究中,限制 SMA 形状恢复所产生的高回复应力被用于给 RC 桥墩施加外部围压,以提高桥墩的延性。试验工作包括 SMA 螺旋箍筋加固混凝土圆柱的单轴压缩试验,如图 6.21 所示。试验结果表明,即使在小围压的作用下,混凝土强度和延性也得到了显著提高,并且研究人员将结果用于校准混凝土分析模型。在该研究中,研究人员比较了 SMA 螺旋箍筋加固 RC 桥墩与 CFRP 布加固 RC 桥墩在强震作用下的抗震性能,结果验证了所提出的加固方法(SMA 螺旋箍筋加固 RC 桥墩)与 CFRP 布加固 RC 桥墩相比,在提高桥墩强度(相比 CFRP 布加固 RC 桥墩提高了 38%)以及有效刚度,减少混凝土损坏和残余变形方面的优越性。

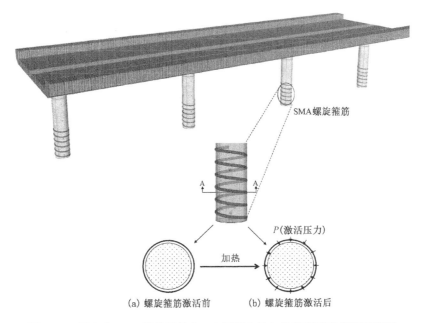

图 6.20 预应变 SMA 螺旋箍筋在 RC 桥墩上施加外部围压的原理示意图

6.5.2 用于结构主动控制

1) 在智能结构方向中的应用

智能结构上传感系统和驱动系统的组合能够对环境或者结构状态的任何变化做出预先响应和安排。Daghia 等[47]对带有布拉格光栅(FBG)传感器和 SMA 驱动器的小尺寸智能钢筋混凝土(RC)梁进行了三点弯曲试验。本研究的重点是将 SMA 丝材放置在套管内并埋入传统的钢筋中,探索使用 FBG 传感器记录 RC 梁加载和卸载过程中 SMA 的变形以监测梁临界状态的可能性。研究发现,温度诱发 SMA 驱动器产生的回复应力,暂时恢复 RC 梁跨中的一些残余位移并减小裂缝宽度;当 SMA 冷却时,产生的回复应力松弛,这使得该技术成为对智能

图 6.21 用 SMA 螺旋约束的预制混凝土圆柱[46]

梁结构进行临时修复的有效方法。SMA使裂缝闭合的效应可以与其他修复方法搭配,例如通过CFRP板加固和注入环氧树脂来实现对结构的长期加固。研究人员表示,试验证实了传感和驱动方法的有效性;此外,影响SMA驱动器对结构修复结果的因素有很多,需要进行大量试验研究。

Deng等[48]为探究电流驱动下对称嵌入Ni-Ti SMA丝材的单轴钢筋混凝土(RC)试样的预应力特性开展了大量的试验研究。在这个复杂的试验程序中,他们检验了影响RC试件变形(轴向应变)的主要因素。对称嵌入Ni-Ti SMA丝材的单轴RC试样的示意图和本研究中使用的试验装置分别如图6.22和图6.23所示。结果表明,作为驱动器,SMA丝材可用于轴向预应力RC试件并且可控制RC试件的轴向应变。基于这些结果,他们得出以下结论:① 尽管可能受到许多其他因素的影响,嵌入式SMA丝材是影响RC试样轴向应变的重要因素,因此,SMA丝材驱动器可以有效地调整RC试样的应变;② 第二次驱动时RC试样

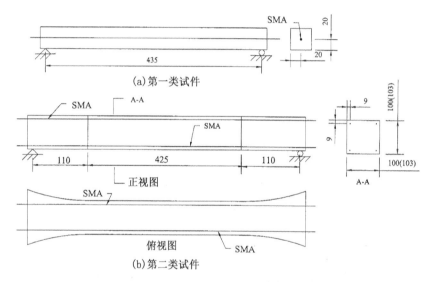

图6.22 对称嵌入式SMA丝材驱动RC试件示意图(单位:mm)[48]

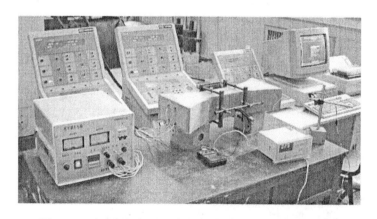

图6.23 对称嵌入式SMA丝材驱动RC试件的试验装置[48]

的轴向应变的增加,取决于SMA丝材在第一次驱动时达到的最高温度,如果在第一次驱动中实现的SMA丝材的最高温度低于逆相变结束温度($T < A_f$),那么在SMA丝材中仍然存在一些马氏体相,并且在第二次驱动时可以发生SMA丝材的逆相变;③ 当初始预应变在6%~8%的范围内时,SMA丝材的预应变对产生的回复力的大小有很大影响,此时,SMA丝材的预应变越大,RC试样的轴向压缩应变越大;④ RC试样的轴向应变行为受SMA驱动器的驱动模式的影响很大,逐步增加电流的驱动模式是SMA丝材逆相变的更有效的驱动方法。他们还指出,许多其他因素影响嵌入式SMA丝材驱动RC试件的性能,包括养护条件、SMA丝材的直径等,而这些因素需要更多研究。

Deng等[49]对嵌入式SMA驱动钢筋混凝土(RC)梁的弯曲变形性能进行了广泛的试验研究。试验材料使用Ti-50Ni SMA丝材并通过电源加热,该研究中使用的试件形状如图6.24所示。通过试验研究了影响混凝土梁挠度的几个重要因素,包括梁的横截面积、嵌入SMA丝材的数量、SMA丝材的预应变、养护条件(水箱或标准蒸汽养护箱)、养护时间、SMA丝材的驱动模式、SMA丝材的体积分数和SMA丝材的直径。结果表明,在SMA丝材加热过程中会在RC梁内产生很大的回复力,因此SMA丝材可以作为驱动器调整RC梁的挠度。根据本研究的结果,得出以下结论:① 在SMA丝材的驱动期间,回复力可以从丝材传递到RC梁上,并且RC梁的上挠程度随着丝材温度的升高而增加;② SMA丝材的驱动模式显著影响RC梁的挠度和SMA逆相变的速率,逆相变的速率取决于电流大小和驱动时间的长短,逐步增加电流的驱动模式是SMA丝材逆相变的更有效的驱动方法;③ SMA丝材的预应变对产生的回复力的大小有很大影响,对于该研究而言,当初始预应变在6%~8%的范围内时,SMA丝材的预应变越大,RC梁的弯曲变形越大;④ 即使在丝材总横截面积相等的情况下,嵌入小直径的SMA丝材产生的RC梁的上挠大于嵌入较大直径SMA丝

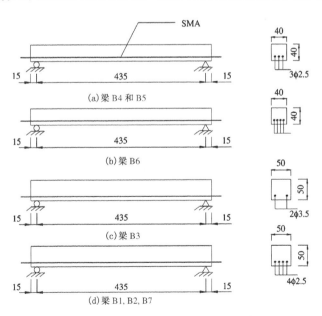

注:图中数据单位为mm,所有混凝土保护层厚度均为9 mm。

图 6.24 带有嵌入式 SMA 丝材驱动 RC 梁的示意图[49]

材所产生的上挠,为了提高 RC 梁的上挠程度,在 SMA 丝材和混凝土基体之间需要存在足够的界面面积。许多其他因素影响具有嵌入式 SMA 丝材驱动 RC 梁的性能,包括 SMA 丝材的横截面积、养护条件、养护时间和驱动时间。需要更多的试验来确认这些因素的影响。此外,他们还建议进行额外的研究,以探索 SMA 丝材在控制 RC 梁变形方面的实际应用。

Choi 等[50]提出了一种使用马氏体相或奥氏体相的 SMA 丝材来约束钢筋混凝土(RC)圆柱的新方法。在该项研究工作中,研究人员测试了两组用 SMA 丝材约束的 RC 圆柱。第一组 RC 圆柱使用预应变为 3%、直径为 1 mm 的马氏体相(在室温下)Ti-49.7Ni SMA 丝材作为约束。对 SMA 丝材缠绕约束的 RC 圆柱进行回复应力试验,以评估其回复应力,该应力取决于预应变以及残余变形。在 3%预应变的情况下,SMA 丝材会产生最大回复应力;预应变超过 3%,以上 SMA 丝材的回复应力会降低。SME 是 SMA 丝材能够产生回复应力的原因,SME 通过使用加热套包裹 RC 圆柱施加热量而被激活。第二组 RC 圆柱使用直径为 1 mm 的奥氏体相(在室温下)Ti-50.3Ni SMA 丝材进行约束。在这组试验中,SMA 丝材在缠绕 RC 圆柱时被施加预应变。对这些 SMA 丝材约束 RC 圆柱进行拉伸试验以评估其 SE 性能,并且丝材也显示出了部分 SE 性能。使用 SMA 丝材约束 RC 圆柱的详细过程如图 6.25 所示。该研究结果表明,与普通无侧向围压的 RC 圆柱相比,由马氏体相 SMA 丝材约束的 RC 圆柱的强度略有增加,但延性大大提高;与由马氏体相 SMA 丝材约束的 RC 圆柱相比,由奥氏体相 SMA 丝材约束的 RC 圆柱的性能与之相似(强度略有增加,延性大幅提高)。他们还提出,使用 SMA 丝材约束 RC 圆柱的方法有许多优点:① SMA 耐腐蚀且无须维护;② SMA 可以使用机器自动制造;③ 容易引入回复应力或后张应力;④ 破坏应变非常大(高达 20%)。考虑到这些优势,SMA 丝材约束的 RC 桥墩的加固方法成为一种保护桥梁结构免受地震破坏的有前景的方法。

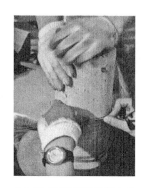  

(a) 手工缠绕钢筋混凝土柱　　(b) 完全包裹钢筋混凝土柱　　(c) 用加热套加热

图 6.25　使用 SMA 丝材约束 RC 圆柱的详细过程[50]

2) FRP/SMA 复合材料主动加固技术

FRP 和 SMA 是两种非常重要的材料,由于它们独特的材料性质和力学行为,在土木工程领域具有很广泛的应用前景。因此,FRP 和 SMA 复合将产生一种智能复合材料主动加固技术,在土木工程结构中具有许多应用的可能。FRP/SMA 复合材料可有效地改善结构的疲劳和蠕变性能,复合强化结构,改善其阻尼能力,控制结构的形状或振动性能。FRP/

SMA 复合材料被发明的初期,专门用于航空航天领域,用于修复和解决不同的问题。在过去的二十年中,FRP/SMA 复合材料开始进入土木工程领域,这意味着该领域的大多数研究都是相对较新的。一些研究人员已经开展研究将 FRP/SMA 复合材料作为增强材料来修复和加固土木工程结构。

在土木工程领域,FRP/SMA 复合材料广泛用于地震荷载作用下的结构振动控制、损伤修复以及结构加固。

在振动控制领域,Zhang 等[51]提出使用嵌入 SMA 丝材的 CFRP 基复合材料进行冲击载荷作用下结构的振动控制。他们使用特殊的二维张拉框架,并用 0.2 mm 和 0.4 mm 直径的 Ni-Ti SMA 丝材制作 SMA 网。研究人员生产了三种不同类型的复合材料:CFRP/环氧树脂/CFRP、CFRP/钢丝网/环氧树脂/CFR 和 CFRP/SMA 网/环氧树脂/CFRP。研究发现,通过添加一层 Ni-Ti SMA 网,可以有效地改善复合材料的阻尼和振动特性。Yuse 和 Kikushima[52] 开展了 SMA/CFRP 复合材料驱动器用于振动控制方向的研究。

在 de Oliveira 等[53]进行的研究中,Ni-Ti SMA 丝材被嵌入 CFRP 布材以增强其阻尼性能。他们用直径相同(203 μm)的两种类型(室温下处于不同的相位状态)的 Ni-Ti 合金丝材,第一种处于奥氏体相(超弹性效应,SE),第二种处于马氏体相(形状记忆效应,SME)。在被嵌入之前,对 SE Ni-Ti 合金丝材施加 2.5% 的预应变以产生马氏体相变;而在 SME Ni-Ti 丝材中,由于马氏体相的存在,其阻尼被增强。被动消能通过 SMA 奥氏体相和马氏体相之间的相互转化来提供。在复合片材上进行自由振动试验以评估由 5% 体积分数的 SMA 丝材产生的被动消能效应。可以证实,在室温条件下,两种类型的 SMA 丝材都可以改善 CFRP 的阻尼特性,并且这与振幅有关。根据自由振动试验(初始振幅为 2.9 mm)的结果,研究人员发现,在室温条件下,5% 体积分数的预应变 SE Ni-Ti 合金丝材使得 CFRP 片材的阻尼提高了约 87%;此外,在低温条件(−40 ℃)下,SME Ni-Ti 合金丝材表现出更好的被动消能性能,其使得 CFRP 片材的阻尼性能提高了 14%,在室温下可以观察到相似的结果。对于试验温度高于奥氏体相变结束温度(A_f)的情况,两种丝材对阻尼性能都没有影响。

Aurrekoetxea 等[54]研究了 SMA 丝材的超弹性效应(SE)对 CFRP 的冲击性能的影响。研究发现,在亚临界冲击状态下,SMA 丝材的存在对强度和能量耗散没有影响,因为吸能引发应力诱发马氏体相变尚未被激活;相比之下,在超临界冲击状态下,SMA 丝材的存在对能量吸收产生了积极影响,若 CFRP 材料可以吸收 2.22 J 的能量,则复合材料可以吸收 4.68 J 的能量。此外,研究发现,复合材料冲击性能的增强不仅归功于 SMA 丝材的能量吸收能力,而且还归因于 SMA 丝材产生的高回复应力作为愈合力显著改善复合材料的承载能力。

在损伤抑制和裂缝修复领域,各国学者开展了一系列的研究工作。Xu 等[55]研究了 SMA/CFRP 复合材料在环境温度下抑制结构损伤的发展。此外,Lee 等[56]证实了 Ni-Ti SMA/CFRP 复合材料的应用大大改善了裂纹的闭合情况。Pinto 等[57]制备了 CFRP 板中嵌入 Ni-Ti SMA 网形成的复合板材并验证了 Ni-Ti SMA 网作为传感器感知结构完整性的可能性。Liu 和 Li[58]提出了一种利用 CFRP 板和 SMA 丝相结合的复合板材加固受损钢筋混凝土(RC)梁的新型修复方法,以代替具有固有缺点的加固 RC 结构的传统方法(如粘贴钢板)。Wierschem 和 Andrawes[59]通过理论与试验分析,探索了使用 SE SMA/FRP 复合材料加固混凝土结构的新方法。

Amano 等[60]试图评估 Ni-Ti SMA 片材的损伤抑制效果。在他们的研究中,小直径光纤布拉格光栅(FBG)传感器和 Ni-Ti SMA 片材被同时嵌入 CFRP 层压板中。嵌入 SMA 片材作为驱动器抑制 CFRP 层压板损伤的原理图和嵌入式 FBG 传感器的示意图分别如图 6.26 和图 6.27 所示。研究结果表明,通过嵌入小直径 FBG 传感器和嵌入 Ni-Ti SMA 驱动器,可以形成一种实现裂缝检测和抑制的智能结构体系。此外,该体系可以通过嵌入式 FBG 传感器来评估 Ni-Ti SMA 片材的损伤抑制效果。

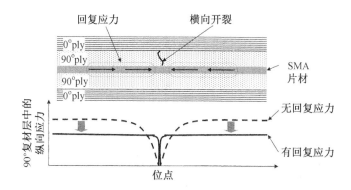

图 6.26　嵌入式 SMA 片材抑制 CFRP 层压板损伤的原理图[60]

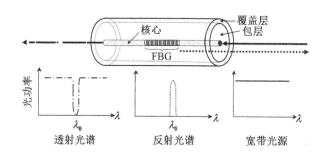

图 6.27　FBG 传感器示意图[60]

此外,Amano 等[61]还通过拉伸加-卸载试验,研究了嵌入 Ni-Ti SMA 片材的 CFRP 复合层压板中的损伤抑制效果。结果表明,嵌入 SMA 片材所产生的回复应力有效地抑制了 CFRP 复合层压板中横向裂纹的产生和发展,其机理如图 6.28 所示。为了验证嵌入的 SMA 片材对损伤抑制的效果,该研究还推导出了一种新的一维剪力滞模型用于评估 SMA 的性能,并利用该模型近似地预测了横向裂缝的发展。模型结果与试验结果表现出了相同的趋势。

Bollas 等[62]研究了 Ni-Ti-Cu(6%)单丝材在受限条件下温度诱发相变而在纤维复合材料体系中产生回复应力的能力。两种复合试样的结果表明,在应力激活阶段,与原始的 Ni-Ti-Cu(6%)丝材相比,3%预应变 Ni-Ti-Cu(6%)丝材在复合体系中应力传递效率更高,所给出的解释为 3%预应变丝材与纤维复合材料之间的界面强度更高,如图 6.29(a)所示。此外,通过比较 Ni-Ti-Cu(12%)单丝材与 Ni-Ti-Cu(6%)单丝材,可以发现它们表现出相似的性能,但 Ni-Ti-Cu(12%)单丝材的应力传递效率低于 Ni-Ti-Cu(6%)单丝材,如图 6.29(b)所示。

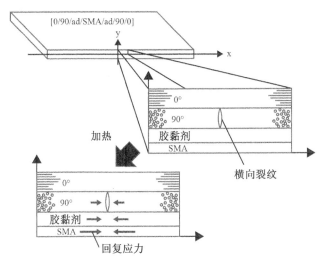

图 6.28 嵌入 Ni-Ti SMA 片材对 CFRP 复合层压板中的损伤抑制机理[61]

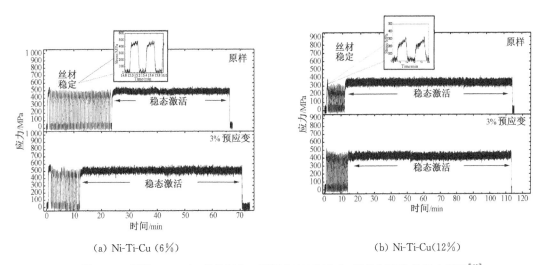

(a) Ni-Ti-Cu (6%)　　　　　　　　　(b) Ni-Ti-Cu(12%)

图 6.29 原始 Ni-Ti-Cu 单丝材和 3%预应变 Ni-Ti-Cu 单丝材产生的应力对比[62]

此外,东南大学王文炜教授课题组团队[63-65]综合 SMA 和 FRP 片材两种材料的优点,将两种材料结合在一起外贴到被加固混凝土构件表面,形成一种新的复合材料加固技术:FRP/SMA 联合增强技术(如图 6.30)。通过联合 SMA 的形状记忆效应与 FRP 轻质高强的特点,实现对结构的"主动"加固。图 6.30(a)的工作原理是对预应力激活区的 SMA 丝材进行升温使其产生回复力,进而实现对复合区 FRP 片材的有效张拉。该预应力施加方法施工方便,不需要大型的张拉设备,施加过程中不需要较大的操作空间,适用于较短部位构件及结构局部的预应力加固。图 6.30(b)的工作原理是通过 SMA 丝材两端的 CFRP 片材将 SMA 丝材锚固于被加固结构上,通过升温激活 SMA 丝材的形状记忆效应从而引入预应力,而后粘贴一层 FRP 片材保护 SMA 丝材并利用 FRP 片材的高强特性提升结构的承载能力,最后联合 SMA 丝材与 FRP 片材实现对结构的复合加固。该项技术的突出优点有：① 施工工艺简便，不受操作空间限制，可快速修复受损混凝土构件。② 利用 SMA 丝材的形状记忆效应，有效引入预应力，恢复混凝土构件的工作性能，避免裂缝开展过宽造成 FRP 片材剥离。③ 克服现有 FRP 片材施加预应力方法的不足，大幅度降低预应力损失，获得更高的有效预应力，起到"恢复"与"提升"的双重效果。

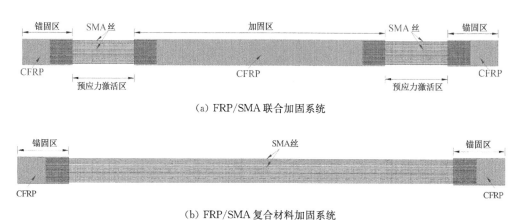

图 6.30　FRP/SMA 联合增强技术

6.6　本章小结

本章首先简要介绍了形状记忆合金(SMA)的产生和发展及其基本分类，分别介绍了镍钛基、铜基、铁基三类形状记忆合金的基本物理化学性能。随后重点阐述了形状记忆合金的一般性质(包括马氏体相变、形状记忆效应、超弹性效应)及技术性能(包括单轴拉伸性能、相变温度、热力学性能、受限回复性能等)，并详细介绍了形状记忆合金的三种应用较多的宏观唯象本构模型(即 Tanaka-Liang-Brinson 系列模型、Auricchio 模型以及 Boyd-Lagoudas 模型)。形状记忆合金在桥梁工程中的应用可分为被动与主动控制两大类，多用于振动控制、结构抗震以及新型智能结构，其中 FRP/SMA 复合材料主动加固技术也日趋完善，具有较大的工程应用潜力。

参考文献

[1] Ölander A. An electrochemical investigation of solid cadmium-gold alloys[J]. Journal of the American Chemical Society,1932,54(10):3819-3833.

[2] Buehler W J, Gilfrich J V, Wiley R C. Effect of low-temperature phase changes on the mechanical proper ties of alloys near composition TiNi[J]. Journal of Applied Physics,1963,34(5):1475-1477.

[3] Greninger A B, Mooradian V G. Strain transformation in metastable beta copper-zinc and beta copper-tin alloys[J]. Trans. AIME,1938,128:337-368.

[4] 杨建楠,黄彬,谷小军,等. 形状记忆合金力学行为与应用综述[J]. 固体力学学报,2021,42(4):345-

375.
[5] 陈光,崔崇. 新材料概论[M]. 北京:科学出版社,2003.
[6] Bogue R. Shape-memory materials: a review of technology and applications[J]. Assembly Automation, 2009, 29(3): 214-219.
[7] Lagoudas D C. Shape memory alloys: modeling and engineering applications[M]. New York: Springer, 2008.
[8] Otsuka K, Wayman C M. Shape memory materials[M]. Cambridge: Cambridge University Press, 1998.
[9] Van Humbeeck J. Damping capacity of thermoelastic martensite in shape memory alloys[J]. Journal of Alloys and Compounds, 2003, 355: 58-64.
[10] 郭良,张修庆. 金属基形状记忆合金研究进展[J]. 功能材料与器件学报, 2020, 26(5): 323-330.
[11] Deng Z C, Li Q B, Sun H J. Behavior of concrete beam with embedded shape memory alloy wires[J]. Engineering Structures, 2006, 28: 1691-1697.
[12] 马奎. NiTi 形状记忆合金棒的受限回复与加热试验及分析[D]. 广州:华南理工大学, 2013.
[13] Sadiq H, Wong M B, Al-Mahaidi R, et al. The effects of heat treatment on the recovery stresses of shape memory alloys[J]. Smart Materials and Structures, 2010, 19: 035021.
[14] Xu Y, Otsuka K, Yoshida H, et al. A new method for fabricating SMA/CFRP smart hybrid composites[J]. Intermetallics, 2002, 10: 361-369.
[15] Ogisu T, Shimanuki M, Kiyoshima S, et al. A basic study of CFRP laminates with embedded prestrained SMA foils for aircraft structures[J]. Journal of Intelligent Material Systems and Structures, 2005, 16: 175-185.
[16] Lecce L, Concilio A. Shape memory alloy engineering: for aerospace, structural and biomedical applications[M]. Butterworth-Heinemann, 2014.
[17] Maji A K, Negret I. Smart prestressing with shape-memory alloy[J]. Journal of Engineering Mechanic, 1998, 124: 1121-1128.
[18] Tsai X Y, Chen L W. Dynamic stability of a shape memory alloy wire reinforced composite beam[J]. Composite Structures, 2002, 56(3): 235-241.
[19] 刘群. 形状记忆合金混凝土构件变形控制研究[J]. 工程力学(增刊), 1998, 15(S2): 259-263.
[20] Vokoun D, Stalmans R. Recovery stresses generated by NiTi shape memory wires[J]. Proceedings of SPIE-The International Society for Optical Engineering, 1999, 3667(3667): 825-835.
[21] Šittner P, Vokoun D, Dayananda G N, et al. Recovery stress generation in shape memory $Ti_{50}Ni_{45}Cu_5$ thin wires[J]. Materials Science and Engineering A, 2000, 286(2): 298-311.
[22] 郑雁军,崔立山,李岩. TiNi 及 TiNiCu 形状记忆合金的回复力特征[J]. 中国有色金属学报, 2004, 14(10): 1642-1647.
[23] Müller I. A model for a body with shape-memory[J]. Archive for Rational Mechanics and Analysis, 1979, 70(1): 61-77.
[24] Falk F. Model free energy, mechanics, and thermodynamics of shape memory alloys[J]. Acta Metallurgica, 1980, 28(12): 1773-1780.
[25] Patoor E, Eberhardt A, Berveiller M. Micromechanical modelling of superelasticity in shape memory alloys[J]. Le Journal de Physique IV, 1996, 6(C1): 277-292.
[26] Sun Q P, Hwang K C. Micromechanics modelling for the constitutive behavior of polycrystalline shape

memory alloys—Ⅱ. study of the individual phenomena[J]. Journal of the Mechanics and Physics of Solids, 1993, 41(1): 19-33.

[27] Gao X J, Huang M, Brinson L C. A multivariant micromechanical model for SMAs Part 1. Crystallographic issues for single crystal model[J]. International Journal of Plasticity, 2000, 16(10): 1345-1369.

[28] Huang M, Gao X J, Brinson L C. A multivariant micromechanical model for SMAs Part 2. Polycrystal model[J]. International Journal of Plasticity, 2000, 16(10): 1371-1390.

[29] Huang W M, Ding Z, Wang C C, et al. Shape memory materials[J]. Materials Today, 2010, 13(7): 54-61.

[30] Marketz F, Fischer F D. Modelling the mechanical behavior of shape memory alloys under variant coalescence[J]. Computational Materials Science, 1996, 5(1): 210-226.

[31] Tanaka K, Kobayashi S, Sato Y. Thermomechanics of transformation pseudoelasticity and shape memory effect in alloys[J]. International Journal of Plasticity, 1986, 2: 59-72.

[32] Liang C. The Constitutive Modeling Shape Memory Alloys[D]. Blacksburg: Virginia Polytechnic Institute and State University, 1990.

[33] Liang C, Rogers C A. A multi-dimensional constitutive model for shape memory alloys[J]. Journal of Engineering Mathematics, 1992, 26(3): 429-443.

[34] Brinson L C. One-dimensional constitutive behavior of shape memory alloys: thermomechanical derivation with non-constant material functions and redefined martensite internal variable[J]. Journal of Intelligent Material Systems and Structures, 1993, 4(2): 229-242.

[35] Brocca M, Brinson L C, Bažant Z P. Three-dimensional constitutive model for shape memory alloys based on microplane model[J]. Journal of the Mechanics and Physics of Solids, 2002, 50(5): 1051-1077.

[36] Auricchio F, Sacco E. A one-dimensional model for superelastic shape-memory alloys with different elastic properties between austenite and martensite [J]. International Journal of Non-Linear Mechanics, 1997, 32(6): 1101-1114.

[37] Auricchio F, Taylor R L. Shape-memory alloys: modelling and numerical simulations of the finite-strain superelastic behavior[J]. Computer Methods in Applied Mechanics and Engineering, 1997, 143(1): 175-194.

[38] Auricchio F, Taylor R L, Lubliner J. Shape-memory alloys: macromodelling and numerical simulations of the superelastic behavior [J]. Computer Methods in Applied Mechanics and Engineering, 1997, 146(3): 281-312.

[39] Boyd J G, Lagoudas D C. A thermodynamical constitutive model for shape memory materials. part i. The monolithic shape memory alloy[J]. International Journal of Plasticity, 1996, 12(6): 805-842.

[40] Graesser E J, Cozzarelli F A. Shape-memory alloys as new materials for aseismic isolation[J]. Journal of Engineering Mechanics, 1991, 117(11): 2590-2608.

[41] Ivshin Y, Pence T J. A thermomechanical model for a one variant shape memory material[J]. Journal of Intelligent Material Systems & Structures, 1994, 32(4): 681-704.

[42] Boyd J G, Lagoudas D C. A thermodynamical constitutive model for shape memory materials. Part Ⅱ. The SMA composite material[J]. International Journal of Plasticity, 1996, 12(7): 843-873.

[43] Adachi Y, Unjoh S. Development of shape memory alloy damper for intelligent bridge systems[J].

Proceedings of SPIE-The International Society for Optical Engineering, 1999, 3671: 31-42.

[44] Adachi Y, Unjoh S, Kondoh M. Development of a shape memory alloy damper for intelligent bridge systems[J]. Materials Science Forum, 2000, 327/328: 31-34.

[45] Andrawes B, Shin M. Seismic retrofitting of bridge columns using shape memory alloys[Z]. International Society for Optics and Photonics, 2008.

[46] Andrawes B, Shin M, Wierschem N. Active confinement of reinforced concrete bridge columns using shape memory alloys[J]. Journal of Bridge Engineering, 2010, 15: 81-89.

[47] Daghia F, Giammarruto A, Pascale G. Combined use of FBG sensors and SMA actuators for concrete beams repair[J]. Structural Control and Health Monitoring, 2011, 18: 908-921.

[48] Deng Z C, Li Q B, Jiu A Q, et al. Behavior of concrete driven by uniaxially embedded shape memory alloy actuators[J]. Journal of Engineering Mechanics, 2003, 129: 697-703.

[49] Deng Z C, Li Q B, Sun H J. Behavior of concrete beam with embedded shape memory alloy wires[J]. Engineering Structures, 2006, 28: 1691-1697.

[50] Choi E, Nam T H, Cho S C, et al. The behavior of concrete cylinders confined by shape memory alloy wires[J]. Smart Materials and Structures, 2008, 17.

[51] Zhang R X, Ni Q Q, Masuda A, et al. Vibration characteristics of laminated composite plates with embedded shape memory alloys[J]. Composite Structures, 2006, 74(4): 389-398.

[52] Yuse K, Kikushima Y. Development and experimental consideration of SMA/CFRP actuator for vibration control[J]. Sensors and Actuators, A: Physical, 2005, 122: 99-107.

[53] de Oliveira R, Bigi E, Sigg A, et al. Passive damping of composites with embedded shape memory alloy wires[C]//SPIE Conference on Behavior and Mechanics of Multifunctional Materials and Composites, 2010.

[54] Aurrekoetxea J, Zurbitu J, Ortiz de Mendibil I, et al. Effect of superelastic shape memory alloy wires on the impact behavior of carbon fiber reinforced in situ polymerized poly (butylene terephthalate) composites[J]. Materials Letters, 2011, 65: 863-865.

[55] Xu Y, Otsuka K, Nagai H, et al. A SMA/CFRP hybrid composite with damage suppression effect at ambient temperature[J]. Scripta Materialia, 2003, 49: 587-593.

[56] Lee C C, Shimamoto A, Nogata F. Effect of crack closure in shape memory alloy TiNi fiber reinforced/CFRP composite[J]. Key Engineering Materials, 2004, 270/271/272/273: 2164-2171.

[57] Pinto F, Ciampa F, Polimeno U, et al. In situ damage detection in SMA reinforced CFRP[C]. 2012.

[58] Lin Z Q, Li H. Study of a reinforced concrete beam strengthened using a combination of SMA wire and CFRP plate[J]. Proceedings of SPIE-The International Society for Optical Engineering, 2006, 6173: 617319.

[59] Wierschem N, Andrawes B. Superelastic SMA-FRP composite reinforcement for concrete structures [J]. Smart Materials and Structures, 2010, 19(2): 1-13.

[60] Amano M, Okabe Y, Takeda N. Evaluation of crack suppression effect of TiNi SMA foil embedded in CFRP cross-ply laminates with embedded small-diameter FBG sensor[J]. JSME International Journal, Series A: Solid Mechanics and Material Engineering, 2006, 48: 443-450.

[61] Amano M, Taketa I, Kobayashi M, et al. Evaluation of the damage suppression effect of Ti-Ni shape memory alloy foils embedded in carbon fiber reinforced plastic laminates[J]. Advanced Composite Materials, 2005, 14: 43-61.

[62] Bollas D, Pappas P, Parthenios J, et al. Stress generation by shape memory alloy wires embedded in polymer composites[J]. Acta Materialia, 2007, 55: 5489-5499.

[63] Xue Y J, Wang W W, Wu Z H, et al. Experimental study on flexural behavior of RC beams strengthened with FRP/SMA composites[J]. Engineering Structures, 2023, 289: 116288.

[64] Xue Y J, Wang W W, Tian J, et al. Experimental study and analysis of RC beams shear strengthened with FRP/SMA composites[J]. Structures, 2023, 55: 1936-1948.

[65] Xue Y J, Cai D C, Wang W W, et al. Prestress loss and flexural behavior of precracked RC beams strengthened with FRP/SMA composites[J]. Composite Structures, 2023, 321: 117319.

第7章

其他新型材料

7.1 功能梯度材料

功能梯度材料(functionally gradient materials,FGM)是指由两种或多种材料经复合而成的结构和组分呈连续梯度变化的一种新型复合材料[1-4]。它主要包括梯度折射率材料和热防护功能梯度材料两种。

最早研究的 FGM 是光学功能梯度材料。1900 年,美国的伍德(Wood)用明胶做成了光折射率沿径向连续变化的圆柱棒,称之为梯度折射率材料(gradient-index materials,GIM)。由于制作工艺没有解决,未能实际应用,因而也未引起人们的注意。1969 年,日本板玻璃公司的北野等人利用离子交换工艺制成玻璃梯度折射率棒材和光纤,达到了实用水平,梯度折射率材料的研究才迅速发展,并推动了一个新的光学分支——梯度折射率光学的形成。

1984 年,日本国立宇航实验室为适应宇航技术的发展,提出了功能梯度材料的设想。1987 年,日本学者新野正之、平井敏雄和渡边龙三人提出了使金属和陶瓷复合材料的组分、结构和性能呈连续变化的热防护功能梯度材料的新概念,很快引起世界各国科学家的极大兴趣和关注。1990 年 10 月,日本召开了第一届功能梯度材料国际研讨会。1993 年,美国国家标准技术研究所开始了一个以开发超高温耐氧化保护涂层为目标的大型 FGM 研究项目。俄罗斯、法国和英国等许多国家也相继开展了 FGM 的研究。其后功能梯度材料的应用逐步扩展到核能源、电子材料、化学工业以及生物医学工程等领域,从而使功能梯度材料的概念成为一种材料的通用概念,FGM 也开始成为一类新型的材料。

我国从 1980 年开始功能梯度材料的研究。先研究的是光学功能梯度材料,随后也开展了热防护功能梯度材料的研究。1991 年,功能梯度材料及其应用被列入了国家 863 计划和国家自然科学基金项目中。我国功能梯度材料的研究发展较快,并取得了较好的进展。

7.1.1 功能梯度材料的分类及其特点

功能梯度材料是一种集各种组分(如金属、陶瓷、纤维、聚合物等)于一体的新型材料,其结构、物性参数和物理、化学、生物等单一或综合性能呈连续变化,以适应不同环境,实现某一特殊功能,它与通常的混杂材料和复合材料有明显的区别,见表 7.1。

表 7.1 功能梯度材料与混杂材料及复合材料的比较

材料	混杂材料	复合材料	功能梯度材料
设计思想	分子、原子级水平合金化	材料优点的相互复合	以特殊功能为目标
组织结构	0.1 nm～0.1 μm	0.1 μm～1 m	10 nm～10 μm
结合方式	分子间作用力	化学键/物理键	分子间作用力/化学键/物理键
微观组织	均质/非均质	非均质	均质/非均质
宏观组织	均质	均质	非均质
功能	一般	一般	梯度化

1) 功能梯度材料的分类

从材料的组合方式来看,功能梯度材料可分为金属-陶瓷、金属-非金属、陶瓷-陶瓷、陶瓷-非金属以及非金属-塑料等多种结合方式。从组成变化来看,功能梯度材料可分为三类[5],即

(1) 功能梯度整体型 组成从一侧到另一侧呈梯度渐变的结构材料。

(2) 功能梯度涂覆型 在基体材料上形成组成渐变的涂层。

(3) 功能梯度连接型 黏结两个基体间的接缝的组成呈梯度变化。

2) 功能梯度材料的特点

功能梯度材料的主要特征有以下三点[6]：

(1) 材料的组分和结构呈连续梯度变化；

(2) 材料的内部没有明显的界面；

(3) 材料的性质也相应呈连续梯度变化。

更具体地说,功能梯度材料能够以下列几种方式改善一个构件的热机械特征：

(1) 热应力值可减至最小,而且控制热应力可达到适宜的临界位置；

(2) 对于一给定的热机械载荷作用,推迟塑性屈服和失效的发生；

(3) 抑制自由边界与界面交接处的严重的应力集中和奇异性；

(4) 与突变的界面相比,可以通过在成分中引入连续的或逐级的梯度来提高不同固体(如金属和陶瓷)之间的界面结合强度；

(5) 可以通过对界面的力学性能梯度的调整来降低裂纹沿着或穿过一个界面扩展的驱动力；

(6) 通过逐级的或连续的梯度可以方便地在延性基底上沉积厚的脆性涂层(厚度一般大于 1 mm)；

(7) 通过调整表面层成分中的梯度,可消除表面锐利压痕根部的奇异场,或改变压痕周围的塑性变形特征。

7.1.2 梯度折射率材料

在传统的光学系统中,各种光学元件所用的材料都是均质的,每个元件内部各处的折射率为常数。梯度折射率材料则是一种非均质材料,它的组分和结构在材料内部按一定规律

连续变化,从而使折射率也相应呈连续变化[7-9]。

1) 梯度折射率材料的折射率梯度类型

梯度折射率材料按折射率梯度基本分为三种类型:径向梯度折射率材料、轴向梯度折射率材料和球向梯度折射率材料。

(1) 径向梯度折射率材料

径向梯度折射率材料为圆棒状,其折射率沿垂直于光轴的半径从中心到边缘连续变化,等折射率面是以光轴为对称轴的圆柱面。沿垂直于光轴方向截取一定长度的梯度折射率棒,将两端加工成平面,就制成一个梯度折射率棒透镜。光线在镜内以正弦曲线的轨迹传播,如果折射率从轴心到边缘连续降低,那么就是自聚焦透镜,相当于普通凸透镜;如果折射率从轴心到边缘连续增加,那么就是自发散透镜,相当于凹透镜。

为了获得理想的成像,对折射率的具体分布形式做了许多理论研究。目前使用比较普遍的仍然是抛物线形的分布式,并作为径向梯度折射率棒设计的基础。下式给出了一个抛物线形的分布式,其抛物线形的分布如图 7.1 所示。

$$n(r) = n_0 \left(1 - \frac{A}{2} r^2\right) \tag{7.1}$$

式中,n_0 为棒光轴处的折射率,r 是离开光轴的距离,A 为与折射率分布有关的常数。

如果径向梯度折射率棒的长径比远小于1,那么它就成为梯度折射率薄透镜。如果径向梯度折射率棒的长径比极大,那么它就成为梯度折射率光纤或称自聚焦型光纤。

(2) 轴向梯度折射率材料

轴向梯度折射率材料的折射率沿圆柱形材料的轴向呈梯度变化,其折射率分布用下式表示,即:

$$n(z) = n(0)(1 - Az^\beta) \tag{7.2}$$

式中,$n(z)$ 为沿轴向 z 处的折射率,$n(0)$ 是端面处的折射率,A 是分布系数,z 为轴处任一点离端面的距离,β 是分布指数。

将轴向梯度折射率材料加工成图 7.2 所示的平凸透镜,其厚度为 d,则 $0 \leqslant z \leqslant d$。理论计算表明,$\beta = 1$,即折射率沿轴向以线性分布时,成像质量最为理想。

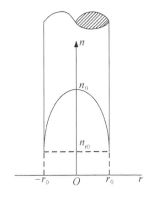

图 7.1 径向梯度折射率棒的抛物线形分布

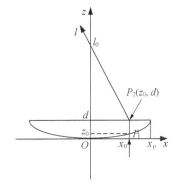

图 7.2 轴向梯度折射率平凸透镜

(3) 球向梯度折射率材料

球向梯度折射率材料的折射率对称于球内某点而分布,这个对称中心可以是球心,它的等折射率面是同心球面。早在 1854 年麦克斯韦(Maxwell)就提出了球面梯度透镜的设想,即著名的 Maxwell 鱼眼透镜。他提出折射率分布式为下式时,可以理想聚焦,即:

$$n(r)=n_0\left[1+\left(\frac{r}{a}\right)^2\right]^{-1} \tag{7.3}$$

式中,r 为离开球心的距离,n_0、a 为常数。

这种球透镜只在它内部或表面的点能够成像,因而难以制作和应用,但至今仍有理论意义。其后卢内伯格曾提出了 Luneberg 球透镜的折射率分布式,要求球表面的折射率与周围介质(如空气)的折射率相同,因而也无法实现。1985 年祝颂来等报道了一种直径约为 5 mm 的玻璃梯度折射率球,1986 年小池等报道了直径为 0.05~3 mm 的高分子梯度折射率球,他们都提出折射率分布可近似于抛物线分布,这与径向梯度折射率材料的要求基本相同。

2) 梯度折射率材料的种类

梯度折射率材料的制作和元件的制作是同步进行的。由于这一特点,其种类除按化学成分分类外,还经常按其元件的构造来分类。按化学成分,梯度折射率材料可分为无机材料和高分子材料两大类;按元件的构造,可分为径向梯度折射率棒透镜、轴向梯度折射率棒透镜、球向梯度折射率球透镜、平板透镜、平板微透镜阵列和梯度折射率光波导元件等。

(1) 无机梯度折射率材料

无机梯度折射率材料特别是无机玻璃梯度折射率材料的研究较早。从 1854 年开始,一些学者就提出了许多理论模型,但是,由于当时制备工艺不能解决,这些模型都没有实用。直到 1969 年日本用离子交换工艺制作出玻璃梯度折射率棒和光纤,才引起了一些发达国家的普遍重视,利用无机材料制作梯度折射率材料的研究也迅速发展起来。

无机梯度折射率材料主要有玻璃、锗、砷、硫和硒的化合物,以及氯化银和氮化硅等,其中用离子交换工艺制成的玻璃梯度折射率棒已经达到实用化。其优点是:透过率高、折射率大、像差和色差小、分辨率高,其缺点是:密度大、尺寸小、冲击强度差、制作过程较复杂。

(2) 高分子梯度折射率材料

高分子梯度折射率材料的研究较晚。1972 年日本首次报道用高分子盐离子交换法研制出高分子径向梯度折射率材料,开辟了该类材料的新领域,立即受到了人们的广泛重视。在随后的十余年间,日本、美国和苏联等国家相继开展了高分子梯度折射率材料的研究,并取得了进展。

高分子梯度折射率材料目前主要有甲基丙烯酸甲酯、间(或邻)苯二甲酸二烯丙酯、二缩乙二醇二碳酸二烯丙酯(CR-39)、甲基丙烯酸三氟乙酯、甲基丙烯酸四氟丙酯、苯乙烯和苯甲酸乙烯酯的二元和三元共聚物等。这类材料的优点是:密度小、价格低、易加工、抗冲击强度大,可制成大尺寸产品和三维光波导元件。其缺点是:透过率和分辨率较低、折射率可调范围小、色差大和热性能差等,这些缺点都影响了它的实用性。到目前为止,高分子梯度折射率材料仍处于实验室研究阶段,离实用化仍有相当的距离。

3) 梯度折射率材料的制备

(1) 无机梯度折射率材料的主要制备方法

① 离子交换法

在玻璃软化温度以下的熔盐中,玻璃中的金属离子与熔盐中的金属离子进行扩散交换,逐步形成交换离子的浓度梯度,从而形成折射率的梯度。常用的盐类有硼酸盐、硼硅酸盐、锌硅酸盐、钠硼硅酸盐和银盐等。玻璃也可以用不同的种类,还可以外加电场,以提高极性离子的扩散交换速率。这种方法经过20多年的研究,工艺已经成熟,产品已商品化。但该法也存在一些缺点,如扩散深度小、不能制出大尺寸的梯度材料等,其应用限于微型光学系统。

② 化学气相沉积法

将具有不同折射率的材料逐层地沉积于管内壁或圆棒外,得到折射率呈阶梯形分布的材料。当拉成光纤后,因为阶梯厚度小于光波长,所以径向折射率就呈近似的连续分布。这种方法已广泛用于制备梯度光纤的预制棒,但化学气相沉积法难以制备大尺寸的梯度材料。

③ 分子(离子)填充法

选择加热后可分成两相的玻璃,其中一相可用酸溶出,从而生成多孔玻璃。将它放入另一化合物溶液中,使其分子(离子)向多孔玻璃中扩散,形成组分的梯度变化,再通过烧结并除掉挥发性物质,使组分固定。该方法可得到大的梯度深度,因而可制得大尺寸的梯度材料,但相分离不易均匀,制作过程比较复杂,不易实用化。

(2) 高分子梯度折射率材料的主要制备方法

① 扩散法

将完全聚合的高分子加工成棒材后,放入大的圆筒形模具中,注入稀释剂,加热使稀释剂向棒中扩散,形成组分和相应的折射率梯度分布。由于该方法工艺简单,因此在高分子梯度折射率材料制备方法中占有主要地位,不少方法(如扩散化学反应法、扩散共聚法等)均是由这种方法改进而成。其缺点是:稀释剂不参与反应,故稳定性差,另外,完全聚合的高分子中扩散稀释剂的速度极慢,制作时间太长。

② 扩散化学反应法

扩散化学反应法是在扩散法的基础上改进而成的方法。使高分子棒材带有反应性基团,可使稀释剂与该反应基团发生化学反应,这样可增加稳定性。但由于稀释剂一般需用溶剂溶解成溶液,溶剂残留在梯度棒材中不易完全挥发,将影响性能。

③ 扩散共聚法

这种方法是指先将折射率高的、含两个能聚合双键的单体在模具中制成凝胶状的预聚棒材,再放入折射率低的单体中,保温扩散,同时伴随共聚反应,形成组分和折射率的梯度分布,然后取出扩散共聚后的棒材,经过保温完全聚合后即制得梯度材料。该方法消除了上述两种方法的缺点,扩散梯度深度大,可制作大口径的棒材,但此法的制作步骤多,不易控制。

4) 梯度折射率材料的应用前景

用GIM制成的光学元件具有显著的特点,如梯度折射率透镜体积小、数值孔径大、焦距短、端面为平面、消像差性好等。因此,组成的光学系统可大大减少组件总数和非球面组件数,使结构简化。另外,梯度折射率光纤可以自聚焦,能提高耦合效率。梯度折射率微型光学元件是集成光学和光计算机的主要组件。

GIM 的一些设计或应用例子见表 7.2,可以看出它在光学系统中良好的应用前景。

表 7.2 梯度折射率材料的应用

系统	设计或应用
成像系统	准直透镜、施密特校正镜、摄影透镜、显微镜、望远镜、菲涅尔透镜、眼镜
复印机系统	棒透镜阵列
内窥镜系统	医用内窥镜
光通信系统	自聚焦光纤、连接器、分路器、光开关、光衰减器、光波导元件、激光二极管
光盘系统	拾音透镜、拾像透镜
光计算机系统	微型光学元件

7.1.3 热防护功能梯度材料

热防护功能梯度材料是应现代航天航空工业等高技术领域的需要,为了满足在极限环境(超高温、大温度落差)下能反复地正常工作而发展起来的[10]。

1) 热防护功能梯度材料的设计

热防护功能梯度的开发研究涉及多学科、多产业的交叉和合作,这是一项很大的系统工程,它一般包括材料的设计、材料的合成(制备)和材料的特性评价三个部分,如图 7.3 所示。

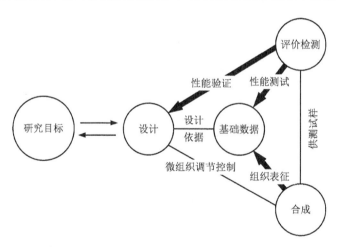

图 7.3 热防护功能梯度材料的研究体系

(1) 热防护功能梯度材料的设计概念

热防护功能梯度材料主要是陶瓷-金属系梯度材料,其设计概念如图 7.4 所示,这种复合材料的一侧由陶瓷赋予耐热性,另一侧由金属赋予其机械强度及热传导性,并且两侧之间的连续过渡能使温度梯度所产生的热应力得到充分缓和。

热防护功能梯度材料设计的目的是获得最优化的材料组成和组成分布(曲线)。首先根据材料的实际使用条件,进行材料内部组成和结构的梯度分布设计,然后借助计算机辅助设

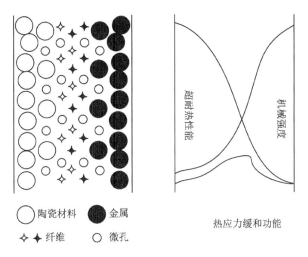

图 7.4 热防护功能梯度材料设计概念

计和迭代运算,建立准确的计算模型,求得最佳的材料组合、内部组成分布、微观组织以及合成条件,从而达到热应力缓和。

(2) 热防护功能梯度材料的设计程序

热防护功能梯度材料一般采用逆设计系统,其设计过程如图 7.5 所示:

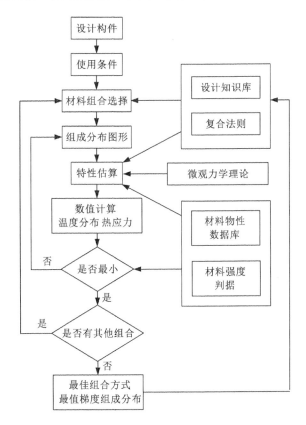

图 7.5 热防护功能梯度材料的逆设计框图

在热防护功能梯度材料的设计中,功能梯度材料所需的物性数据的推定方法以及功能梯度材料的理论模型与热应力解析方法是两项主要研究内容,它们在很大程度上影响设计的正确和精确程度。同时,从目前水平看功能梯度材料的设计,往往不是一次设计就可完成的,而是要经过多次的设计→合成→性能评价的反复过程,才能得到较好的结果。

2) 热防护功能梯度材料的制备方法

对于热防护功能梯度材料的制备技术和方法,国内外科学工作者进行了大量的研究和开发工作。其制备技术综合了超细、超微细粉、均质或非均质复合材料等微观结构控制技术和生产技术,使用的原材料可为气相、液相或固相。

(1) 物理气相沉积法

物理气相沉积(physical vapor deposition, PVD)法是指通过加热等物理方法使源物质(如金属等)蒸发,进而使蒸气沉积在基体上成膜的方法。这种方法的特点是可以制得多层不同物质的膜,但用该方法制得的膜较薄,而且每层只能是某一种物质,因而很难制得成分呈连续变化的梯度材料。因此,采用改进的PVD法,即将反应气体通入金属蒸气中,使金属反应生成金属化合物。控制反应气体的组成和流量,使金属化合物的组成发生连续变化,然后连续地沉积在基体上,形成梯度材料。

(2) 化学气相沉积法

化学气相沉积(chemical vapor deposition, CVD)法是指将气相的化合物在一定的反应条件下生成的固相沉积在基体上,通过选择反应温度和气体的压力与流量等来控制固相组成的连续变化而制成梯度材料。CVD法的特点是:可镀形状复杂的表面材料,沉积面光滑致密,沉积率高,可成为制备复杂结构的梯度材料的表观涂层关键技术之一。例如,将含有金属和非金属卤化物的原料气体进行加热分解,使其沉积在基体上,或者将生成的碳化物、氮化物混合气体送入反应器中,使加热反应生成的化合物沉积在基体上。

(3) 物理-化学气相沉积法

物理-化学气相沉积法综合了PVD法和CVD法的优点。因为CVD法的沉积温度一般高于PVD法的沉积温度,所以在基体的低温侧采用PVD法,高温侧采用CVD法。日本住友公司将PVD-CVD法用在C/C复合材料基体上,用PVD法在低温侧沉积了Ti/TiC梯度层,用CVD法在高温侧沉积了C/SiC梯度层,据报道这种方法制备出的产品是一种耐高温、耐氧化性能优良的梯度材料。

7.1.4 功能梯度材料的应用

功能梯度材料作为一种新型功能材料,在桥梁工程、航天工业、电子工业和生物医学工程等领域具有重要的应用。

1) 桥梁工程防护材料

(1) 陶瓷/陶瓷复合功能梯度材料

陶瓷/陶瓷复合功能梯度材料正面陶瓷含量高[80%～100%(体积分数)],具有较高的硬度和强度;过渡层的陶瓷含量沿厚度方向连续降低(或阶梯降低),硬度和强度也逐渐降低,但塑性有所提高;背面为低陶瓷含量的金属基复合材料,具有很好的塑性[11](图7.6)。

高陶瓷含量面板具备的高硬度可以有效破碎并磨蚀冲击物;过渡层成分的梯度变化使

得抗冲击性能也呈现梯度变化,而这种变化的方向和斜率与冲击物在相互作用过程中冲击速度的实际变化相对应,梯度过渡使得结构具有良好声阻匹配和层间剪切耦合作用,得以缓和应力,提高损伤容限,从而具备优异的抗多次打击能力(图7.7、图7.8)。

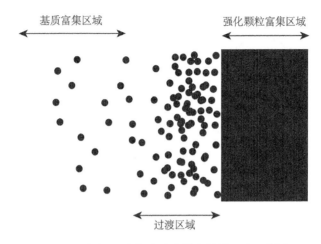

图7.6 陶瓷/陶瓷复合功能梯度材料组分示意图

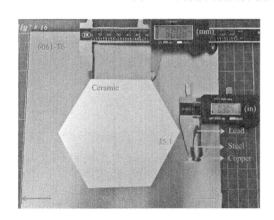

图7.7 陶瓷/陶瓷功能梯度复合靶

图7.8 陶瓷/陶瓷功能梯度复合靶的侵彻破坏

在发生恐怖袭击或意外爆炸时,陶瓷/陶瓷功能梯度防护层能够有效减弱桥梁结构的冲击毁伤效应,尤其是交通基础设施中的桥梁,极大地保障人民群众的生命财产安全。

(2) 陶瓷增强装甲钢复合功能梯度材料

功能梯度复合装甲钢既具有陶瓷增强层的高硬度、高强度特点,又具有金属材料的高韧性特点,实现了陶瓷材料与金属材料的良好结合,显著地改善了桥梁结构的抗冲击性能[12]。其具体机理如下:

① 消除了材料的宏观界面和声阻比的阶跃变化,同时陶瓷增强相和金属基体之间存在丰富的不规则微观界面,能够发散应力波的传播,降低反射拉伸波和横向剪切波的强度(图7.9);同时梯度层之间可以实现冶金结合,各结构层间具有较高的剪切强度。总之,具有良好的声阻匹配和较高的层间剪切强度是理想的陶瓷与金属相结合的界面。

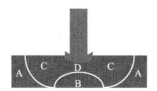

A—应力波前沿区域;
B—崩落区(反射拉伸应力);
C—剪切应力区;
D—高压应力区。

图7.9 弹体侵彻陶瓷增强装甲钢功能梯度复合靶过程中的应力分布

② 陶瓷增强相和金属基体之间丰富的不规则微观界面,可以发散应力波的传播,延迟反射拉伸波到达峰值的时间,从而增加攻击物与桥梁工程结构之间的相互作用时间,提高目标结构的抗侵彻爆炸性能。另外,冲击裂纹在梯度层之间发生偏转,减小受打击建筑物的破坏程度和损伤范围,提高桥梁结构的抗多次打击能力。

③ 在功能梯度装甲钢中,陶瓷的体积含量沿厚度方向是变化的,各层内部材料性能以"够用"为原则,且功能梯度材料采用的是具有极高硬度和抗压强度的陶瓷材料以及密度小、韧性好的金属材料,从而能够降低整体结构的面密度并最大提升其抗打击效率(图7.10、图7.11)。

图7.10 陶瓷增强装甲钢功能梯度复合靶

图7.11 陶瓷增强装甲钢功能梯度复合靶的冲击破坏

(3) 装甲钢/UHPC复合功能梯度材料

在抵抗军事行动和偶然性的高速弹体(破片)侵彻作用方面,高抗力防护材料和结构的研究一直是武器效应和工程防护领域关注的重点[13]。钢材因其优异的抗冲击性能和延性,被广泛用于军事装备以抵抗弹体的侵彻作用,如坦克、装甲车等。混凝土作为应用最广泛的建筑材料之一,大量应用于国防、人防与核电工程等。而且,高比强度和低面密度的复合功能梯度材料已成为桥梁工程防护设计领域中的重中之重,其中最为典型的结构便是装甲钢/UHPC复合梯度防护层(图7.12)。

图7.12 装甲钢/UHPC功能梯度复合靶

装甲钢背板的主要作用是减少背部混凝土的剥落和飞射,混凝土结构前覆装甲钢则可充分发挥装甲钢的抗侵彻性能并提高结构的比强度(图7.13)。在桥梁结构中采用装甲钢/UHPC复合梯度防护结构,不仅可以有效保护桥梁主体结构的设计承载性能,还能够为转移重要军事目标和人员赢得宝贵的时间。

2) 航天工业超耐热材料

航天飞机在往返大气层的过程中,机头的前端和机翼的前沿处于超高温状态。过去航天飞机采用以陶瓷为主组合成的复合材料防热系统,除了重复使用性差外,整个系统的可靠性也存在很大的问题。采用热应力缓和梯度材料,有可能解决上述问题。从1987年到1991年这5年里,日本科学家成功地开发了热应力缓和型FGM,为日本HPOE卫星提供小推力火箭引擎和热遮蔽材料。由于该研究的成功,日本科技厅于1993年又设立为期5年的研究,旨在将FGM推广和实用化。

图7.13 装甲钢/UHPC功能梯度复合靶的侵彻破坏

3) 电子材料

随着电子仪器日趋轻量化、高密度化和微型化,迫切需要电子元件的基板一体化、二维或三维复合型电子产品。调频(FM)制造技术非常适合制造此类电子产品。例如,铅锆钛(PZT)压电陶瓷广泛用于制造超声波振子、陶瓷滤波器等电子元件,但其在温度稳定性和失真振荡方面存在问题。通过调整材料的组成,使其梯度化,就能使压电系数和温度系数等性能得到最恰当的分配,提高压电器件的性能,延长其寿命。

4) 生物材料

由羟基磷灰石(HA)陶瓷和钛或Ti-6Al-4V合金组成的功能梯度材料可作为仿生活性人工关节和牙齿,图7.14所示为用FGM制成的人工牙齿示意图,其完全仿照人的真实牙齿构造,齿根的外表面是布满微孔的磷灰石陶瓷。因为HA是生物相容性优良的生物活性陶瓷,钛及其合金是生物稳定性和亲和性好的高强度材料,所以采用烧结法将它们制成含有HA陶瓷涂层的钛基材料(HA-G-Ti),特别适于植入人体,如图7.15所示。

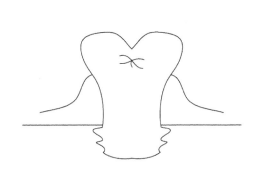

图7.14 功能梯度材料制成的人造牙

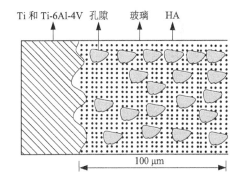

图7.15 HA-玻璃-钛功能梯度复合材料截面示意图

总之,功能梯度材料是一种设计思想新颖、性能极为优良的新材料,其应用领域非常广泛。但是,从目前来看,除宇航和光学领域已部分达到实用化程度外,其余离实用还有很大距离。由于所用材料的面很广,材料组合的自由度很大,即使针对某个具体应用目标,研究工作的量和难度都很大,因此研究出一种更新的更快速的功能梯度材料的设计、制备方法显得非常迫切。如果将功能梯度材料的结构和材料梯度化技术与智能材料系统有机地结合起来,将会给材料科学带来一场新的革命。

7.2 纳米材料

随着科学技术的发展和人类社会的进步,人类对自然界的认识无论从广度上还是深度上都在不断地发展。根据研究对象的大小可以将人们的认识领域划分为宏观领域和微观领域两大层次。上到无限广大的宇宙天体,下至肉眼可见的最小物体都属于宏观领域的研究对象;一切用肉眼难以分辨的微体至无限小的微粒都属于微观领域的研究对象。纳米材料(nanomaterial)是指尺寸在 0.1~100 nm 范围内的材料,包括原子团簇、纳米颗粒、纳米线/丝、纳米薄膜、纳米固体材料[14-16]。现在纳米材料的内涵已经扩展到"在三维空间中至少有一维处于纳米尺度范围或者以它们作为基本单元构成的材料"。纳米材料被誉为21世纪的新材料,其概念在20世纪中叶被科学界提出后得到广泛重视和深入发展。

7.2.1 纳米结构单元

1) 零维纳米材料

(1) 原子团簇

原子团簇(atomiccluster)是20世纪80年代出现的一类新的化学物种,通常是指几个至几百个原子的聚集体(粒径小于或等于1 nm),如 Fe_n,Cu_n,S_m(n 和 m 都是整数)和碳簇[C_{60}(图 7.16)和 C_{70}]等。原子团簇不同于具有特定大小和形状的分子、以弱的结合力结合的松散分子团簇以及周期性很强的晶体,原子团簇的形状可以是多种多样的,它们尚未形成规整的晶体,除了惰性气体外,它们都是以化学键紧密结合的聚集体。

(2) 纳米颗粒

纳米颗粒(nanoparticle)是指颗粒尺寸处在纳米数量级的超细颗粒,它的尺度大于原子团簇,小于通常的微粉,一般为 1~100 nm,也有人称之为超微粒子(ultra-fine particle)。纳米微颗粒是肉眼和一般显微镜看不见的微小粒子。所以,日本名古屋大学上田良二教授给纳米微粒下了这样一个定义:用透射电子显微镜(TEM)能看到的微粒称为纳米颗粒。纳米颗粒本身具有量子效应、表面效应、小尺寸效应及宏观量子隧道效应,因而展现出许多特有的性质。纳米颗粒的应用前景,除了光、电、热、磁和催化特性外,还有就是由纳米颗粒在高真空下原位压制纳米材料,或制作具有各种相关特性的纳米颗粒涂层(紫外反射层、红外吸收层、微波隐身涂层等),以及其他纳米功能薄膜等。图 7.17 为金属铟纳米颗粒的透射电子显微镜图像。

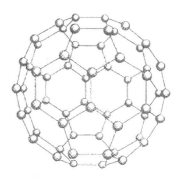

图 7.16 C_{60} 原子结构模型图

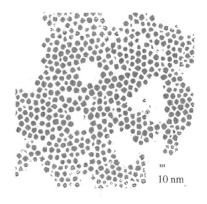

图 7.17 金属铟纳米颗粒的 TEM 图像

（3）人造原子

人造原子(artificial atoms)是20世纪90年代提出来的概念，它是由一定数量的实际原子组成的聚集体，其尺寸小于100 nm。1996年，美国麻省理工学院的阿休理（Achoori）写了一篇综述性文章正式提出了人造原子的概念。1997年，加利福尼亚大学的迈克尤恩（McEuen）在 Science 上发表文章，系统地总结了关于人造原子的理论和实践工作，特别指出了人造原子的重要意义。他把人造原子的内涵进一步扩大，包括准零维的量子点、准一维的量子棒和准二维的量子圆盘，甚至把100 nm左右的量子器件也看成人造原子。

2) 一维纳米材料

自从1991年日本电气股份有限（NEC）公司饭岛（Lijima）等发现碳纳米管以来，关于一维纳米材料（纳米管、纳米线、纳米棒和同轴纳米电缆）的制备研究已有大量报道。一维纳米材料在介观领域和纳米器件研制方面有着重要的应用前景，它可用作扫描隧道显微镜（STM）的针尖、纳米器件和超大集成电路中的连线，光导纤维、微电子学方面的微型钻头以及复合材料的增强剂等。

（1）碳纳米管

碳纳米管是一种纳米尺度的、具有完整分子结构的新型碳材料。它是由碳原子形成的石墨片卷曲而成的无缝、中空管体。石墨片的不同卷曲方向和角度将会得到不同类型的碳纳米管。由一层石墨片卷曲成的碳纳米管称为单壁纳米管，而由多层石墨片卷曲而成的碳纳米管称为多壁碳纳米管。根据碳纳米管截面的边缘形状，碳纳米管存在三种类型的结构，分别为单壁纳米管、锯齿形纳米管和手性纳米管，如图7.18所示。

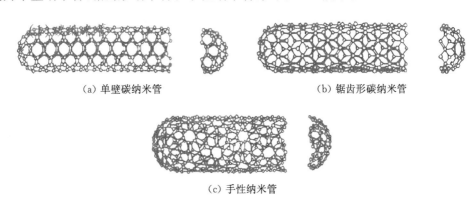

(a) 单壁碳纳米管　　　　　　　(b) 锯齿形碳纳米管

(c) 手性纳米管

图7.18 三种类型的碳纳米管

（2）纳米棒、纳米线或纳米丝

准一维实心的纳米材料是指在两维方向上为纳米尺度，而长度较上述两维方向的尺度大得多，甚至为宏观量的新型纳米材料。通常纵横比（长度与直径的比率）小的叫纳米棒（nanorod），纵横比大的叫纳米线或纳米丝（nanowire），但是两者之间并没有一个严格统一的界限标准。一般将长度小于等于 $1\mu m$ 的称为纳米棒，长度大于 $1\mu m$ 的称为纳米丝或线。常见的纳米线有半导体硫化物纳米线、硅纳米线、单金属纳米线、金属合金纳米线、C_{60} 及有机聚合物纳米线等。图7.19为有机金属化学法制备的 ZnO 纳米棒透射电子显微镜照片，图7.20为金属铟纳米线的 TEM 图像。

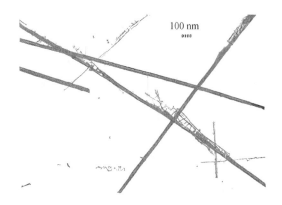 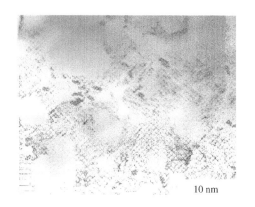

图 7.19　ZnO 纳米棒透射电子显微镜照片　　　　图 7.20　金属铟纳米线的 TEM 图像

(3) 同轴纳米电缆

同轴纳米电缆是指芯部为半导体或导体的纳米丝,外包覆异质纳米壳体(导体或非导体)的纳米结构,其壳体和芯部是共轴的。由于这类材料具有独特的性能、广阔的应用前景以及在未来纳米结构器件中占有的战略地位,近年来引起了人们极大的兴趣。1997 年,法国科学家柯里克斯(Colliex)等在分析电弧放电获得的产物中,首次发现了几何结构类似于同轴电缆的 C-BN-C 管,因其直径为纳米级,故称其为同轴纳米电缆。1998 年,日本 NEC 公司张跃刚等用激光烧蚀法合成了直径为几十纳米、长度达 $50\ \mu m$ 的 β-SiC 芯/非晶 SiO_2 同轴纳米电缆。目前有关同轴纳米电缆的研究主要集中在如何制备出纯度高、产量大、直径分布窄的纳米电缆,如何探测纳米电缆的力学性质、光学性质、电学性质、热学性质等方面。

3) 纳米薄膜材料

纳米薄膜是指由尺寸在纳米量级的晶粒(或颗粒)构成的薄膜以及每层厚度在纳米量级的单层或多层膜,有时也称为纳米晶粒薄膜和纳米多层膜,其性能主要依赖于晶粒(颗粒)尺寸膜的厚度、表面粗糙度及多层膜的结构。根据此定义,已经发现的超晶格薄膜、LB 薄膜、巨磁阻颗粒膜材料等都可以归类为薄膜材料。纳米薄膜与普通薄膜相比,具有许多独特的性能,如由膜厚度或膜中晶粒尺寸大小变化引起的特殊的光学性能,硬度、耐磨性和韧性方面表现出的特殊力学性能以及特殊的电磁学特性、巨磁电阻特性等。

4) 纳米块体材料

纳米块体材料又称纳米固体材料或纳米结构材料,是由颗粒或晶粒尺寸为 1～100 nm 的粒子凝聚而成的三维块体。它包括纳米晶体材料、纳米结构材料和纳米复合材料。

纳米晶体材料是通过引入很高密度的缺陷核,密度高至 50% 的原子(分子)位于这些缺陷核内,可以获得一类新的无序固体(缺陷类型:晶界、相界、位错等),从而得到不同结构的纳米晶体材料。

纳米结构材料是把许多的缺陷(如晶界)引入原来的完整晶体,使坐落在这些缺陷的核心区里的原子的体积分数变得可与坐落在其余晶体中的原子的体积分数相比拟,从而产生了一种新型的固体(在结构上和性质上不同于晶体和玻璃)。根据所引入的缺陷的类型(位错、晶界、相界)可得到不同种类的纳米结构材料。

纳米复合材料大致包括三种类型:第一种是零-零复合,即不同成分、不同相或者不同种类的纳米粒子复合而成的纳米固体。第二种是零-三复合,即把纳米粒子分散到常规的三维固体中,用这种方法获得的纳米复合材料由于它的优越性能和广泛的应用前景,成为当今纳米材料科学研究的热点之一。第三种是零-二复合,即把纳米粒子分散到二维的薄膜材料中,这种复合材料又可分为均匀弥散和非均匀弥散两大类:均匀弥散是指纳米粒子在薄膜中均匀分布;非均匀弥散是指纳米粒子随机地、混乱地分散在薄膜基体中。

7.2.2 纳米材料的制备

迄今为止,人们已经发展了多种制备纳米材料的方法,但目前仍没有一个统一的科学分类标准。按照研究的学科分类,可将其分为物理方法、化学方法和物理化学方法。按照物质的原始状态,相应的制备方法分为固相法、液相法和气相法。按照制备技术分类,又可分为机械粉碎法、气体蒸发法、溶液法、激光合成法、溶胶-凝胶法等。

1) 物理法制备纳米材料

(1) 机械粉碎法

自从日本京都大学的新宫等1988年用机械粉碎法制备出纳米Al-Fe合金以来,这种方法得到了极大关注。它是一个无外部热能供给的、干的高能球磨过程,是一个由大晶粒变为小晶粒的过程。即利用球磨机的转动或振动使硬球(不锈钢球、玛瑙球、硬质合金球等)对原料进行强烈的撞击研磨和搅拌,控制球磨温度和时间,把金属和合金粉末粉碎为纳米级微粒。原料一般选用微米级的粉体或小尺寸条带碎片。该方法工艺简单、生产效率高,并且能够制备出常规方法难以制得的高熔点金属和合金纳米材料,成本较低,可合成单质金属纳米材料,还可通过颗粒间的固相反应直接合成各种化合物(尤其是高熔点纳米材料)以及大多数金属碳化物、金属间化合物、m-V族半导体、金属-氧化物复合材料、金属-硫化物复合材料、氟化物、氮化物。缺点是制备过程中易引入杂质、纯度低、粒度分布也不均匀。近年来随着助磨剂、高能球磨机、超声波与外磁场的引入,可制备出粒径小于100 nm的微粒,但是仍存在产量较低、粒径分布不均的缺点,还有待改进。

(2) 蒸发冷凝法

气体蒸发冷凝法制备纳米材料通过在纯净的惰性气体中的蒸发和冷凝过程获得较干净的纳米微粒。蒸发热源可以是电阻加热、高频感应加热、等离子体加热、激光加热、电子束加热等,其制备过程是在真空蒸发室内充入低压惰性气体(He或Ar),将蒸发源加热蒸发,蒸发后的微粒与惰性气体原子碰撞降低动能,随后在液氮冷凝壁上冷凝而形成纳米尺寸团簇。此方法适于金属、合金与陶瓷等。可通过调节惰性气体的压力、蒸发物质的分压即蒸发温度或速率,或惰性气体的温度,来控制纳米微粒粒径的大小。此法的特点是纯度高、结晶组织好、粒度可控,但技术设备要求高。

2) 化学法制备纳米材料

化学法是指在一定条件下,借助化学反应制备纳米材料的方法。根据反应体系相态不同可将化学法分为气相化学法和液相化学法。化学法主要有化学气相反应法、胶体化学法、溶胶-凝胶法、微乳液法等。

(1) 化学气相反应法

利用化学气相反应法制备纳米粒子的原理是利用挥发性的金属化合物的蒸气,通过化学反应生成所需要的化合物,在保护气体环境下快速冷凝,从而制备各类物质的纳米粒子。化学气相反应法具有许多优点,如粒子均匀、纯度高、粒度小、分散性好、化学反应活性高等。化学气相反应法适合于制备各类金属、金属化合物以及非金属化合物纳米粒子,如各种金属、氮化物、碳化物、硼化物等。

(2) 沉淀法

沉淀法通常把不同化学成分的物质混合为溶液,在混合盐溶液中加入适当的沉淀剂,得到前躯体沉淀物后,将沉淀物干燥或煅烧得到纳米材料。其特点是简单易行,但纯度低,颗粒半径大,适合制备氧化物。沉淀法分为均相沉淀法、共沉淀法等。沉淀法所用的原料是各类无机盐,如氯化物、硫酸盐、碳酸盐、铵盐,以及金属醇盐(有机金属化合物)。均相沉淀法是制备纳米颗粒材料的经典方法,其原理是在包含一种或多种金属离子的可溶性盐溶液中,加入沉淀剂(OH^-等)使其与金属离子形成难溶物质而析出,然后经热解或脱水得到纳米颗粒材料。用此方法可向具有氧化性的可溶性金属盐溶液中加入还原剂使金属离子还原为单质而析出,可用于制备金、银、铜等活动性较差的金属单质纳米颗粒。如果在金属离子还原之前,在溶液中引入能够选择性吸附金属离子的纳米颗粒种子,然后再进行还原,那么可以制备具有核-壳(core-shell)结构的复合纳米材料。利用均相沉淀还可以将纳米颗粒材料沉积到固体材料表面,从而使固态材料获得某种或某些特殊性能。例如将纳米银还原到纤维材料表面可得到具有抗菌活性的功能纤维。

(3) 溶胶-凝胶法

这种方法的基本原理是:易于水解的金属化合物(无机盐或金属醇盐)在某种溶剂中与水发生反应,经水解与缩聚过程,逐渐凝胶化,再将凝胶干燥、焙烧,从而得到无机纳米材料。其基本反应有水解反应和聚合反应,它可在低温下制备高纯度、粒度均匀、化学活性高的单组分和多组分混合物,并可制备传统方法不能或难以制备的产物,特别适用于制备非晶态材料。此过程可分为溶胶的制备、溶胶-凝胶的转化及凝胶的干燥三个阶段。由此法所制得的胶体颗粒具有烧结温度低、干燥时收缩性能好、化学均匀性好、纯度高、颗粒小等特点,并且可容纳不溶性或不沉淀组分。特点是反应物种多、粒度均一、过程易控制。利用溶胶-凝胶法制备纳米微粒应用广泛。例如,此法常常被用来制备钛酸钡、钴蓝、氧化锌、碳酸锶等电子材料、发光材料或陶瓷材料等。

(4) 化学气相沉积法

该法是指利用金属化合物蒸气的化学反应合成纳米材料。其特点是产品纯度高、粒度分布窄。其原理是将原物质在特定温度、压力下蒸发到固体表面使其发生固体表面化学反应,形成纳米沉积物。这种方法发展相对较早,是一种相当成熟的方法。它制得的微粒大小可控,粒度均匀,无黏结,已经具有规模生产价值。近年来,人们将CVD与其他物理技术成功结合,发展出了等离子体气相沉积法、激光诱导化学气相沉积法(LICVD)、高频气相沉积法(HFCVD)等,这些新型纳米材料制备技术的出现,使得化学气相沉积法适用范围更大,可以制备的纳米材料类型更多,材料的性能也更加优越。

(5) 微乳液法

两种互不相溶的溶剂在表面活性剂的作用下形成乳液,在微泡中经成核、聚结、团聚、热处理后得到纳米粒子。其特点是粒子的单分散和界面性好，Ⅱ～Ⅵ族半导体纳米粒子多用此法制备。

7.2.3 纳米材料的性能

1) 物理性能

(1) 光学性能

纳米粒子的一个最重要的标志是其尺寸与物理的特征量相差不多，例如，当纳米粒子的粒径与超导相干波长、玻尔半径以及电子的德布罗意波长相当时，小颗粒的量子尺寸效应十分显著。与此同时，大的比表面使处于表面态的原子、电子与处于小颗粒内部的原子、电子的行为有很大的差别，这种表面效应和量子尺寸效应对纳米微粒的光学特性有很大的影响，甚至使纳米微粒具有同质的大块物体所不具备的新的光学特性。

(2) 电学性能

纳米微粒的一个最大特点是与颗粒尺寸有很强的依赖关系。对同一种纳米材料，当颗粒达到纳米级，电阻、电阻温度系数都发生了变化。我们知道银是优异的良导体，而10～15 nm的银微粒电阻突然升高，已失去了金属的特征，变成了非导体；典型的共价键结构的氮化硅、二氧化硅等，当尺寸达到15～20 nm时电阻却大大下降，用扫描隧道显微镜观察时不需要在其表面镀上导电材料就能观察到其表面的形貌，这是在常规氮化硅和二氧化硅等物质中根本不会观察到的新现象。纳米半导体材料的介电行为(介电常数、介电损耗)和压电特性与常规的半导体材料也有很大的不同。

(3) 热学性能

纳米微粒的熔点、开始烧结温度和晶化温度均比常规粉体低得多。由于颗粒小，纳米微粒表面能高、比表面原子数多，这些表面原子近邻配位不全，活性大以及纳米微粒体积远小于大块材料，因此纳米粒子熔化时所增加的内能小得多，这就使得纳米微粒熔点急剧下降。例如，大块铅的熔点为600 K，而20 nm球形铅微粒熔点低于288 K。

2) 力学性能

纳米材料由有限个原子组成的纳米微粒构成。许多试验表明，与传统材料相比，纳米材料在力学性质方面有显著变化。

经过大量试验验证的常规多晶材料的屈服强度(或硬度)与晶粒尺寸的经验公式，即Hall-Petch公式(以下简称H-P关系)为：

$$\sigma_y = \sigma_0 + Kd^{-1/2} \tag{7.4}$$

式中，σ_y为0.2%屈服应力，σ_0是移动单个位错所需的克服点阵摩擦的力，K为常数，且为正值，d为平均晶粒尺寸。

对各种粗晶材料而言，随晶粒尺寸的减小，屈服强度都是增加的，它们都与$d^{-1/2}$成线性关系。

对多种纳米材料的强度和晶粒尺寸的关系进行研究，发现纳米结构材料的H-P关系与粗晶材料大相径庭，粗晶材料存在正H-P关系($K>0$)、反H-P关系($K<0$)、正反混合H-P关系(非单调性，出现拐点)以及非线性关系。

人们已观察到了纳米材料强度和硬度较常规材料成倍提高的现象。如粒径为 8 nm 的纳米 Fe 晶体断裂强度比常规 Fe 高 12 倍；含 1.8%C 的纳米 Fe 晶体的断裂强度为 6 000 MPa，相应的粗晶材料为 500 MPa。同样地，纳米材料的硬度较常规材料也有较大增加。例如，粒径为 6 nm 的纳米 Cu 的硬度比粗晶 Cu(50 μm)试样增加了 500%。

从理论上分析，纳米材料比常规材料的断裂韧性要高，这是因为纳米材料中的各向同性以及在界面附近很难有位错塞积发生，从而大大减少了应力集中，使微裂纹的产生与扩展的概率大大降低。这一点被 TiO_2 纳米晶体的断裂韧性试验所证实。纳米 TiO_2 晶粒小于 100 nm，当温度为 900～1 000 ℃时，断裂韧性为 2.8 MPa·$m^{1/2}$，比常规多晶和单晶 TiO_2 的断裂韧性高。

对纳米材料力学性能的理解还没有形成比较系统的理论，仍然需要做大量的理论和试验工作。

7.2.4 纳米材料的应用

纳米微粒的小尺寸效应、表面效应、量子尺寸效应和宏观量子隧道效应等使得纳米材料在磁、光、电、敏感等方面呈现常规材料不具备的特性。因此纳米材料是纳米科技的核心。有科学家预言，在 21 世纪纳米材料将是"最有前途的材料"，纳米技术甚至会超过计算机和基因技术，成为"决定性技术"。纳米材料在磁、光、电、信息、能源、催化、陶瓷增韧、生物医学等各个技术领域发挥举足轻重的作用，并有广阔的应用前景，不断地激发人们对这一崭新的材料努力探索。

1) 纳米光学材料

纳米材料具有常规块体材料不具备的光学性能，如光学非线性、光吸收性、光反射性、光传输过程中的能量损耗等都与纳米材料的尺寸有很强的依赖关系。纳米材料的光学特性在高技术领域和日常生活中有广泛应用。

2) 纳米陶瓷材料

所谓纳米陶瓷，是指陶瓷原料及其显微结构中所体现的晶粒、晶界、气孔和缺陷分布等的尺度，都在纳米级以内。这将使陶瓷的性能得到极大的改善，以至发生突变而出现新的性能。陶瓷最大的弱点是其脆性大。专家认为，纳米增韧陶瓷克服了陶瓷材料的脆性缺陷，因此它将具有高硬度、高韧性、低温超塑性、易加工等优点，使陶瓷具有像金属一样的柔韧性和可加工性。

3) 纳米催化剂

纳米材料尺寸小、表面原子配位不全等导致其活性增加，这就使得当它作为催化剂时具有较好的催化性能。现在，纳米颗粒在催化方面的应用研究方兴未艾。例如，利用纳米 Ni 粉作为火箭固体燃料反应的催化剂，燃烧效率可提高 100 倍；纳米对一些聚合反应具有明显的催化作用，用于马来酸酐的聚合。

纳米光催化技术是纳米科技与光催化技术相结合的产物，通过光照射纳米光催化剂，把光能转化为化学能，发生一系列的氧化还原反应，从而促进有机物的降解。常见的纳米光催化剂有纳米 TiO_2、纳米 ZnO、纳米 ZnS、纳米 CdS 及纳米 PbS 等，其中以纳米 TiO_2 的综合性能最好，应用最为广泛。光催化技术具有反应条件温和、氧化性强、净化彻底、节能环保等特点,纳米光催化剂具有高度表面效应和体积效应等特点,两者结合赋予光催化技术更强大的光催化氧化能力,在环境保护领域,如污水处理、有机物降解、空气净化等方面都表现出了相当好的效果。另外,纳米 Pt 催化剂,可用作燃料电池的催化剂,可以有效地提高催化剂表面的电化学反应速率。

7.2.5 纳米材料在桥梁工程中的应用

在桥梁工程领域实践中,纳米材料由于其较高的成本以及高密度特性,难以直接作为建筑材料或功能材料进行应用,故而大多是将纳米材料掺入传统建材中制备新型复合材料,并通过纳米材料的改性实现传统材料某些特定性能的提高,实现更好的工程运用[17-18]。

1) 纳米水泥基材料

对于水泥基材料,早期的研究表明,约有 70% 的水泥水化产物均具有纳米尺度,其中包括 C-S-H 凝胶、毛细孔、凝胶孔以及晶体水化物等,这些纳米尺度的物质能充分封堵水泥浆体孔隙,提升浆体的密实程度。该研究也是纳米改性水泥基复合材料的理论依据。同时纳米材料的掺入能明显增加比表面积、表面能以及需水量等,影响水泥基材料的水化过程和产物,并决定最终的强度和耐久性。

阳知乾等将纳米 SiO_2 掺入聚丙烯纤维中制备改性纤维,并对该改性纤维的分散性、抗裂性等进行研究,同时分析了改性纤维在砂浆和混凝土中的应用情况。结果表明,改性纤维的力学性能优良,纳米 SiO_2 在纤维表面分布均匀,大幅提升了纤维的抗裂性,且一定程度上也提高了纤维增强砂浆和混凝土的抗折和抗压强度。马保国等将纳米 SiO_2 掺入硫铝酸盐水泥中,研究发现改性水泥砂浆的初始强度显著增大,相比未加入纳米材料的对照组,改性组在 56 天后的抗折强度提升了约 65%,并从微观层面分析揭示了纳米 SiO_2 对于强度作用的影响机理。王瑶等研究了新型纳米碳材料氧化石墨烯(GO)对水泥水化产物的聚集态影响,对不同 GO 掺量的水泥浆体进行自收缩测试,结果表明 GO 能促进水泥浆体内部大毛细孔的细化,提升毛细孔压力,促进水泥基复合材料的自收缩,且掺量越大,自收缩越明显。王胜等综合采用纳米 Al_2O_3、防冻剂、减水剂以及早强剂等研发制备了纳米复合水泥浆,结合扫描电镜、水化放热试验等,研究了该新型水泥浆的低温水化过程。研究发现,纳米复合水泥浆在 −9 ℃ 的低温环境下仍具备优异的流动性,初终凝时间分别为 84 min、101 min,且 24 h 抗压强度为 6.9 MPa,很好地解决了低温地层钻探时的井壁坍塌和井漏问题。

2) 纳米水泥土

在桥梁工程领域,水泥土是一种普遍采用的工程材料,可被用于软土地层强化加固、基坑周边止水帷幕以及水泥土搅拌桩体等。在实践中,在水泥土中掺入纳米材料制备复合改性材料,能有效提升传统水泥土的应用性能。

王立峰在水泥土中掺入纳米硅基氧化物制备纳米水泥土,基于大量试验,总结分析了纳米水泥土的抗压强度影响条件和发展规律,并探究了纳米硅和水泥土的相互作用以及水泥土增强机理。张茂花等为改进水泥土的工程应用特性,分别将纳米尺度的蒙脱石、硅粉和铝粉等材料加到水泥土中,从掺入量、掺入比和水泥土含水率三个维度出发,通过开展相关试验,如室内无侧限抗压强度试验等,分析了纳米水泥土的早期强度发展规律,探析强度变化机理。研究发现,纳米蒙脱石、纳米硅和纳米铝对水泥土的强度均具有积极作用,同时分析确定了最适合的纳米材料掺入比。

张陈等针对滨海水泥土的性能缺陷,研究了纳米 MgO 掺入后的改性效果,并通过相关的力学和微观试验,总结了纳米 MgO 对水泥土的影响规律。研究结果表明,纳米 MgO 改性水泥土存在 1% 的最优掺入比,且相比未掺入纳米材料时主要呈现松散结构的滨海水泥土,加入 1% 的纳米 MgO 进行改性后,水泥土微观结构呈现致密状,力学强度得到了大幅提升。陈泽超等针对水泥土在实际应用中存在的变形大、强度低等不足,分别采用纳米 SiO_2、纳米 MgO 和纳米 Al_2O_3 等纳米材料对水泥土进行改性试验,总结了相关的力学性能影响规律。研究发现,掺入纳米材料均能有效提升水泥土的物理力学特性,且不同纳米材料的最优掺入比不同,纳米 SiO_2 的最优掺入比为 3.0%~4.0%,纳米 MgO 的最优掺入比为 1%,而纳米 Al_2O_3 的最优掺入比则为 2.5%~4.0%。

3) 纳米混凝土

随着工程建设水平的不断发展,我国涌现出许多"高、深、大、难"类的工程建设项目,且日趋综合化、复杂化、功能化,为适应施工特点,要求混凝土具备更多的使用性能和应用特性,如高强、高性能、高流动性等。因此,传统混凝土材料逐渐面临需要改善优化的难题,以期满足高性能、高功能及高耐久性等迫切需求。

王委等将不同比例的纳米 SiO_2 粉末掺入普通混凝土中,研究了改性混凝土的力学性能。结果表明,纳米 SiO_2 的掺量在 0.5%~1.0% 之间时,混凝土的和易性受影响最大,而 1.5%~3.0% 掺量的纳米 SiO_2 能大幅提高混凝土抗压强度,考虑抗压强度因素,试验得出的最佳纳米 SiO_2 掺量为 1.5%。朱靖塞等分别制备了掺入量为 0.2% 的纳米 SiO_2 和纳米 $CaCO_3$ 的改性混凝土,并经由特定试验装置测定其相应的动力特性。试验结果表明,相比未加入纳米材料的普通混凝土而言,准静态荷载下,纳米 $CaCO_3$ 改性混凝土的强度和变形性能最为优异,纳米 SiO_2 改性混凝土次之,因此基于韧度的评价参数,纳米 $CaCO_3$ 材料更能充分展示其对混凝土的增韧特性。

李鹏通过掺入纳米 Al_2O_3,探究纳米材料对隧道用混凝土的力学、抗裂、抗渗以及收缩等性能的影响规律。研究结果显示,纳米 Al_2O_3 有助于混凝土早期抗裂性能和抗渗性能的提升,其中掺入量在 2%~2.5% 之间时能大幅改善混凝土的抗压和抗折性能,且当纳米 Al_2O_3 掺量提高时,混凝土呈现早期收缩值先增大后减小的趋势。杨江鹏等为提高桥梁混凝土的抗冻防腐性能,根据设计的配合比要求,将碳纳米纤维通过分散剂逐步掺入水泥混凝土中,制备出碳纳米纤维混凝土,研究其相应性能。试验结果表明,经碳纳米纤维改性的水泥混凝土拥有优异的抗冻融剥蚀和耐腐蚀性能,对于沿海地区或西部盐碱区域的桥梁下部结构而言,具有较好的适用性。李婕等分析了不同粒径与掺量的纳米 SiO_2 对混凝土力学性能的影响,制备了 9 组改性混凝土并分别开展强度试验,再借助 SEM 扫描电镜进行影响机理分析。研究结果表明,纳米 SiO_2 的粒径和掺量越大,改性混凝土的力学性能增幅均越小,说明适当的粒径和掺量可促进水泥水化反应,过多的纳米材料掺量反而不利于水化反应的进行,其中的抗压、抗拉和抗剪等强度指标互相影响,最佳的纳米 SiO_2 掺量为 5%。

7.3 绿色材料

材料给人类带来了物质财富并推动了人类文明的进步,但同时在开发与生产新材料过程中消耗大量资源和能源又带给人类环境污染的负面危害影响,在一定程度上阻止了人类文明的进步,那么,能否找到一种两全其美的方法呢? 答案是肯定的,这就是近年来发展起来的"绿色材料",它是环境科学与材料科学相结合形成的一门交叉学科[19-22]。

有关绿色材料的范围和定义,目前国际上还没有统一的说法,归纳起来绿色材料的特征分为10类:

(1) 节约能源。材料能降低某一系统的能量消耗。通过更优异的性能(如质轻、耐热、绝热性、探测功能、能量转换等)提高能量效率,即改善材料的性能可以降低能量消耗,达到节能目的。

(2) 节约资源。材料能降低某一系统的资源消耗。通过更优良的性能(强度、耐磨损、耐热、绝热性、催化性等)降低材料消耗,从而节省资源。如能提高资源利用率的材料(催化剂等)和可再生的材料也能节约资源。

(3) 可重复使用。材料的产品收集后,允许再次使用该产品的性质,仅需要净化过程如清洗、灭菌、表面处理等就可重新使用。

(4) 可循环再生。材料产品经过收集,重新处理后作为另一种新产品使用的性质。收集的产品为原料。

(5) 结构可靠性。材料使用时具有不会发生任何断裂或意外的性质,是通过其可靠的机械性能(强度、延展性、刚度、硬度等)实现的。

(6) 化学稳定性。材料在很长的使用时间内通过抑制其在使用环境中(暴风雨、化学、光、氧气、水、土壤、细菌等)的化学降解实现的稳定性。

(7) 生物安全性。材料在使用环境中不会对动物、植物和生态系统造成危害。不含有毒、有害以及导致过敏、发炎、致癌和环境激素的元素和物质的材料,具有很高的生物学安全性。

(8) 有毒、有害替代。可以用来替代已经在环境中传播并引起环境污染的材料。因为已经扩散的材料是不可回收的,使用具有可置换性的材料是为了防止进一步的污染。如氯氟甲烷的替代材料、生物降解塑料等都有很高的可置换性。

(9) 舒适性。材料在使用时能给人提供舒适感,包括抗振性、吸收性、抗菌性、湿度控制、除臭性等。

(10) 环境清洁、治理功能。材料具有对污染物分离、固定、移动和解毒的功能,以便净化废气、废水和粉尘等。

7.3.1 绿色建筑材料

绿色建筑材料又称为生态建材、环保建材和健康建材,它是指采用清洁生产技术,少用天然资源和能源,大量使用工业或城市固体废弃物生产出的无毒、无污染、无放射性、有利于环境保护和人体健康的建筑材料。所谓的"绿色"不仅指城市立体绿化,更主要的是指建筑材料对环境不造成污染。从广义上说,绿色建筑材料不是一种单独的建材产品,而是对建材"健康、环保、安全"等属性的评价,包括对原材料采购、生产、施工、使用以及废弃物等环节的分项评价和综合评价。

生态建材应具有以下主要特点:
(1) 具有优异的使用性能;
(2) 生产时尽量减少能源的消耗,少用或不用天然资源,尽量使用废弃物作为再生资源;
(3) 采用清洁的生产技术,废气、废水和废渣的排放量相对较小;
(4) 使用过程中有益于人体健康,有利于生态环境改善,与环境相和谐;
(5) 废弃后可作为再生资源或能源加以利用,或能做净化处理。

1) 生态水泥

生态水泥主要是指在生产和使用过程中尽量降低对环境影响的水泥,除对成分进行有利环境的改进外,在水泥生产过程中也尽量减少能源消耗,降低水泥的烧结温度等。

目前绝大多数的粉煤灰、矿渣和硫铁渣等废弃物都被水泥工业所利用。下面介绍几种生态水泥。

(1) 粉煤灰硅酸盐水泥

粉煤灰是火力发电厂燃煤锅炉排出的废渣,是具有一定活性的火山灰质混合材料。粉煤灰水泥是我国五大品种水泥之一。粉煤灰的化学成分主要是二氧化硅、三氧化二铝、氧化钙和未燃尽的碳。根据国家标准《矿渣硅酸盐水泥、火山灰质硅酸盐水泥及粉煤灰硅酸盐水泥》(GB 1344—1999)的规定,凡由硅酸盐水泥熟料、粉煤灰和适量石膏磨细制成的水硬性胶凝材料,称为粉煤灰硅酸盐水泥,水泥中粉煤灰的掺加量为20%~40%。粉煤灰硅酸泥水泥可用于一般的工业和民用建筑,尤其适用于地下和海港工程等。

(2) 矿渣硅酸盐水泥

矿渣硅酸盐水泥是我国五大品种水泥之一,是产量最多的水泥品种。粒化高炉矿渣是冶炼生铁时的副产物,具有较多的化学潜能,由于成分和冷却条件不同呈不同颜色,如白色、黑色等。根据国家标准 GB 1344—1999 的规定,凡由硅酸盐水泥熟料、粒化高炉矿渣和适量石膏磨细制成的水硬性胶凝材料,称为矿渣硅酸盐水泥(简称矿渣水泥),水泥中粒化高炉矿渣的掺加量为20%~70%。矿渣水泥的稳定性良好,早期强度较普通水泥低,但后期强度可以超过普通水泥,对温度比较敏感,所以不宜在冬天露天施工使用。

(3) 城市垃圾焚烧水泥

2001年,世界上第一家生态水泥厂在日本建成,每年使用城市垃圾6.2万t,其他产业废弃物2.8万t,生产生态水泥11万t,广泛用于混凝土工程、水泥制品、预制件、土木工程装饰和混凝土平板等。

2) 生态混凝土

生态混凝土是通过材料研选、特殊工艺制造出来的具有特殊结构与表面特性的混凝土,既能降低地球环境负荷,同时又能与自然生态协调共生,为人类营造舒适环境。它具有能够适应动、植物生长,调节生态平衡、美化环境景观、实现人类与自然协调的积极作用。生态混凝土的特点是具有比传统混凝土更高的强度和耐久性,能满足结构物力学性能、使用功能以及使用年限的要求,实现非再生型资源的循环利用。生态混凝土可分为环境友好型(降低环境负荷型)生态混凝土和生物相容型(环境协调型)生态混凝土两大类。

(1) 环境友好型生态混凝土

环境友好型生态混凝土是指能够降低环境负荷的混凝土。目前,降低混凝土环境负荷的技术途径主要有以下3种:

① 降低混凝土生产过程中的环境负担。这种技术途径主要是通过固体废弃物的再生利用来实现的,这种混凝土有利于解决废弃物处理、石灰石资源和有效利用能源的问题,如利用城市垃圾、工业废弃物做原料生产的水泥。

② 降低混凝土在使用过程中的环境负荷。通过提高混凝土的耐久性和优化工程设计来延长建筑物的寿命,则资源、能源对环境的影响相应降低。

③ 通过改善混凝土性能来改善混凝土的环境影响。通过改善混凝土性能来减轻其环境负担。目前研究较多的是多孔混凝土,其内部有大量连续的空隙,具有良好的透水性、吸音性、蓄热性、吸附气体的性能。如利用多孔混凝土铺路,可以避免雨季路面大量积水。

(2) 生物相容型生态混凝土

生物相容型生态混凝土是指能与动、植物等生物和谐生存的混凝土。根据用途可分为植物相容型生态混凝土、海洋生物相容型生态混凝土、淡水生物相容型生态混凝土以及净化水质用混凝土等。

① 植物相容型生态混凝土。植物相容型生态混凝土又称为植被混凝土或绿色混凝土,利用多孔混凝土空隙部位的透气、透水等性质,渗透植物所需营养。将其用于河川护堤,种植小草、低灌木等植物,绿化环境。

② 海洋生物、淡水生物相容型生态混凝土。海洋生物、淡水生物相容型生态混凝土是指将多孔混凝土设置在河、湖和海滨等水域,让陆生和水生小动物附着栖息在其凹凸不平的表面或连续空隙内,通过相互作用或共生作用,形成食物链,为海洋生物和淡水生物生长提供良好条件,保护生态环境。

③ 净化水质用混凝土。净化水质用混凝土是指利用多孔混凝土表面对各种微生物进行吸附,通过生物层的作用产生间接净化功能,将其制成浮体结构或浮岛设置在富营养化的河湖内净化水质,使草类、藻类生长更加繁茂。定期采割,并利用生物循环过程消耗污水的富营养成分,从而保护生态环境。

3) 生态玻璃

生态玻璃是能清除粉尘污染,减小噪声污染、光污染以及其他有毒、有害物质的玻璃。建筑生态玻璃主要有:

(1) 隔音玻璃

隔音玻璃主要有真空玻璃、中空玻璃、夹层玻璃等。真空玻璃、中空玻璃、夹层玻璃可将噪声降低为40~50 dB、30~40 dB、15~30 dB。如果采用夹层中空玻璃或多层中空玻璃等复合型玻璃产品,隔音效果更加明显。

(2) 防紫外线辐射玻璃

防紫外线辐射玻璃是指具有能阻止(反射或吸收)紫外线透过功能的玻璃,主要有夹层玻璃、本体吸收型紫外线玻璃、镀膜玻璃等。

(3) 防光污染玻璃

防光污染玻璃是指在平板玻璃表面涂镀一层或几层特殊功能膜,以消除或降低玻璃的反射率的一种低反射玻璃或无反射玻璃。

(4) 电磁屏蔽玻璃

电磁屏蔽玻璃是指在平板玻璃表面镀覆透明的电磁屏蔽膜或在夹层玻璃中敷设金属丝网,当电磁波经过这种屏蔽玻璃时,被有效地衰减,达到对内防止信息泄露,对外防止信息干扰的目的。

(5) 自洁净玻璃

自洁净玻璃是指在玻璃表面镀覆一层"光触媒"的透明光催化剂膜(目前主要是二氧化钛),它能依靠紫外线的能量,将黏附污染的分子分解。

7.3.2 绿色包装材料

1) 塑料包装材料

目前开发的主要绿色塑料包装材料包括以下几种类型:

(1) 轻量、薄型、高性能塑料。高性能材料可以降低容器或薄膜的厚度,以减少塑料包装废弃物的总量。

(2) 无氟化泡沫塑料。开发新型泡沫塑料发泡剂取代氟氯烃发泡剂,减少对环境污染,如采用二氧化碳发泡聚氨酯。

(3) 可重复使用再生塑料。塑料包装材料和容器重复使用,可大大降低原材料消耗及对环境的污染。再生利用包装如聚对苯二甲酸乙二醇酯(PET)可用两种方法再生。物理方法是指直接彻底净化粉碎,无任何污染物残留,经处理后的塑料再直接用于再生包装容器。化学方法是指将回收的 PET 粉碎洗涤之后,在催化剂作用下,使 PET 全部解聚成单体或部分解聚,纯化后再将单体重新聚合成再生包装材料。包装材料的重复利用和再生,延长了塑料等高分子材料作为包装材料的使用寿命。

(4) 可降解塑料。可降解材料是指在特定时间内造成性能损失的特定环境下,其化学结构发生变化的一种塑料。可降解塑料包装材料既具有传统塑料的功能和特性,又可以在完成使用寿命之后,通过阳光中紫外光的作用或土壤和水中的微生物作用,在自然环境中分裂降解和还原,最终以无毒形式重新进入生态环境中,回归大自然。

2) 纸包装材料

纸的原料主要是天然植物纤维,在自然界会很快腐烂,不会造成环境污染,也可回收重新造纸。目前纸包装材料主要有以下几个发展方向:

(1) 一次性纸制品容器。纸容器可以代替各种塑料容器,废弃物可作为造纸工业的二次纤维,在某种程度上有效地减少了塑料的污染。在国际商品流通上,被广泛用于蛋品、水果、玻璃制品等易碎、易破、怕挤压物品的周转包装上。

(2) 纸包装薄膜。用纸包装薄膜代替食品包装中常用的塑料薄膜,如经防潮处理的玻璃纸可以用于食品、化妆品的包装等。同时纸包装薄膜具有质轻、价廉、防震、透气性好等优点,有利于生鲜物品的保鲜。

(3) 可食性纸制品。可食性纸包装材料将植物淀粉、蛋白质、植物纤维和其他天然物质经过改性和其他方式处理制成薄膜用于食物内包装,也可以制造饮料杯和快餐盒,如大家所熟悉的糖果包装上使用的糯米纸。

(4) 蜂窝夹心纸板。蜂窝夹心纸板是一种发泡聚苯乙烯替代纸制品,上下两侧纸板黏合,中间为自然蜂窝状纸芯,具有非常好的缓冲性能和机械强度,可用于包装贵重易损如精密仪器或玻璃仪器等。

3) 可食性包装材料

可食性包装材料由于原料丰富齐全,可以食用,对人体无害甚至有利,具有一定的强度等特点,近几年得到了迅速发展,已经广泛地用于食品、药品的包装。可食性包装材料的特点是质轻、卫生、无毒、无味,可直接贴紧食物包装,保质、保鲜效果好。可食性包装材料分为五大类:

(1) 淀粉类。所用淀粉有玉米、红薯、土豆、魔芋和小麦等,加入的胶黏剂多为天然无毒的植物胶或动物胶,如明胶、琼脂和天然树脂胶等。

(2) 蛋白质类。利用蛋白质的胶体性质,加入其他添加剂改变胶体的亲水性而制得的包装材料,多以包装薄膜形式存在,又可分为胶原蛋白薄膜、乳基蛋白薄膜及谷物蛋白薄膜三种。

(3) 多糖类。用甲基纤维素、羟丙基甲基纤维素和果胶等可制得纤维素薄膜;用水产贝类提取物和壳聚糖可制成壳聚糖薄膜;用红薯、土豆、木薯、谷物等农产品经发酵后产生的高分子化合物茁霉多糖可制成茁霉多糖薄膜;用谷物淀粉糊与水可制成水解淀粉薄膜。

(4) 脂肪类。用硅树脂酸、亚麻油酸、棕榈油、向日葵油、椰子油、红花油和菜籽油等可制成植物油型薄膜;用无水乳脂和猪油等可制成动物脂型薄膜。

(5) 复合类。利用多种基材组合,采用不同的加工工艺制得的包装材料,其基材包括前述四种类型可食性包装材料所用到的基材,如淀粉、蛋白质、多糖物质和脂肪材料及其必需的添加剂。主要分为以下几个方面的应用:油性食品的保鲜膜,以大豆蛋白为原料,目前主要产品是薄膜包装材料;水果、禽蛋类包装,以从玉米中提取的蛋白质为主要原料,主要产品有包装薄膜、包装板材和液体膜;冷冻食品包装,以乳清蛋白、小麦面筋蛋白为原料,主要产品为包装薄膜;干货及糕点包装,以改性淀粉为主要成分,主要产品是包装薄膜;调味料包装袋,多以改性纤维素或胶体为主要原料,主要产品为包装薄膜;胶体可食性包装材料,以动物胶(明胶、骨胶等)或植物胶(葡甘聚糖、果胶、海藻酸钠等)为基料,多为包装薄膜。

4) 金属包装材料

目前金属包装材料的发展主要集中在以下几个方面:

(1) 用低厚度、高强度的马口铁替代铝制罐。降低容器壁的厚度,提高材料强度,可节约金属材料,降低成本以及未能回收罐对环境的影响。

(2) 降低马口铁的镀锡量。可降低成本和提高焊接质量,降低废品率。

(3) 采用新型焊接工艺。采用高频电阻焊焊接马口铁代替传统锡焊工艺,可减少污染和提高焊接质量(因为锡焊材料中含较多的铅)。

(4) 用铝箔替代塑料和纸。铝箔的阻隔性好,轻便美观,有些可微波处理。铝箔的回收非常容易,对环境几乎没有影响。

7.3.3 绿色降解材料

绿色降解材料是指在自然环境下,经过自然吸收、消化、分解,不产生固体废弃物的一类材料。如某些天然的木材、植物或合成的塑料。天然成分的材料和人工合成的环境材料,目前主要有两大类,一类是目前产量最大、用途最广的降解塑料;另一类是仿生材料中的生物降解磷酸盐陶瓷材料。目前研究的重点集中在塑料的降解上。

1) 光降解塑料

光降解塑料是指塑料在日光照射下发生裂化分解反应,使材料在日光照射后一段时间内失去机械强度,达到分解的目的。光降解塑料的制备主要种两种途径,一是通过高分子反应向其中引入可光降解的发色基团,如酮基、双键等,如在聚烯烃主链上引入酮基可赋予其光降解性,通常采用将CO或烯酮类单体如甲基乙烯酮、甲基丙烯酮与烯烃类单体共聚的方法,目前已得到了含羰基结构的光降解型聚乙烯、聚丙烯、聚苯乙烯、聚氯乙烯、聚对苯二甲酸乙二醇酯等;二是将高聚物与具有光增感作用的光敏剂进行共混,如芳香胺、芳香酮、过渡金属化合物、多环芳香族碳氢化合物、卤化物以及一些多核芳香化合物如蒽、菲等,如染料作为一种光敏性物质在聚酯、尼龙、棉纤维中将促进这些纤维的光降解反应的发生。

2) 生物降解塑料

生物降解塑料是指在一些有机体(如酶、霉菌)的作用下产生酶解或化学降解。在生物降解的同时也可能会伴随着光降解、水解、氧化降解等过程。目前研究的生物降解塑料主要有天然生物降解塑料、微生物合成生物降解塑料以及化学合成生物降解塑料。按塑料降解机理和破坏形式,有完全生物降解塑料和生物破坏性塑料两种。

3) 光-生物降解塑料

光-生物降解塑料是一种复合塑料,利用光降解和生物降解相结合的方法制得的一类塑料,是较理想的降解塑料。通常将聚烯烃塑料作为基料,向其中加入光敏剂、生物降解剂、促氧化剂、降解控制剂等复合而成,使之同时具有光降解性和生物降解性,并可在一定的条件下控制其降解速度。如在低密度聚乙烯(LDPE)与玉米淀粉的混合料中,加入不饱和烃类聚合物、过渡金属盐和热稳定剂组成的促氧化剂母料,可使淀粉首先被生物降解,增大LDPE的比表面积,使其在日光、热、氧等作用下产生降解。但由于其降解的完全性受到质疑,价格较贵,因此未能得到应用。

我国在光-生物降解塑料方面的技术比较先进,降解地膜已基本满足各个方面的技术要求,并在开发其他应用领域。目前,这类降解塑料存在的主要问题是,光与生物降解的有机结合还不够理想,需要进一步的研究。

4) 可生物降解的聚合物纳米微粒

通过一定的技术手段可将生物降解的聚合物制备成纳米材料。它们在药物缓释技术、靶向药物方面均有良好的应用前景。药物学研究中的生物降解聚合物微粒的尺寸大多在10到数百纳米之间。这种生物降解的聚合物纳米微粒可控释药物,避免药物降解或泄露,改变可降解单体的比例和聚合物反应条件,可调节聚合物在体内降解的速度,提高疗效,减少不良反应,同时它已成功地用于DNA基因治疗,作为蛋白质、疫苗口服液药物载体。

生物降解聚合物纳米微粒的制备可以通过将聚合物在溶剂中分散或将有机单体在一定

的溶液中反应聚合两种途径获得,其中超临界流体技术在纳米微粒的药物载体制备中有着不可忽视的作用,它最大的优点是可以完全除去载体中的有机溶剂,同时对环境没有污染。Mar等用复合凝聚法制备了DNA-甲壳素纳米微粒,用于基因口服药物,在免疫及抗肿瘤转移方面优于明胶纳米微粒。

7.3.4 绿色材料在桥梁工程中的应用

桥梁工程领域是我国目前能源消耗和碳排放大户,具有巨大的碳减排潜力和市场发展潜力。建筑行业的低碳化和绿色转型是实现"双碳"目标的必然选择。2022年4月中华人民共和国住房和城乡建设部和国家市场监督管理总局联合发布《建筑节能与可再生能源利用通用规范》(GB 55015—2021),对建筑及桥梁领域的节能设计、节能改造、可再生能源建筑以及低碳化施工提出了强制性规定,要求施工项目必须满足质量、安全、节能、环保、宜居环境和可持续发展等要求。建筑全寿命周期内的碳排放约2/3为建筑及桥梁施工、主体结构和围护结构产生的,因此,必须加快推进建筑及桥梁行业全链条的绿色革命,从施工材料出发,推广绿色节能、低碳环保的新材料[23-25],以此推动建筑产业转型升级,构建资源节约型、环境友好型社会。

1) 绿色超高性能混凝土

绿色超高性能混凝土是绿色节约、耗能小、污染少的新型混凝土材料,其具有轻量化和耐久性特点,被广泛应用于桥梁工程施工领域。在双碳背景下,高性能混凝土的低碳、绿色环保性能愈发重要,研究者更关注高性能混凝土的力学性能和碳减排的实践效果。

绿色超高性能混凝土按照用途可分为结构性和装饰性两类。结构性高性能混凝土的基本原材料为钢纤维,主要用于承担除自重、风力荷载、地震力以外的混凝土构件,具有较高的抗压强度、抗拉强度和韧性,典型应用如预制梁、桥梁面铺装、湿接缝、建筑构件连接等,能够减轻建筑结构自重和降低施工难度,延长建筑的运行服役寿命,增强结构连接的稳定性;装饰性高性能混凝土的主要原材料为白水泥、合成纤维和颜料,不需要承担建筑架构和荷载,但对混凝土的颜色、均匀性、抗弯性等外观表现具有较高要求,比如建筑幕墙板、遮阳板、阳台等,能够降低建筑构件的尺寸要求,呈现出轻盈优美的装饰外形,适用于空间有限的建筑施工。此外,在特殊情况下还存在高性能混凝土结构与装饰一体化应用,需要高性能混凝土结构既承担建筑结构荷载又需具有较好的装饰效果,典型应用如预制人行桥、预制楼梯、预制屋面、预制镂空板等(图7.21),能够大幅节省传统混凝土材料在结构和装饰等方面的材料用量,增强建筑的耐久性和强度,有效实现建筑全寿命周期的低碳环保。

2) 绿色高吸水树脂

绿色高吸水树脂(图7.22)是一种含有亲水基团和交联结构的新型高分子材料,其生产成本低、吸水性和锁水性强、无毒无刺激性,主要用于桥梁施工中的混凝土养护。高吸水树脂作为一种绿色环保型建筑材料,在双碳目标背景下获得更多重视,研究者越来越关注高吸水树脂的吸水性和流动性的性能。

高吸水树脂按照制备原料的不同可分为聚丙烯酸盐系、淀粉系和纤维素系。其中聚丙烯酸盐系的高吸水树脂由于其原料的丰富性、生产成本低和吸水性能优越等特点,应用更广泛,所以本书主要介绍聚丙烯酸盐系高吸水树脂在桥梁工程施工中的应用。聚丙烯酸盐系

图 7.21 绿色超高性能混凝土在楼梯、人行桥、屋面、镂空板中的实践应用

高吸水树脂又可具体分为聚丙烯酸钠型、聚丙烯酸钾型和丙烯酸-丙烯酰胺共聚型,3 种高吸水树脂在不同溶液下的吸水倍率不同。虽然丙烯酸-丙烯酰胺共聚型的高吸水树脂在去离子水中的吸水能力弱于其他两种树脂,但其在水泥浆液中的吸水能力最优,所以更适合桥梁施工。

在桥梁工程施工中,高吸水树脂是一种有效的混凝土养护材料,可为混凝土内部提供充足的养护水分,能提升混凝土的力学性能和稳定性,减缓材料的干燥收缩,高吸水树脂中的交联构造和水泥基材料的氢键结合,能有效实现吸水平衡;高吸水树脂能堵住二氧化碳的传输通道,提高混凝土的抗碳化能力和耐久性;高吸水树脂吸水膨胀后会在混凝土水化过程中释放水分并形成气孔,此类气孔的形状和气量稳定可控,高吸水树脂还会在水分收缩时将部分空气带入混凝土中去,能增强混凝土的抗冻性、减少因冻害产生的剥蚀量。

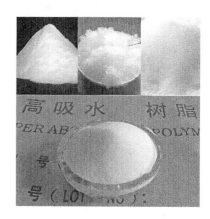

图 7.22 绿色高吸水树脂

3) 绿色碳纤维布

碳纤维布是由聚丙烯腈、人造丝或石油沥青等制作而成的纤维复合材料,在桥梁工程行业被评为新型加固材料,具有强度高、厚度薄、耐久性高、密度小等特点,主要适用于桥梁、隧道、混凝土结构的抗剪、抗震与抗拉的加固。相较于一般加固工艺,碳纤维布无须通过钻孔、打钉等物理性破坏进行加固,具有较强的抗腐蚀性,能够有效降低能源和资源消耗,是双碳背景下桥梁施工中较为出色的加固材料(图 7.23)。

在桥梁加固工程中,除碳纤维布加固外,还有焊接加固、栓接加固、铆接加固等,但此类加固方式存在一定弊端,能源和资源消耗较大,碳纤维布加固能在最低消耗的情况下产生最高的施工效益。碳纤维布因具有高强度碳纤维片,对混凝土的抗拉较强,且能提高钢筋的屈服载荷。碳纤维布的耐久性能也极其出色,即使碳纤维布使用 10 000 h,其剥离黏结强度也未降低,未出现老化现象,且在 20~50 ℃的环境下放置,碳纤维布的抗弯强度也不会改变。碳纤维布在建筑混凝土结构加固领域的应用极为广泛,适用于梁、板、柱、屋架、桥梁、筒体、壳体、桥墩等结构。碳纤维布在各类钢筋结构中的加固效果主要为增强抗弯性、抗剪性和抗震性。碳纤维布能够通过黏结构件受拉区,改善钢筋的受拉性能,强化构件抗弯承载力;将碳纤维布黏于构件的受剪区,可提高桥梁结构抗剪能力;用碳纤维布包裹混凝土柱子,可约束内部混凝土,提高土柱轴向压力和结构的环向约束力,使钢筋混凝土具有良好的抗震性。

图 7.23　绿色碳纤维布在桥梁结构中的加固应用

7.4　本章小结

本章主要阐述了功能梯度材料、纳米材料和绿色材料这三类新型材料的性能、特征、分类以及工程应用等,归纳总结如下:

(1) 功能梯度材料是一种设计思想新颖、性能极为优良的新材料,其应用领域非常广泛。但目前除宇航和光学领域已部分达到实用化程度外,其余离实用还有很大距离。如果将功能梯度材料的结构和材料梯度化技术与智能材料系统有机地结合起来,那么将会给材料科学带来一场新的革命。

(2) 纳米材料具有优异的性能,它的应用前景十分广阔,需要我们进一步进行深入研究和发展。

(3) 开展绿色材料的研究及生产,有利于解决资源与环境的矛盾问题,是未来材料科学发展的主要方向。

参考文献

[1] 贡长生,张克立. 新型功能材料[M]. 北京:化学工业出版社,2001.
[2] Liu J, Hao C K, Ye W B, et al. Application of a new semi-analytic method in bending behavior of functionally graded material sandwich beams[J]. Mechanics Based Design of Structures and Machines, 2023, 51(4): 2130-2153.
[3] 夏晓光,段国林. 功能梯度材料增材制造技术的研究进展及展望[J]. 材料导报,2022,36(10):134-140.

[4] 陈玉安,王必本,廖其龙. 现代功能材料[M]. 重庆:重庆大学出版社,2008.

[5] Tang Y, Wang G, Ren T L, et al. Nonlinear mechanics of a slender beam composited by three-directional functionally graded materials[J]. Composite Structures, 2021, 270:114088.

[6] 李戎,杨萌,梁斌,等. 基于裂纹尖端应力比值的含裂纹功能梯度材料圆筒应力强度因子计算方法[J]. 工程力学,2020,37(4):22-29.

[7] 王丹凤,任致远,庄国志. 梯度折射率超材料透镜[J]. 科学通报,2022,67(12):1279-1289.

[8] Hu C J, Chen H Y. Efficient mode converter and orbital-angular-momentum generator via gradient-index metamaterials[J]. Physical Review Applied, 2021, 15(1):014035.

[9] Ding T Y, Yi J J, Li H Y, et al. 3D field-shaping lens using all-dielectric gradient refractive index materials[J]. Scientific Reports, 2017, 7:782.

[10] 刘文光,舒斌,郭隆清,等. 热环境对FGM壳模态频率的影响[J]. 振动与冲击,2017,36(4):27-131,163.

[11] 郑恒伟,彭向和,田祖安,等. 陶瓷增强功能梯度材料等效特性细观力学模型发展与分析[J]. 中国陶瓷,2016,52(10):46-49.

[12] 王信涛. 陶瓷增强金属功能梯度装甲抗侵彻性能数值模拟[D]. 哈尔滨:哈尔滨工程大学,2013.

[13] 程月华,吴昊,谭可可,等. 装甲钢/UHPC复合靶体抗侵彻性能试验与数值模拟研究[J]. 爆炸与冲击,2022,42(5):137-157.

[14] 张玉龙,李长德. 纳米技术与纳米塑料[M]. 北京:中国轻工业出版社,2002.

[15] Araby S, Philips B, Meng Q S, et al. Recent advances in carbon-based nanomaterials for flame retardant polymers and composites[J]. Composites Part B: Engineering, 2021, 212:108675.

[16] 杜彦良,张光磊. 现代材料概论[M]. 重庆:重庆大学出版社,2009.

[17] 龙武剑,余阳,何闯,等. 纳米增强水泥基复合材料抗氯离子迁移及固化性能综述[J]. 材料导报,2024,38(7):66-75.

[18] 张嘉成,万旭升,路建国,等. 硫酸盐侵蚀作用下纳米混凝土力学特性及微观结构劣化机制研究[J]. 防灾减灾工程学报,2023,43(6):1425-1433.

[19] 张光磊. 新型建筑材料[M]. 北京:中国电力出版社,2008.

[20] 刘振涛,李秋义,魏红俊,等. 碱激发绿色建筑材料研究及应用[J]. 混凝土,2022(4):163-166.

[21] 刘晓欣. 面向绿色制造的绿色材料选择研究[D]. 石家庄:石家庄铁道大学,2018.

[22] 曾光廷,刘颖,黄婉霞. 现代新型材料[M]. 北京:中国轻工业出版社,2006.

[23] 魏慧男,刘铁军,邹笃建,等. 含废弃玻璃的绿色超高性能混凝土制备及性能[J]. 建筑材料学报,2021,24(3):492-498.

[24] Shi Y, Long G C, Zeng X H, et al. Green ultra-high performance concrete with very low cement content[J]. Construction and Building Materials, 2021, 303:124482.

[25] Zabihi O, Ahmadi M, Liu C, et al. Development of a low cost and green microwave assisted approach towards the circular carbon fibre composites[J]. Composites Part B: Engineering, 2020, 184:107750.